全国高等院校和职业院校经济与商务专业的选用教材

实用写作培训丛书

Copywriting Guide to economic paperwritin

实用经济文书写作指要【第二版】

陈星野　陈建中◎编著

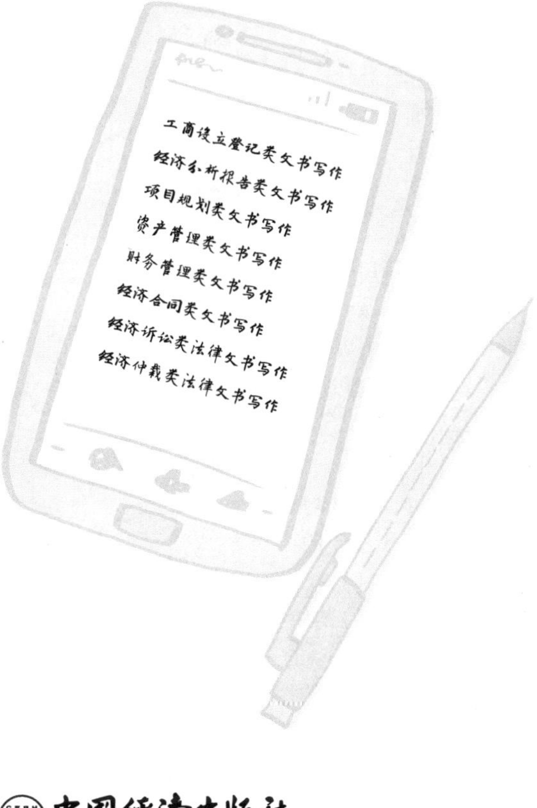

中国经济出版社
CHINA ECONOMIC PUBLISHING HOUSE
·北京·

图书在版编目（CIP）数据

实用经济文书写作指要/陈星野，陈建中编著．—2版．
—北京：中国经济出版社，2020.3
ISBN 978-7-5136-5528-6

Ⅰ．①实…　Ⅱ．①陈…　②陈…　Ⅲ．①经济—应用文—写作　Ⅳ．①H152.3

中国版本图书馆CIP数据核字（2019）第011681号

责任编辑　陈　瑞
责任印制　马小宾
封面设计　任燕飞

出版发行　中国经济出版社
印 刷 者　北京力信诚印刷有限公司
经 销 者　各地新华书店
开　　本　710mm×1000mm　1/16
印　　张　22.75
字　　数　373千字
版　　次　2020年3月第2版
印　　次　2020年3月第1次
定　　价　49.80元
广告经营许可证　京西工商广字第8179号

中国经济出版社　**网址** www.economyph.com　**社址** 北京市东城区安定门外大街58号　**邮编** 100011
本版图书如存在印装质量问题，请与本社销售中心联系调换（联系电话：010-57512564）

也成为现代经济工作者一项必备的基本职业素养与素质。

应广大经济管理与经贸工作人员的具体要求，我们在该书再版之际，对全书进行了系统全面的修订与修改，归纳起来，主要进行了以下改动：

1. 党的十九大报告中提出，当前我国社会的主要矛盾，已经转化为人民日益增长的美好生活需要和不平衡不充分发展的矛盾。所谓发展不平衡，既有经济部门之间不平衡，如第一、二、三产业发展不协调问题；又有区域发展不平衡，如城乡发展、东西部发展、发达地区与落后地区发展不平衡问题；还有需求与供给之间的结构不平衡问题。所谓发展不充分，既有质量问题，又有结构问题；既有公平问题，又有效率问题；既有创新能力不足问题，又有发展动能减弱问题；既有收入分配不公问题，又有贫富分化问题；既有经济活力下降问题，又有经济增速放缓问题等。根据党的十九大报告精神，我们对部分涉及内容进行了修改调整。

2. 党中央与国务院提出了全面深化改革进入深水区，并进一步简政放权，下放和废除了大批不合理与过时的法规文件和审批规章制度，深入推动供给侧结构性改革，国家政策变化引起经济形势发生变化。我们对原书中涉及一些已经下放和废除的规章制度也进行了修改，如企业人力资源管理涉及有关职工休假制度中，关于晚婚晚育、独生子女津贴等都进行了适当修改。

3. 随着经贸领域电子商务等新型商业业态的迅猛发展，经贸流通领域出现了新的变化与趋势，如淘宝网店的开设，电子商务对传统实体店的冲击等，书中对此也进行了适当的修改，以适应电子商务与新型业态的发展。

4. 全书对原来引用的比较陈旧的资料和数据都进行了修订和改动，重新引用了近年来经济发展的最新数据与资料，如人口计划生育放开二胎政策后，2017 年我国新生人口约为 1723 万人，其中头胎为 53% 左右，二胎为 47% 左右。文中对于由此引起的经济发展变化进一步进行了修订修改。

5. 全书还对一些疏漏、错误及语言文字进行了修改。

尽管我们对全书进行了大量修改，但难免仍然会存在不少错误与缺点，希望广大读者朋友批评指正，并有待在以后的再版中进一步修订。

作者于北京
2019 年 10 月 9 日

再版前言

《实用经济文书写作指要》一书出版以来，深受广大读者朋友欢迎。作为全国高等院校和职业院校经济专业的选用教材，受到广大师生、各级政府经济管理部门以及经济和商业企业实际工作者普遍认同和好评。本书坚持理论与实际相结合，为广大经济管理人员和实际工作者解决经济活动中出现的实际问题以及经济交往中的文案文件写作，提供了理论指导与范文示例，对于推动我国国际国内经济交往与交易活动，促进对内对外贸易发展，都有着积极的理论与实践指导意义。

作为高等经济院校经济专业教材，本书对于培养实践型经济专业人才具有一定的示范作用。传统经济理论教材多偏重于经济基础理论知识的传授与教育，但缺少实际应用和实际操作能力的培养。本书采用理论与实际相结合的方式，在编写体例上，既有关于经济文书写作的基本理论知识和写作要领，又有与实际问题和实际工作紧密联系的范文示例，把理论传授与实际写作结合起来，对培养学生的动手写作能力和实际操作水平具有明显的效果。

本书也为各级政府经济和商务管理部门管理人员提供了有益的参考。随着我国改革开放的深入发展，进一步扩大了国际国内的经济合作与商贸交往活动，为解决经济交往活动中出现的各种实际问题，加强经贸双方的商贸往来和科学管理，加深相互了解和深化合作，科学规范的经济文书写作就显得愈益重要，本书则为政府有关部门科学管理经济活动，增进交流合作提供了指导。

本书还为我国经贸系统及经贸企业工作人员提高经济文书写作水平，加强双方交流与合作提供了具体的示范文本和工具书指导。随着国际国内经济交往交易活动的深入扩大，正确处理经济纠纷，加强经贸合作，熟练掌握经济文书写作显得尤为重要，其在经济交往活动中已显得须臾不可缺少，

前　言

经济发展是当今社会发展的主题，经济文书涉及了经济工作和生活的方方面面，只要是与钱打交道的地方，比如工商设立、经济分析、项目规划、资产管理、财务管理、合同签订、经济诉讼及仲裁等，都少不了经济文书的写作与应用。在上述领域中所涉及的各式各样的经济类文书有数十种之多，全国经济院校、政府经济管理部门、经济组织、企事业单位以及从事经济教学研究工作和经贸活动的任何人都可能会涉及这个问题，但却并非任何人都可能熟练地掌握相关经济类文书的写作方法和要领。

事实上，经济文书写作是现代应用文写作的重要组成部分。鉴于此，为了让更多的读者了解和掌握经济文书写作的相关知识，并能够熟练灵活地运用这类文体，我们特精心编写了这本《实用经济文书写作指要》，为广大读者提供帮助和借鉴，让经济工作者和读者以后不再因为经济类文书的写作而困扰。

在撰写本书的过程中，我们力求构建一个全面的经济文书写作体系，将工作生活中涉及的与经济活动有关的经济类文书进行分类介绍。本书在编排体例与结构的设置上，分为参考范文和写作要领两部分。在参考范文部分，编者考虑到不同层次、不同领域的读者需求，做到每节内容都至少有一到两个案例，且所选的例文都较为新颖，并与实际工作联系紧密；在写作要领部分，我们吸收了经济文书写作领域最新的研究成果，介绍了每种文书的主要写作特点，以及写作时的注意事项，让读者一目了然，极具实用价值。

经济文书在行文格式和文体要求上，可以参照国际惯例或国家行政机关公文格式。一般来说，标题可采用宋体，正文用仿宋。由于考虑到篇幅有限，以及出版要求和美观等方面的因素，本书排版均采用了教材所适用的字体、字号，与实际使用中的公文格式有所区别，敬请读者见谅。在实际运用过程中，读者应参照正规行文标准和具体需要来做出选择。

需要说明的是，本书在编写过程中，参考了不少专家的研究成果，采纳了部分书籍和文献资料，并将参考文献以附录形式分列在书后。在采纳和引用的资料中对涉及的具体单位名称或个人名称都做了相关处理，以避免产生争议。在此编者特意向他们致以诚挚的谢意。此外，书中如有疏漏或行文不当之处，还望予以谅解。

2012年8月

目　录

第一章　工商设立登记类文书写作

第七章 经济诉讼类法律文书写作

第一章

工商设立登记类文书写作

第一节　企业设立登记申请书

参考范文

【范例】企业设立登记申请书

关于设立××化工生产公司申请书

北京市××区工商行政管理局：

现申请在北京设立一家有限责任公司：北京××化工生产公司(以下简称公司)。公司的投资总额为人民币×××万元，注册资本为人民币×××万元，经营范围为化工原料及产品、化工机械、农药、化肥。公司的经营期为××年。

公司承诺遵守国家的有关法律、法规，请予批准。

附有关报批文件(略)

申请人：__________

法定代表人：__________

________年________月________日

(联系人：__________　电话：__________)

写作要领

一、企业设立登记申请书的概述

企业设立登记申请书是企业向工商部门提出的设立企业并要求批准的申请书。

二、企业设立登记申请书的写作格式

遵循申请书的常用格式，包括标题、称谓、正文三部分。

1. 标题。有两种写法：一种是直接写“申请书”；另一种是在“申请书”前加上申请设立的企业名称等内容，一般采用第二种。

2. 称谓。顶格写明接收申请书的政府主管部门、审批组织名称或有关领导。

3. 正文。正文部分是申请书的主体，首先提出要求，其次说明理由。理由要写得客观、充分，事项要写得清楚、简洁。

三、企业设立登记申请书的写作要点

1. 提交文件、证件应当使用 A4 纸。

2. 应当使用钢笔、毛笔、签字笔工整地填写或签字。

3. 申请书及所有附属文件符合国家有关法律、法规的规定，不含虚假内容。

4. 申请书语言要准确、简洁，态度要诚恳、朴实。

第二节　银行开户申请书

参考范文

【范例】中国工商银行单位开户申请书

中国工商银行________分行

单位开户申请书

申请开户单位名称		申请开立账户名称（全称）	
单位性质及级别		工商管理局批准文号	
地址		电话	
上级主管单位		电话	

续表

申请开户单位名称		申请开立账户名称(全称)	
申请单位盖章： (正式公章及负责人章) 年　月　日	上级主管单位意见： (盖章) 年　月　日		
银行调查意见：			
科目归属			
账号			
支票或存折户			
是否计息			
审批意见：			

(账户基本情况如下)

资金来源	
资金运用	
生产、经营范围	
商品、原料来源	
主要产品	
销售方式和范围	
利润和亏损	
专项基金	
财务管理	
现金库存限额	
发薪日期	
职工人数	
附属单位	
外地采购	
外地单位往来	

附：

银行开户申请书是单位向银行申请开具账号的书面请求。

银行的账户分为基本账户、辅助账户、专用账户三种。基本账户是独立核算的单位和独立核算会计单位在银行开立的重要账户。辅助账户是为了方便非独立核算附属单位款项收付所开设的账户。专用账户是指银行为单位开设的具有特殊用途的账户。

写作要领

一、银行开户申请书的概述

银行账户是各单位为办理结算和申请贷款在银行开立的户头，也是单位委托银行办理信贷和转账结算以及现金收支业务的工具。银行账户分为基本存款账户、一般存款账户、临时存款账户和专用存款账户。上述各类账户均有不同的设置和开户条件。

基本账户是指企业可以办理现金、支票、汇票结算业务的账户，单位可自主选择银行开立基本存款账户。各单位只能选择一家银行开立基本存款账户，但可根据本单位的结算需要开立辅助的一般结算账户。

一般账户可以办理转账结算和交存现金，但不能支取现金。一般账户除不能支取现金外，其他功能与基本账户一致。在开立基本账户的银行不得开立其他一般账户，但在非基本账户的银行可以开立多个一般账户。

临时存款账户是指存款人因临时经营活动需要开立的账户。

专用账户是指银行为单位开立的具有特殊用途的银行账户。

单位开立银行账户要向银行信贷部门提供有关材料，包括：营业执照正本复印件（开立基本账户需提供营业执照正本）、组织机构代码证正本复印件、银行开户许可证复印件、单位公章、财务章、人名章、经办人身份证原件、法人身份证复印件、授权经办人办理开户事宜的授权书和“银行开户申请书”。

二、银行开户申请书的写作格式

1. 标题。标题应写明申请单位的名称及主题。
2. 正文。开立银行账户所需要的名称、地址及相关证照的号码等。

三、银行开户申请书的写作要点

1. 申请书中要详细填列申请开户单位的账户名称及电话、邮政编码、单位类别、组织机构代码、工商注册批准文号、税务登记证号码及账户信息等项目。
2. 若有上级主管单位，应将其相关信息进行披露。

3. 填写完毕加盖公章后与相关文件复印件一并交银行经办人员审核。

第三节　开业税务登记申请书

参考范文

【范例】开业税务登记申请书

关于办理开业税务登记的申请

××市国税局：

为解决我厂劳动制度改革中富余人员的安排和部分职工子女就业问题，并经我厂职工代表大会通过，拟成立我厂××经销商店。商店职工共××人，为集体所有制，注册资本为××万元，主要经营××及其配件，经营方式为批发兼零售，现已报请市工业局批准，并报经工商行政管理局核发了“营业执照”，同意商店开业。

现按税法规定，特申请办理开业税务登记，领取税务有关证件、票证等，以便及时缴纳税款。

特此申请，请予批准。

附：税务登记表（略）

申请单位：××市××厂

20××年×月×日

写作要领

一、税务登记的概述

税务登记是指税务机关根据税法规定对纳税义务人的生产经营活动进行登记管理的一项制度，是纳税人已经纳入税务机关监督管理的一项证明。

二、办理税务登记的纳税人范围

根据《中华人民共和国税收征收管理法实施细则》的规定，应办理税务登记的包括：

1. 企业。
2. 企业在外地设立的分支机构。
3. 企业在外地设立的从事生产经营的场所。
4. 个体工商户。
5. 不从事生产经营但依照法律、法规负有纳税义务的单位和个人。
6. 从事生产、经营的事业单位。

值得注意的是，除临时取得应税收入或发生应税行为的纳税人和只缴纳个人所得税和车船使用税的纳税人外，也应按规定向主管税务机关办理税务登记。

第四节　纳税申请书

参考范文

【范例1】一般纳税人申请报告

纳税申请报告

××市国家税务局×分局：

我公司是经××市工商行政管理局批准于20××年×月×日成立的有限责任公司，注册资本为×××万元人民币，主要销售××、××、××、××、××、××等商品，办公地址位于××区××路××号。

本公司现有职工×××人，配有专职会计人员×名，配备有防盗门、保险柜、防盗窗等安全防范设备；能正确设置会计账簿，能准确核算应缴增值税进项税额、销项税额，准确计算应缴纳的税金，能准确核算主营收入；所有发票存入公司保险柜，并由专人保管和开具发票，建立发票领用管理制度；预计全年主营业务收入将超过×××万元。

为了我公司能正常开展生产经营工作，特向贵局申请将我公司认定为增值税一般纳税人。如果我公司被认定为增值税一般纳税人，公司将按照国家的税法规定履行纳税义务，及时足额缴纳应纳税金。

特此申请，盼予批准！

申请单位：××市××有限责任公司

20××年×月×日

【范例2】工商企业纳税鉴定申请表

工商企业纳税鉴定申请表

纳税单位名称：____________________

经济性质：____________________

主管部门：____________________

联系人：____________________

电话：____________________

填报日期：____________________

__________市税务局印制

填表说明：

1. 此表可参照企业产品销售或经营收入明细账填写，填写要准确清楚。

2. 经营方式：工业企业（商办工业）销售给商业零售单位、个体商贩或使用单位和消费者的都要经商业企业批发、零售及代理购销，前店后场，农产品采购要注明。

3. 填表范围：凡在本市范围内应依法缴纳产品税、增值税及营业税的单位均应向主管税务机关领取并填报此表。

4. 本表一式三份，盖章后报主管税务机关两份，一份留企业。

5. 纳税核定申报项目栏不够填写时可另附说明。

纳税核定申报项目	
产品名称或经营项目	经营方式
纳税单位盖章：	

（以下由税务机关填写）

核发纳税核定书时间：　　______年______月______日

核定书编号：______　　税核字第______号

经办人盖章：

写作要领

一、纳税申请文书的概述

纳税申报文书是纳税人履行纳税义务时使用的文书。根据税法规定，纳税人应当按照税务机关核定的纳税期限，填报《纳税申请表》进行纳税申报。

二、纳税申请文书的适用范围及特点

纳税申报文书有其特定的使用范围和特点：

1. 国有企业和财会制度比较健全的集体企业，经税务机关核定为自核自缴税款的单位，可以按照税务机关核定的纳税期限，自行计算税款、自己填写、自核自交缴款书、自行缴纳入库，同时按规定格式向税务机关报送纳税申报书。

2. 对不具备上述条件的企业，采取企业申报税务机关核实征收的办法。

3. 对于个体工商业者，均由纳税人向当地税务机关呈送纳税申报书。

4. 须交地方有关税款的纳税人，应按地方税务规定呈送纳税申报书。

三、纳税申请文书的写作格式

税务申报文书一般分项申报，它由标题、表首、正表和签署四部分组成。

1. 标题。如《所得税申报表》。

2. 表首。包括企业名称、税款所属日期、纳税项目、核定期限四项内容。

3. 正表。由项目、企业申报数、税务机关审核三部分构成。

4. 签署。包括申报单位印鉴、财务负责人签署、经办人、税务专员、税务专管员签署。

第五节　企业变更登记申请书

参考范文

【范例1】公司变更登记申请书

公司变更登记申请书

××市工商行政管理局：

根据《中华人民共和国公司法》《中华人民共和国登记管理条例》的有关规定，经我公司股东大会审议通过，变更我公司之注册资本、经营范围和股东等项目，请予以审核。

一、公司名称

××市×××有限责任公司，公司法定代表人：×××。

二、变更登记事项

1. 变更注册资本。原核准登记注册资本为人民币××万元整；现申请变更增加注册资本为人民币×××万元整。

2. 变更经营范围。原核准登记的经营范围为××批发、零售，现申请在原经营范围基础上，增加××、××的批发和零售。

3. 变更股东。原核准登记的股东有×名，分别是：

×××百货公司（发起人）代表：×××。

×××副食品商场：×××。

×××家具商场：×××。

现变更增加股东×名，共计股东×名：

×××装饰公司代表：×××。

××服装厂：×××。

×××五金交电公司：×××。

以上变更登记项目，请予以审核批准登记。

××市×××有限责任公司（盖章）

法定代表人：×××（签字）

20××年××月××日

附件：

1. 发起人股东会会议纪要（略）
2. 股东出资比例及金额（略）
3.《××市×××有限责任公司章程》（略）
4. 发起人法人资格证明（略）
5. 股东的自然人身份证明（略）
6. 公司住所证明（略）

【范例2】企业变更登记名称申请书

关于变更企业名称的登记申请报告

××市××区工商行政管理局：

××市××商店近年来由于经营规模的扩大和经营项目的调整，现在已由主要经营××商品，变更为主要经营××、××、××等多种商品，原企业名称已不能反映商店所属行业。为此，经××市工业局批准，拟将企业名称改为××市×××商店。特申请办理名称变更登记手续，请审查核定，准予变更登记。

附件：

××市工业局《关于改变××市××商店企业名称的批复》（略）

×纺发字〔××××〕××号

××市××商店（盖章）

法定代表人：×××（签名或盖章）

20××年×月×日

【范例3】企业资本变更登记申请书

×××有限责任公司增资变更登记申请书

××市工商局：

一、本公司于20××年×月×日经批准设立（变更）登记。领到工商局设（新）字第××号执照。

二、兹因增加资本等特申请变更登记。

三、遵照公司法规定，检具有关文件，随文缴登记费××元、执照费××元，缴销原领执照，请准予变更登记换发执照。

此致

会计师：×××

申请代理人：×××律师（盖章）

××××（登记机关）

申请人：×××有限责任公司（盖章）

地址：××市××街××号

董事长：×××（盖章）

董事：××（盖章）

董事：×××（盖章）

申请代理人：×××会计师（盖章）

律师：×××

代理人地址：××市××街××号

日期：20××年××月××日

写作要领

一、企业变更登记申请的概述

工商企业行政管理文书，一经依法核准，便产生法律效力。但随着市场的变化和企业本身情况的发展，往往在经营过程中会对企业名称、法人代表、经济性质、注册资金、经营范围、经营方式等进行调整与变更，由此必须重新按规定程序办理手续，才能受到国家法律保护。

为了完成某项变更法定程序的申请文书从而形成相应文体，通常包括：变更企业名称登记申请文书、企业变更登记法定代表人登记申请文书、企业变更经济性质登记申请文书、企业变更注册资金申请报告、企业变更经营范围的登记申请报告、企业变更经营方式登记申请报告。

二、企业变更登记申请的写作格式

1. 标题。标题只需写明“公司或企业变更登记申请书”即可。

2. 正文。开头顶格写明送达机关，然后写明公司名称，无论公司名称是否变更，都应写明原核准登记的名称。若名称不改变，写出原名称即可；若要改变公司名称，还得写明申请变更的公司名称。接下来需写明申请变更登记的事项。

3. 落款。落款其中包括申请公司名称和法定代表人签字、成文日期及附件。

公司名称要写出原登记的全称，加盖公章，法定代表人签字。此两项既可写成一行，也可分两行排列。

成文日期另起一行，与公司名称大致对齐。

最后空两行或三行，在左下角注明必备的附件名称。

第六节 减免税申请书

参考范文

【范例1】减免税申请书

减免税申请书

申请人	纳税人名称		税务登记证号		
	法定代表人		身份证号码		
	地　　址			邮政编码	
	经办人		联系电话		

续表

<table>
<tr><td rowspan="4">申　请
减免税
项　目</td><td>税　种</td><td>所属期间</td><td>应纳税额</td><td>减免税额</td></tr>
<tr><td></td><td></td><td></td><td></td></tr>
<tr><td></td><td></td><td></td><td></td></tr>
<tr><td></td><td></td><td></td><td></td></tr>
<tr><td rowspan="4">申　请
资　料</td><td colspan="2">1.</td><td colspan="2">5.</td></tr>
<tr><td colspan="2">2.</td><td colspan="2">6.</td></tr>
<tr><td colspan="2">3.</td><td colspan="2">7.</td></tr>
<tr><td colspan="2">4.</td><td colspan="2">8.</td></tr>
<tr><td>申请减免
税理由及
依据</td><td colspan="4"></td></tr>
<tr><td>申请人承诺</td><td colspan="4">以上申请资料真实、合法

签　章
____年____月____日</td></tr>
</table>

注：本表一式三份，一份由申请人留存，一份随减免税资料流转归入减免税管理档案，一份归入纳税人户管档案。

【范例2】请求减征税额的申请

××酒店请求减征税额的申请

××县地方税务局：

由于近年来餐饮服务业市场变化等种种因素使得本单位的成本日益增加，资金亏损严重，再加之酒店资金周转困难，因此在经营上出现了严重的滑坡，特向贵局提交减征税的申请。

一、近年来市场竞争惨烈，我店开业初期应纳税为×万元，当时××县大型餐饮企业只有××酒店一家大型酒店，消费者可选择的场所不多，酒店客源比较稳定。但近两年来，大型餐饮企业×××、×××、×××、×××

国际酒店等相继开业，小型酒店更如雨后春笋层出不穷，迅速挤占了××县有限的市场份额，造成我酒店大部分客源分流。

二、食品原材料持续涨价，以×肉为例，我店开业初期×肉价格在××元一斤左右，现在×肉价格维持在××元一斤，上涨率达到了×%，而各大餐饮企业开业后，为了有效地稳定客源竞相压价，我店坚持质量信誉第一，×年来一直保持不降价，但现在难以为继。

三、大型饭店为招揽人才激烈竞争，人力资源短缺，工作人员极其不稳定，招工相当困难，以致服务质量下降，顾客投诉增加造成客源急剧流失。人力开支扩大又造成成本的增长，以服务员为例，20××年服务员月工资行情在×千元左右，维持在最低保障工资线，现在服务员月工资×千元还无法招到人。

四、按照国家关于餐饮服务业营业税率，所定税额过高，而我店营业额已连续多年下滑至××万元左右，已连年亏损，为维持日常业务，出现负债经营现象。

以上几点以及各项杂费成本开支的增长，如××、××、××、××、××等诸项，从而造成成本持续上升，营业额却持续下滑，除维持日常经营外，根本无利润可言。同时由于各单位签单过多，欠账不能及时归还，缺乏现金流，酒店资金周转困难，只得赊欠供应商材料费用，造成供应商哄抬原材料价格。因此，在经营上出现了严重的滑坡，加之没有把控好原材料的采购及产品特色和成本的浪费，造成一定的经济亏损，近年来一直处于严重亏损状态。不仅投资成本无法收回，更是借款支付员工工资。为扶持招商引资项目企业，也为了在维护国家利益基础上，又能照顾到企业的经济承受能力，望能适当减免税额，特向贵局报请给予本店减免部分税收的申请。

特此请示，望批准为盼。

附：酒店经营状况表（略）

申请企业：××县××酒店

负责人：×××

20××年×月×日

写作要领

一、减免税申请书概述

减免税额是指国家根据一定时期的政治、经济、社会政策的要求而对某些特定的生产经营企业或某些特定纳税人给予减轻或免除税收负担的优惠行为。

二、减免税的申请条件

纳税人可以依照法律、行政法规的规定向税务机关书面申请减免税额。纳税人在生产经营活动中，因生产新产品、少数民族特需商品、以“三废”为原料的产品和开办初期或遇自然灾害以及其他客观原因，纳税有困难，可依据上述规定及有关税种的规定，申请减免税。

企业所得税减免申请书，是指企业根据国家政策或遇有特殊情况而向税务部门申请减免税的书面文书。企业所得税的纳税期限，是由税务机关根据纳税人应纳税额的大小分别核定，并要求按日、按旬、按半月预缴的，而且应在纳税期满后三日内缴纳完毕，预缴税款又是按季结算。纳税人应分别于月底或季终后 10 日、20 日内报送纳税申请表办理结算，年终办理汇算清缴。年度终了应于 35 日内填报纳税申请表，办理多退少补手续。减免申报书必须在规定清缴时间前呈送，否则会受到纳税法有关规定的处罚。

三、减免税申请书的写作格式

企业所得税减免申请书由减免税申请审批表和申请报告书两大件组成。申请报告书则由标题、受文单位、正文、尾部等五部分组成。

1. 标题。写明“关于免缴国有企业所得税的申请”即可。

2. 收文单位。写明文件的编号及收文税务机关名称，税务机关为税务部门征收局。

3. 正文。写明申请减免税的项目、税种、税款、减免期限和原因，重点是由申请减免理由和申请减免要求两大块组成。撰写申请理由时，要认真研究税收政策，从下述两个方面提出充分理由：首先要根据财政部规定，研究本企业生产的产品是否属于减免税范围；其次要提出本企业所遇到的特殊情况，并说明它给本企业所造成的特殊困难，申请一次性或定期减免税。撰写申请减免税要求时，要注意写明申请减免税的时间期限，有的要写明减免税款额。

4. 尾部。由结尾用语、落款和附件构成。结尾用语一般使用“请审批”“请批准为盼”等。落款写明申请单位全称和申请日期，并加盖单位公章。工业企业申请产品减免税，必须附送有关成本表；商业、服务业以及事业单位申请减免税，必须附送经营情况表。写明随申请书递交的附件名称、件数，并标明序号。

四、减免税申请书的写作要点

1. 申请减免所得税的理由要充分。减免税申请书的理由有：政策性减免、社会减免、灾情减免、企业因经营困难申请减免等。要根据减免所得税的政策规定，有针对性地写明企业的特殊困难。

2. 必须如实填写表格所列各项内容。减免税申请审批表的格式内容包括：

（1）纳税单位名称全称。工商企业填写经工商行政管理局核发的营业执照的全称，其他纳税单位，填对外公章的全称。

（2）纳税单位负责人姓名。填纳税单位的主要行政负责人，如厂长、总经理、经理等。

（3）营业执照号码。填工商行政管理局核发的营业执照号码，未领营业执照的，应填“未领”。

（4）生产经营业务范围。填纳税单位生产的主要产品和兼营产品，或纳税单位的主营业务和兼营业务，以及自产自销、代销经销等经营方式。

（5）申请减免税前一年度生产经营情况。填纳税单位申请减免税前一年度本单位全年度总的经营成果和缴纳营业税税额、增值税税额、所得税税额。

（6）申请减免税时缴纳各税情况。填写申请减免税时，是否已按期缴纳增值税、营业税、所得税，缴纳税款数额，以及应交未缴和滞欠税款的情况和税款数额。

（7）本年生产经营计划和计划利润。填申请减免税年度本单位的生产经营计划和利润计划数额。

（8）申请减免税的产品或经营业务。填申请减免税的产品名称或业务项目。

（9）预计减免税款。填写申请减免税的产品销售或经营业务在申请减免税期限内欲减免税的数额。

(10)附送资料。工业企业申请产品减免税,必须附送有关成本表;商业、服务业以及事业单位申请减免税,必须附送经营情况表。

3. 填写减免税申请书时应注意的问题。

(1)申请书应按增值税、营业税、所得税等不同税种分别填报,各项内容必须逐项如实填报,一式两份,加盖公章报送主管税务机关。

(2)税务分局、县税务局审核意见的审查程序由分局、县局自行确定。

(3)封面“编号”由税务分局、县税务局填写。

第七节　退税申请书

参考范文

【范例】退税申请书

关于退还多缴纳税款的申请

××市国税局:

我公司20××年×月,销售给×××公司一批材料,已开具专用发票,货款××万元,税额×千元,货未发,款未收,按照税法规定已在×月作商品销售收入入账。×月共实现商品销售收入××万元,销项税额×千元,进项税额×千元,×月×日已向贵局申请了增值税×千元,于×月×日从银行转账入库,缴税号为××××号。现×××公司提货时,认为这批货质量存在瑕疵,要求退货,并将开具的专用发票全部退还。我公司已冲减商品销售收入和销项税额,造成多缴增值税×千元。由于公司资金紧张,周转相当困难。根据国家税法的有关规定,请贵局审查,将多缴税款×千元予以退还为盼。

特此请示,请予批准。

×××公司

20××年×月×日

写作要领

一、退税申请的概述

退税申请书(表)是纳税人因故要求退还税款时向税务机关提交的申请文件。

纳税人在申报纳税或自核缴税款时,由于划错税目、错用税率或因工作疏忽而发生计算错误等原因而错缴税款时,要及时向税务机关报告,说明原因及错缴金额。凡是多缴了税款的可填写退还税款申请书,经税务机关审查批准后,纳税人凭填发的收入退还书办理退税手续。退税申请书的内容除了纳税人、税务登记证号码、经济性质、开户银行、账号以及错缴的税种、税款所属时间、缴纳时间、金额之外,要着重填好申请退税理由。

按照税法规定,纳税人超过应纳税额缴纳的税款,税务机关发现后应当立即退还。纳税人自结算缴纳税款之日起三年内发现的,可以向税务机关要求退还,税务机关查实后应当立即退还。但依照《中华人民共和国进出口关税条例》的规定,纳税人办理关税退税的期限,应自多缴税款之日起一年内办理。

二、退税申请书的写作格式

1. 标题。标题由事由和文种两部分组成,如《关于退还超缴增值税税款的申请》。

2. 受文机关名称。

3. 正文。正文部分要详细说明税收收入所属时间、退税所属时间以及交纳书或票证的填开时间、字、号、名称等和退税原因及退税金额。

4. 结尾。加盖公章并写明具体日期。

5. 附件。

第八节　注销税务登记申请书

参考范文

【范例】关于办理注销税务登记的申请

关于办理注销税务登记的申请

××县国税局：

我单位因经营不善，经济效益逐年下滑，经主管部门××厂决定，将本工程队同×××安装公司合并，现已合并完毕。为此，申请办理注销我单位原办税务登记（原单位有关纳税事宜已全部结清）。

特此申请，请予批准。

附：注销税务登记表（略）

××厂建筑安装工程队

20××年×月×日

写作要领

一、注销税务登记申请书的概述

税法规定，凡纳税人由于联营协议终止、改组、分设、合并等原因而宣告撤销、经营期满、改变经济性质、歇业破产和自行停止生产经营六个月以上、脱离原税务管辖区、被吊销营业执照的，应于有关部门批准或宣告废业之日起30日内，到主管税务机关申报注销登记办理注销登记。注销税务登记申请是办理注销登记时提交的申请书。

二、注销税务登记申请书的写作格式

按照申请书的常用格式，包括标题、称谓、正文三部分。

1. 标题。有两种写法：一种是直接写“申请书”；另一种是在“申请书”前加上申请事项内容，一般采用第二种。

2. 称谓。顶格写明接收申请书的单位、组织或有关领导。

3. 正文。正文部分是申请书的主体，首先提出要求，其次说明理由。理由要写得客观、充分，事项要写得清楚、简洁。

三、注销税务登记申请书的写作要点

书写注销税务登记申请，应注意以下几个环节。

1. 材料要齐全，包括以下几项：

(1)原税务登记证件(正本、副本)、税务登记表。

(2)工商行政管理部门批准注销登记注册书。

(3)主管部门(单位)或审批注销机关的批准文件。

(4)其他有关证件。

2. 书写内容。书写注销税务登记申请时，主要应写清注销登记的理由，如经营不善、经营期满、经营场所拆迁等，还要写清尚在办理中的纳税事宜和发票用存情况等。

第二章 经济分析报告类文书写作

第一节 市场调查报告

参考范文

【范例1】互联网用户市场调查报告

××网络用户市场调查报告

一、概述

随着信息技术的发展，××网络的应用也由最初的教育、科研转向了民用、商用以及与百姓生活相关的许多方面。全球×%以上的用户使用××网络，排在第一位的是用于个人信息交流，如发送和接收电子邮件等；排在第二位的是用于工作，如企业内部的局域网、办公自动化等；排在第三位的是用于教育，如企业内部培训、远程教育等。

搞好市场调查和预测是分析的基础，是细化管理、向管理要效益的具体体现。基于此，我们对××网络用户的使用情况进行了市场调查。

二、市场调查的目的和方式

1. 调查方法的确立。本次用户调查采用随机抽样的调查方法，历时×个月。具体做法（略）。

2. 调查内容。共设有×项调查内容，每个调查项目下设若干备选项，用户采用选择的方式回答问题。

3. 调查对象。主要调查对象以拨号用户为主，原因如下（略）。

4. 调查目的。

（1）力求对市场发展、市场前景有一个较为清楚、正确的认识。

（2）使分析工作更加深化细化，做到事前分析与事后分析相结合，更好地发挥信息、咨询、监督的管理职能，为领导决策提供第一手资料。

三、调查结果

1. 从用户职业来看：用户的行业分布较广，在行业分布上以IT行业、商业贸易以及科教行业居多。

2. 从年龄构成上看:网络使用者中年轻人居多,用户的文化程度有所降低,说明网络的使用已不再局限于文化程度较高的专业技术人员或特定行业内的人群,网络的普及率在上升。同时,从一个侧面反映出互联网上百姓化信息更加丰富。

3. 用户上网的主要目的是:网络不再仅仅是工作和学习的重要工具,更成为人们休闲娱乐的工具之一。

4. 本次调查结果还表明:用户群体与个人收入水平无显著关系,但与用户职业相关关系显著。

四、调查结论

综合以上分析,我们认为可得出以下结论:

1. ××网络的目标用户群体定位:年轻人成为主体;用户群体逐步扩大。

2. 提高客户服务的质量是我们参与市场竞争的前提条件。市场与服务相脱节的局面应尽快改变。

【范例2】汽车用户调查报告

轿车信贷消费市场调查报告

近年来,我国轿车消费不断升温,国内各商业银行纷纷推出相应的汽车消费贷款业务。那么,消费者是否愿意贷款买车?什么样的贷款是他们能够接受的?近日,××调查公司就轿车消费贷款的一些相关问题,对消费者进行了调查。

一、轿车消费潜力巨大

调查显示,有××%的消费者计划在未来×年内购买小汽车,占比显著提高;而没有购买计划的人占××%,占比逐年下降。

调查人员分析认为,随着我国经济的持续发展,人们存折里的钱越来越多,居民的衣、食、住、行各项消费都在向高层次转移,私人轿车作为享受型的交通工具,已经越来越成为更多人的追求。

如今,国内几大汽车生产厂商的产品不断升级换代,不少品种和型号的车已经与国际同步,同时,成本不断下降直接导致销售价格降低,以前普通百姓不敢问津的价格逐步走低,个人购车欲望正在强化,未来×年将是我国家庭轿车普及化加速的几年。

二、贷款购车分歧较大

调查数据显示，对于贷款购车消费，××%的消费者表示接受，××%的消费者表示反对，表示不确定的占×%。

进一步调查发现，表示接受贷款购车方式的消费者认为，贷款可以周转资金和提前消费，两者各占×%和×%；在反对贷款购车的人中，有×%的人表示等有钱后再买，×%的人表示贷款买车不合算；另有×%的人认为贷款的钱可能不安全。

调查人员分析认为，消费者对贷款购车的分歧较大，这一在国外非常盛行的消费方式和理念，在国人眼里还颇受争议。这除了与中国传统消费观念有一定冲突外，也和个人经济收入情况、消费者对国家经济形势的发展预期、消费信贷本身的操作等有着密切关系。

有超前消费意识的受访者往往具有如下特征：年纪较轻，有稳定的经济收入，对生活质量的要求较高。他们认为，与其若干年后攒足了购车的钱，不如现在花明天的钱，提前享受。反对者则认为，消费应"量入为出"，不应今天花明天的钱。相对于赞成者，他们的经济收入水平较低，工作稳定性较差。

三、贷款期限×年至×年最受欢迎

调查结果显示，××%的消费者认为汽车贷款期限×年至×年最合适，××%选择×年以上，×%选择×年以下，×%选择×年至×年，×%选择×年至×年。

调查人员分析认为，消费者对贷款期限的选择因个人情况差异而不同。一般情况下，收入高、偿还能力强的消费者倾向于较短期限，收入较低、偿还能力较弱的消费者倾向于较长期限。但也有例外，一些投资意识较强的消费者，尽管有购车能力，也会贷款且选择较长的期限，而把自己的资金用于其他投资上，做到理财和享受两不误。

四、贷款期望额度较高

调查数据显示，对于贷款金额，消费者的期望在××万至××万元之间。其中，××万元及以上的比例稍高，为××%；其次为××万至××万元，占×%；××万至××万元占×%；×万至×万元占×%；×万元以下比例较低，为×%。

调查人员分析认为，消费者对贷款倾向于较高金额，结合目前轿车市场的车价，经济型为××万元，中高档在××万至××万元。因此，较低的贷款额度满足不了消费者购车时的支付，反过来，如果消费者的购车资金缺口较小，往往也不会通过贷款方式解决。

贷款期望金额也折射出消费者购车的心理价位应该在××万元左右，低档轿车尽管价格具有优势，但其质量性能和外观不为大多数人看好，而××余万元的中档经济型轿车的综合竞争力最强，受欢迎程度相对较高。

根据本次调查结果，调查人员指出，目前开办汽车贷款业务的服务机构还不多，品种形式较单调，尚不能满足消费大众的各级需求，提供服务的机构应力求形式的灵活、多样，真正把方便和实惠带给消费者。

调查单位：××调查公司

20××年×月×日

写作要领

一、市场调查报告概述

市场调查报告，是指在商品或服务从生产者（供货商）到消费者这一过程中，对市场商业活动的现状、情报、数据，进行系统、客观且持续的搜集、记录、分析、评价，并做出结论与建议，供企业经营决策者参考的一种文书。

二、市场调查报告的特点

市场调查报告是一种专题调查报告，它除了具有调查报告的一般特点之外，还有它自身的特点。

1. 针对性。市场调查报告必须目的明确、有的放矢，必须从市场实际出发，有针对性地调查研究产、供、销各个环节存在的问题，及时发现问题、解决问题。

2. 时间性。对于企业来说，时间就是效益，时间就是金钱。能够及时通过市场调查报告了解国内外技术经济情报，了解市场价格、需求和同类产品的竞争能力，以便不失时机地在一定范围内调整生产和经营，防止盲目生产、无效劳动，提高企业经济效益。

3. 实用性。市场调查反映的是商务活动中已经出现了的问题，其实用价值是非常明显的、直接的。它所提出的合理化建议一经采纳，立刻会产生经济效益，而经济效益的提高反作用于企业，对职工生活、社会稳定和商务活动的正常运行会产生正效应，因而必将收到良好的社会效益。

三、市场调查报告的种类

按其内容可以将市场调查报告分成以下三种。

1. 市场需求调查报告。这类市场调查报告主要是调查市场对本企业产品需求量和影响需求的因素，紧紧抓住购买力、购买动机和潜在需求这三方面。其中，购买力是消费者实现购买行为的前提，是市场调查的首要任务；潜在需求的调查则是为了使潜在需求变成现实需求，为企业发展新产品，开拓市场提供依据。

2. 竞争对手的调查报告。这类报告主要调查竞争对手的总体情况、竞争能力及新产品的发展动向等，通过对竞争对手的调查来判断企业处于什么地位，以提高本企业产品的市场占有率和确定产品的发展方向和发展策略。

3. 经营政策调查报告。这类报告主要调查本企业的产品、价格、广告和推销政策、销售和技术服务政策等，通过调查了解企业的销售能力是否适应消费者需要，企业的销售策略是否合理，以便及时发现问题，及时改正。

四、市场调查报告的写作要点

1. 坚持实事求是的原则。坚持实事求是进行市场调查，是写好市场调查报告的可靠保证。因此作者一定要亲自深入市场参加调查。报告中引用的调查资料要翔实可靠，对于重要的数据要反复核实、测算，做到准确无误。

2. 注意观点和材料的统一。撰写市场调查报告不能满足于材料的堆砌和数字的罗列，必须既有材料，又有观点，观点统率材料，材料说明观点；切忌观点和材料脱节，更要防止二者相抵触。应在反映情况的基础上提出有见地、有说服力的分析意见和相应的建议。

3. 要精心选材，突出重点。市场调查的内容较广泛，涉及的问题也较多，在整理和撰写报告时，要根据主旨的需要来取舍材料。市场调查报告要突出重点，一般以回答一两个重要问题为宜，切忌面面俱到。如果调查涉及的内容过多，可以分专题写几份报告。这样，每份报告都能突出自己的重点。

4. 正确把握文体性质和表达方式。市场调查报告是一种兼有说明文、记叙文及议论文的各种特点而又不同于它们的实用文体，应偏重于选用比较全面、系统、完整的事实、数据叙述说明问题，并且运用议论的表达方式提出措施建议。市场调查报告的语言要准确、简练、朴实，要清楚地表达内容。可以在文中运用一些小标题，各小标题要力求简洁、醒目、概括及格调一致。

第二节　市场预测报告

参考范文

【范例1】房地产从业人员市场预测报告

房地产从业人员市场预测报告

一、研究背景

20××年初的“新国八条”，贯彻中央有关“房子是用来住的，不是用来炒的”精神，已在房地产市场上初见效力，全国楼市上涨的趋势得到有力的遏制，市场成交量明显萎缩，价格开始转向下行，众多房企面临资金困境，买卖双方陷入深度博弈，市场拐点似已悄然临近。

进入20××年，全国范围的“限购”政策未见丝毫“松绑”迹象，市场上的诸多不确定因素越发引人关注。基于上述情况，中国××研究院联手××网于20××年×月对全国多个城市的资深房地产从业人员展开问卷调查，以期从众多专业人士的视角中提炼有用信息，并对未来房地产市场的走势做出合理的预测，从而为更多企业和个人的相关决策提供参考依据。

二、研究内容

本次调查从其所在企业，所属城市和整体市场的不同角度分别对土地市场、住宅市场以及房地产行业的相关问题进行了研究，并得出相应结论。

三、测量工具

问卷访问是本次调查的主要调查方法。

问卷结构：

第一部分：房地产宏观市场形势，共×个问题。

第二部分：各城市中观市场形势，共×个问题。

第三部分：各房地产企业微观决策方向，共×个题目。

四、研究对象

通过随机抽样的方法在全国一、二、三线城市中选定相关城市，并对这些城市中的房地产从业人员进行问卷访问，最终成功获取有效样本×××份。

五、研究结论

预测一：

政策环境：市场政策环境将在延续去年调控力度的基础上更加严厉，国家的调控政策将逐步建立一种长效机制。

调查数据显示，××%的受访者认为20××年的政策环境会越来越严厉，房产暴利时代已成为过去式；××%的人认为20××年的调控力度会与去年相似；还有××%的人员认为调控力度会继续收紧。

预测二：

市场形势：房地产市场整体走势将逐步趋稳，但不确定性依然存在。

调查数据显示，××%的房地产业内人士认为20××年的市场行情将会保持稳定；只有××%的人认为今年的房地产市场会逐渐向好；此外，还有××%的受访者认为今年的市场走势尚存在较多不确定性。

【范例2】钢材消费市场需求预测

钢材消费市场需求预测

中国目前仍然处在工业化和城镇化中期，钢材行业的发展仍有巨大空间。从第一产业就业人口占比、城市化率及人均GDP等指标，可以看出我国经济仍处在工业化和城镇化的中期阶段。工业化进程的推进，城市化水平的提高，将带动钢材行业需求的增长。

一、传统行业的特钢消费需求稳步增长

汽车和机械是特钢的主要传统下游。中国特钢协会的统计表明，我国优特钢主要的消费领域是汽车和机械行业，两大行业消费的特殊钢材占比分别达到特钢产量的××%和××%。伴随我国工业化和城市化进程的不断推进，汽车、机械等行业仍有巨大的发展空间，对特钢的消费需求将继续增加。

二、汽车用特钢增长点为生产用特钢和维修用特钢

汽车工业是我国特钢重要的应用领域。在汽车用钢的品种构成中，优特钢的使用（齿轮钢、轴承钢、弹簧钢等特殊钢）占到××%，主要包括合金结构钢、碳素结构钢、弹簧钢、易切钢、冷镦钢、耐热钢等。××钢铁联盟的数据也显示，××特钢国内消费的××%来自汽车工业，汽车工业与特钢产业的年增长速度基本相近。

20××年末汽车生产用特钢消费需求将增长×××万吨左右。我国汽车工业自20××年以来，经历了持续的高速发展，年复合增长率达到××%。工信部规划"××"期间汽车产能，到20××年为×××万～×××万辆，与中汽协预计的×××万辆产能一致；按此规划测算，"××"期间的汽车产量复合增长率 CAGR 在悲观、中性与乐观的假设下分别为××%、××%、××%。根据汽车制造各个部分的用钢经验数据，我们测算一辆乘用车平均用钢大概在××吨左右，而商用车用钢按照×、×、×、×的顺序，其用钢量分别为××、××、××和×吨左右，其中优特钢材平均占比××%，由此估计，按照中性假设的增速，汽车生产用特钢市场需求将从20××年×××万吨上升到20××年的×××万吨左右。

汽车维修的特钢需求量随着汽车保有量的增长而增加，在20××年有望增加××万吨左右。除了汽车生产需求外，汽车行业的需求增长还包括汽车零部件的出口以及保有汽车维修，据公安部交通管理局的统计，20××年底我国的汽车保有量为××千万辆，我们按20××年～20××年每年报废车辆占上一年保有量比率的平均数××%，并且按照经验值估算每×辆汽车的维修特钢用量约××kg，按产量中性假设进行测算，20××年底汽车维修用特钢需求量将从20××年的××万吨增加到20××年的××万吨。另外，考虑到国产汽车的性能不断提高，以及汽车及其零部件出口基数低，未来成长空间巨大的因素，对特钢的需求量，特别是高品质特钢必将进一步上升。

20××年汽车新增特钢需求将超过××万吨。根据以上的中性测算，

预计在20××年末，我国汽车新增的特钢需求将从20××年×××万吨左右增加至20××年的×××万吨左右，新增需求将超过××万吨。

三、工业化进程中机械行业的持续增长支撑特钢需求

机械行业的持续增长支撑特钢需求，预计20××年底新增机械行业特钢需求为×××万吨。由于机械的种类繁多，同时对应的特钢种类繁杂，因此我们用非汽车机械工业产值对这一部分的需求进行测算。历史数据显示，非汽车机械工业产值与特钢消耗量有很强的线性关系，拟合效果很好；我们按照乐观、中性、悲观的产值增速××%、××%、××%进行测算，可估算出中性假设下20××年我国非汽车机械工业特钢需求量约为×××万吨，较20××年底的特钢需求量增加××万吨左右。

四、"××"期间高端特钢需求受政策驱动将大幅增加

高端特钢需求正处于初步阶段，是政策红利对象。特钢产业尤其是高端特殊钢已经被列为国家七大战略新兴产业规划之中，政策驱动作用将为特钢市场发展带来新的动力，其他战略新兴产业，特别是高端装备制造业的发展将对高端特殊钢需求产生巨大的拉动作用。

五、航天大飞机及通用飞机特钢需求将于"××"期间显现

航空行业对高端特钢的需求拉动预计将于"××"期间显现。《国务院关于加快培育和发展战略性新兴产业的决定》中明确提出：要重点发展以干支线飞机和通用飞机为主的航空装备，做大、做强航空产业。干线飞机一般使用载客量和航程大的"大飞机"，大飞机主要指起飞总重超过×××吨的大型运输机，或×××座以上的客机；而支线飞机主要为起飞总重在××～××吨，××～××座的客机。通用飞机则指除公共运输航班及客货运输活动外的所有使用民用航空飞机。我国大飞机的研制属于高精尖项目，每架的高温合金、钛合金使用约××吨，起落架用特种高强度结构钢约××吨。其他使用的钢材还包括飞机齿轮、飞机发动机曲轴、飞机机身大梁或骨架等。但目前大飞机还处在研制阶段，预计20××年首飞，20××年交付使用，之后方可实现批量生产，因此，对于高端特钢的需求拉升作用预计于"××"期间显现，空间巨大。

六、"××"期间轨道交通特钢需求约为×××万吨

城市轨道交通和高铁动车线路是特钢需求的新增长点，预计"××"期间的总需求约为×××万吨。轨道交通的特钢需求主要可分为城市轨道交

通和高铁动车线路两大类。根据国家“××”规划的轨道交通的线路和高铁动车线路的总长度，我们大致可以测算出在“××”期间需要的全部轨道特钢的用量；同时，我们根据单位里程经验上所需车辆数量和车厢数量，以及车厢和车辆中铝合金和特钢（包含不锈钢）的占比，测算出车厢及车辆的特钢需求；加之线路维护等其他的特钢需求，可以得出“××”期间轨道交通的特钢需求大约为×××万吨。

七、海洋工程特钢需求将达到×××万吨

“××”期间我国海洋工程对特钢的需求量将达到×××万吨。《国家战略性新兴产业发展“××”规划》中明确，海洋工程装备发展要达到国内市场满足率××%以上。其中，耗用特钢的海工装备主要包括海洋钻井平台、海底油气输送管线、海洋能源设备等。据我国海洋石油20××年远景规划，未来×年，我国将有××多个海底油田待开发，需建造××多座平台，新建和改造××多艘浮式生产储存卸货装置。

根据××机械预测，未来×年，半潜式钻井平台、钻井船和自升式钻井平台的新增需求为××座、××座和××座，特钢需求约为×××万吨。

八、能源工业特钢需求将超过××万吨

“××”期间中国核电特钢需求将超过××万吨。截至目前，已投入运行的核电机组有××台，装机容量××万千瓦，在建核电机组××台，装机容量大约××万千瓦。由于20××年日本核事故的影响，我国已宣布在核安全规划出台前停止审核新项目，短期内的核电发展可能会出现减速，但长期来看，核电作为清洁能源的优势并未发生变化。核电用特钢主要包括核电钢板和核电用管两类。根据××电力设备研究表明，核电站共需不锈钢管××万吨左右，核电钢板××万吨，以当前建核电机组的数量估算，未来×年内的核电用钢需求将超过××万吨。

“××”期间风电带来的特殊钢需求将达××万吨。根据规划，到20××年，全国风电装机容量将达到××万千瓦，其中××风电装机容量××万千瓦；到20××年，全国风电装机容量达到××亿千瓦，其中含××风电装机容量××万千瓦。截至20××年底，全国风电总装机容量达到××多万千瓦，因此未来×年，风电项目将新增风电装机容量约××万千瓦。根据行业经验，一台×千瓦的风电机组的耗钢量约为××吨：其中厚板的用量最大，占到总耗钢量的××%左右；其次是特殊钢，占到总耗钢量的××%。

“××”期间，风电机组建设的特钢需求量将达到××万吨。

通过以上的测算，我国未来五年的特钢需求将超过×××万吨，其中高端装备制造业新增需求占比超过××%，且所需特钢多为高端品种。

通过与××特钢发展历程的比较，从整个产业发展进程来看，中国的特钢发展前景广阔；如果从下游需求来分析：一方面，传统下游的汽车、机械制造等工业将继续保持平稳较快的发展，将增加对特钢的需求；另一方面，在国家政策的大力推动下，战略新兴产业，特别是高端装备制造行业的迅速发展也将拉升特钢的消费量。预计未来五年特钢消费的传统下游和新兴产业都将有大幅增长。

写作要领

一、市场预测报告的概述

市场预测报告就是依据已掌握的有关市场的信息和资料，通过科学的方法进行分析研究，从而预测未来发展趋势的一种预见性报告。是在市场调查的基础上，综合研究调查的材料，用科学的方法估计和预测未来市场的趋势，从而为有关部门和企业提供信息，以改善经营管理，促使产销对路，提高经济效益。市场预测报告实际上是调查报告的一种特殊形式，它也是应用写作研究的文体之一。

二、市场预测报告的特点

1. 预见性。市场预测报告的性质就是对市场未来的发展趋势做出科学的预见性判断，它是在深入分析市场既往历史和现状的基础上的合理判断，目的是将市场需求的不确定性极小化，使预测结果和未来的实际情况的偏差概率达到最小化。

2. 科学性。市场预测报告在内容上必须占据充分翔实的资料，并运用科学的预测理论和预测方法，以周密的调查研究为基础，充分搜集各种真实可靠的数据资料，才能找出预测对象的客观运行规律，得出合乎实际的结论，从而有效地指导人们的实践。

3. 针对性。市场预测的内容十分广泛，每一次市场调查和预测，只能针对某一具体的经济活动或某一产品的发展前景，因此，市场预测报告的针对性很强。选定的预测对象越明确，市场预测报告的现实指导意义就越大。

三、市场预测报告的分类

按预测的范围来分，可归纳为如下 2 类：

1. 宏观市场预测报告。宏观市场预测报告是对大范围或整体现象的未来所做的综合预测，常指有关国民经济乃至世界范围内的各种全局性、整体性、综合性的经济问题报告。

2. 微观市场预测报告。微观市场预测报告是某一部门或某一经济实体对特定市场商品供需变化情况、新产品开发前景等分析研究的预测报告。

按预测的时间分，可归纳为如下 3 类：

1. 长期预测报告。是指超过五年期限的经济前景的预测报告。

2. 中期预测报告。是指对二年至五年时间内经济发展前景的预测报告。

3. 短期预测。是指对一年内经济发展情况的预测报告。

按预测的方法分，可归纳为如下 2 类：

1. 定量预测报告。定量预测报告包括数字预测法预测报告和经济计量法预测报告。数字预测法预测报告，是采用对某一产品（商品）已有的大量数据进行分析研究，用统计数字表达，从中找出产品（商品）的发展趋势而写成的报告。经济计量法预测报告，是根据各种因素的制约关系用数学方法加以预测而写成的报告。

2. 定性预测报告。定性预测报告是对影响需求量的各种因素，如质量、价格、消费者、销售点等进行调查、分析研究，在此基础上预测市场的需求量而写成的报告。

四、市场预测报告的写作格式

1. 标题。市场预测报告的标题一般由预测、预测展望，组成标题构成，标题要简明、醒目。

2. 前言。这一部分要求以简短扼要的文字，说明预测的主旨，或概括介绍全文的主要内容，也可以将预测的结果先提到这个部分来写，以引起读者的注意。

3. 正文。市场预测报告的正文是市场预测报告的主体部分，一般包括现状、预测、建议三个部分。现状部分，预测的特点就是根据过去和现在预测未来。所以，写市场预测报告，首先要从收集到的材料中选择有代表性的资料、数据来说明经济活动的历史和现状，为进行预测分析提供依据；预测部分，利用资料数据进行科学的定性分析和定量分析，从而预测经济活动的趋势和规律，是市场预测报告的重点所在。这个部分应该在调查研究或科学实验取得资料数据的基础上，对材料进行认真分析研究，再经过判断推理，从中找出发展变化的规律；建议部分，为适应经济活动未来的发展变化，为领导决策提供有价值的、值得参考的建议，是撰写市场预测报告的目的。因此，这个部分必须根据预测分析的结果，提出切合实际的具体建议。

4. 结尾。结尾是归纳预测结论，提出展望，鼓舞人心，也可以照应前言或重申观点，以加深认识。

五、市场预测报告的写作要点

撰写市场预测报告，要求能运用翔实的资料数据，深入分析市场现状；分解资料数据，科学判断市场未来发展趋势；依据分析预测，为公司提供决策参考和可行性建议。

第三节　产销分析报告

参考范文

【范例 1】药品产销分析报告

××药品产销分析报告

根据权威机构数据预测，××药品原料药从 20××年到 20××年内将以每年平均×%的速度增长。20××年，世界范围内产量将达到××吨。在同类药品中，××制剂销售额一直独占鳌头，制剂市场份额最高曾达××

亿美元。估计20××年全球××药品总消耗量高达××万吨，年增长率为×%。××药品是近×年来发展最快的品种，市场普及率高，患者选择率高，价格比较透明。

在全国重点城市医院用药排行榜上，×年间××药品的排名分别为××位、××位、××位，有下降的趋势，主要原因在于一些新兴的同类产品已经取代××药品在临床上开始大量被应用，同时也是我国临床上耐药性日益严重的一个体现。在农村市场，××药品作为常用类药物地位仍然牢不可破。

随着制剂市场的蓬勃发展，我国的××原料药生产也得到了长足的发展。国产××原料药的工艺技术不断提高，总收率已达××%，原料单位成本已从××多元/公斤降至××元/公斤左右，国产产品已经基本顶替了进口产品，并开始进入大规模的生产时期。目前，国内××原料药的生产企业主要有×××、××等×家。近几年，随着××原料产量的不断增长，其价格也在不断下降，从20××年×月在××地举行的全国原料药品交易会上得到的情况来看，××原料的价格已经跌至××元/公斤左右，完全达到了国际市场价格水平，表明国产××原料的价格已经具备了在国际市场的竞争能力，可以大举向国际市场进军，同时也可以缓解目前国内市场供过于求的局面。

近几年××药品市场增长迅速，20××年产量已经接近××亿粒。目前已经步入市场成熟期。××药品是我国药品市场竞争最为激烈的品种之一，生产企业云集，共计有×××余家。经过激烈的市场竞争，一些产量较大的企业规模不断扩大，使整个市场集中度不断提高，目前市场已经基本由×××、××等大企业把持。作为医保甲类药品，近几年来，××胶囊的价格已连续降了×次，零售价格的降幅超过了×%，而一些生产企业的出厂价更低，基本上在×～×元/粒，价格触底致使该产品利润微薄，规模优势更加明显，这也是导致其市场集中度不断提高的重要因素之一。

目前，国内××胶囊销售模式基本分两类：一类为合资企业和单独定价企业采取的销售模式，多走大城市、大医院路线；另一类为通过国内大多数药厂的销售渠道，这类药厂数量众多，售价也较低，一般按照普药销售模式，采取大户分销或批量投放市场的方式，主要市场集中在中小城市以及广大的农村地区。

从未来的发展趋势来分析，作为一个常用的××类产品，××药已经为众多消费者接受，成为家庭常备药之一，市场普及率非常高，并且还在逐步取代×××等传统同类药物的市场，仍具有市场增长潜力。该产品实际出厂价已经降到底线，除非原料价格进一步下降，否则今后的降价空间不会很大。从投资方面分析，该产品普通剂型市场已经接近成熟，而针对不同的适用人群和适用部分的各种新剂型还不多见，可以作为投资选择的方向。

×××医药公司信息部

20××年×月×日

【范例2】洗涤品市场产销调查分析报告

洗涤品市场产销调查分析报告

20××年由于受企业生产及价格等因素影响，我市肥皂、洗衣粉价格比较高，肥皂消费萎缩，洗衣粉销售看好。20××年我市百货公司供销肥皂×××箱，较20××年的×××箱减少×%，洗衣粉销××吨，较20××年的××吨增长×%。肥皂市场除××牌肥皂外，其他均系杂牌，质量差，价格高。而洗衣粉市场则品种丰富，除了××牌洗衣粉外，还有××加酶、××超浓缩洗衣粉，这些洗衣粉均系名优产品，洗涤性快，去污性强，深受消费者欢迎。

肥皂市场的不景气和洗衣粉市场的活跃原因有：

1. 洗衣机家庭拥有量上升，洗衣粉需求增加，肥皂由于用途的缺陷，消费日渐减少。据对我市××户居民家庭调查得知，20××年我市每百户居民拥有洗衣机××台，洗衣机的拥有量上升，洗衣粉需要量增加。肥皂碱性大，不适合洗涤高档衣物，随着人民生活水平的提高，人们衣着也向高档衣料方向发展，势必影响肥皂消费量。另外，多用途的液体洗涤剂和专用洗涤卫生用品不断增销，使肥皂销售也受影响。据对我市居民家庭××户调查得知，20××年我市居民对肥皂消费量较上年下降×%。

2. 价格因素对肥皂、洗衣粉影响大。近×年来，洗衣粉和肥皂价格不断上涨。××牌洗衣粉由原来每公斤××元上涨到现在的××元，上升幅度达×%，肥皂也由每块×元上涨到×元，上升幅度达×%。肥皂、洗衣粉价格上涨抑制了市场销售。

3. 生产企业资金紧张,原材料价格放开生产受影响。市场疲软波及大部分商品,造成企业经济利润下降,结算资金受债务链困扰持续上升,经营资金紧张,无法在洗衣粉、肥皂商品上投入大量资金,只能勉强维持经营。

4. 生产洗衣粉需要的烷基苯、五钠及磺酸以及肥皂用猪油等平价原材料不能保证,为维持生产只能议价购进,突破了国家给予的保护性补贴,经销商也处于微利或无利经营状态,因而生产受影响。

××商贸公司市场调研部
报告人:×××
20××年×月×日

写作要领

一、产销分析报告概述

产销分析报告,是研究并反映工业生产和商业销售之间的关系,分析市场供应和需求形势以供决策参考的一种文体。

二、产销分析报告的特点

1. 对市场形势的分析研究。产销分析报告要对市场上某种或某类产品的供需关系做出反应,分析其市场畅销或滞销的原因,并找出对策。所以,“分析”是产销分析报告的基本特点。

2. 明确的目的性和强烈的针对性。写产销分析报告,通过针对市场产品供需形势的分析,对生产企业和商业部门起到指导作用,使市场经济的管理实现科学化和现代化,生产企业可以按照所分析的市场形势去生产急需的畅销产品;商业部门也可按照分析的市场形势去组织货源,满足市场和人们的各种需求。

3. 尊重客观事实,凭事实说话。产销分析应以市场的客观事实为依据,通过具体的情况、数字,分析某种或某类产品的畅销或滞销原因,并指出如何解决这些问题,具有现实指导意义。

三、产销分析报告的种类

产销分析报告可有各种不同的分类:按时间分,有总结性产销分析报告，现实性产销分析报告和预测性产销分析报告；按性质分，有综合性产销分析报告、专题性产销分析报告和单一性产销分析报告；按范围分，有国际市场产销分析报告、国内市场产销分析报告和地区（省、市、县和经济区域）市场产销分析报告；按行业分，有冶金、机械、轻工、化工、电子、建材等产品的产销分析报告；按环节分，有生产情况、流通情况、调运情况、储存情况、销售情况等的产销分析报告。

四、产销分析报告的写作格式

产销分析报告的结构由标题、正文和落款组成，各部分的具体写法如下。

1. 标题。产销分析报告的标题一般有三种：第一种由时间和分析的问题或事项构成。第二种由分析的问题或事项构成。第三种由主副标题构成，在主标题上突出分析的问题或事项，副标题标明分析的时间，如主标题为“需求增长平缓，市场交易清淡”，副标题为“近期××市场形势分析”。

2. 正文。产销分析报告的正文，一般由引言、主体和结尾组成。

（1）引言。引言又叫前言、导语。简明扼要地提出主题，或阐明分析的目的、要求；或概述产销的市场形势；或针对问题用数字介绍基本情况；或简述存在的问题。究竟写什么，应视具体情况而定。

（2）主体。主体部分写对市场某种、某类产品或对整个市场的供需情况、形势的具体分析。着重分析产销各项指标是怎样完成的，或分析产销指标没有完成的主客观原因。这种分析应该是有情况、有数据、有措施、有建议。至于具体写法，多种多样，可以列出小标题，也可以分款列项，还可分成几个部分。主体部分应有理有据，内容充分，条理清晰。

（3）结尾。结尾是根据产销分析所反映出的问题，提出改进意见、建议和具体措施。要求观点明确，意见中肯，建议切合实际，措施能真正解决问题，切不可空话连篇，不讲实际效果。

3. 落款。落款署明调研单位或作者的姓名，以及注明写作时间。

五、产销分析报告的写作要点

1. 要有明确的针对性。撰写产销分析报告一定要以市场为导向，有明确的针对性，即到底要解决什么问题：是解决产品适销对路的问题，还是开发新产品、扩大市场占有率的问题;是解决商品购销渠道的问题,还是解决商品实体使用价值的转移,等等。报告的针对性越强,对生产企业、商业企业及主管部门,特别是对工商管理部门的实际参考和指导意义就越大。

2. 在深入分析上下功夫。产销分析报告和市场调研报告都是面向市场,对某种或某类产(商)品的供需状况做出如实的反映。但是市场调研报告重在"情况"的报道,即哪些商品紧俏,哪些疲软、滞销;而产销分析报告虽然离不开事实和情况的介绍,离不开指标、数据和报表,但它的侧重点在"分析",做出评价。在分析原因时,远因、近因、内因、外因都要注意到,通过指标、数据、报表的具体分析揭示问题的实质,并找出相应的对策。如果没有客观、中肯、科学的分析,产销分析报告也就名不符实。

3. 语言简明准确。产销分析报告以叙述、说明为主要表达方式,在对产销形势做出评估时也用到议论,但强调精粹周密,只起画龙点睛的作用。语言以平实为基调,要求简洁明快、准确贴切,如实反映商(产)品生产、销售的基本情况和产销的走势,杜绝不必要的描写和主观情感的抒发。

第四节　经济活动分析报告

参考范文

【范例1】季度经济活动分析报告

××公司×季度经济活动分析报告

现将我公司20××年×季度经济活动的主要情况分析报告如下:

20××年初,货运总公司对我公司下达年度经济责任制指标计划,具体指标计划为如下。

1. 责任成本×××万元。

2. 船舶交通事故损失金额。

(1)库区、中游:××元/千吨千米。

(2)下游:××元/千吨千米。

(3)××港作:×××元/艘。

(4)其他港作:×××元/艘。

3. 船舶效率。

(1)拖轮船产量××吨千米/千瓦。

(2)驳船船产量××吨千米/吨。

4. 燃油消耗。

(1)企业单耗××千克/千吨千米。

(2)非生产用油××吨。

(3)燃料油与总耗量比例××%。

5. 驳船营运率达××%。我公司根据货运总公司下达的年度经济指标计划,对各项经济指标进一步细化,层层分解落实,为确保年度目标的完成,船务公司领导班子带领公司全体干部职工,面对指标的压力,经过近几个月来的努力,公司×季度主要经济指标均达到计划进度要求。

一、各项经济指标运行情况分析

1. 责任成本指标。×月~×月累计责任成本××万元,为计划进度×××万元的×%,实绩比计划节约××万元。

2. 安全、货运质量指标。×月~×月累计交通事故损失金额××万元,为计划进度×××万元的×%;与上年同期比减少×万元。×月~×月无货运质量事故,无货主投诉,货差损赔偿金额为零。

3. 船舶效率指标。×月~×月累计完成拖轮船产量××吨千米/千瓦,为计划进度(××吨千米/千瓦)的×%,超进度××吨千米/千瓦;与上年同期比,增加××吨千米/千瓦,增幅×%。

×月~×月累计完成驳船船产量××吨千米/吨,为计划进度(××吨千米/吨)的×%,超进度××吨千米/吨。与上年同期比,增加××吨千米/千瓦,增幅×%。

×月~×月累计完成驳船营运率×%,为计划进度(××%)的×%,超进度×个百分点;比上年同期高出×个百分点。

4. 燃油消耗指标。×月~×月燃油企业单耗实绩××千克/千吨千米,与计划进度(××千克/千吨千米)比,降低了××千克/千吨千米;与上年同期比下降了×%,降幅×%。

×月～×月累计非生产量用油××吨，为计划进度（××吨）的××%；与上年同期比少耗×吨，降幅×%。

×月～×月累计燃料油占总耗量的比例×%，为计划进度（××%）的×%，超进度××个百分点。

从×季度指标运行情况可以看出：拖轮船产量、燃料油占总耗量的比例、驳船营运率增长，责任成本、非生产用油、企业单耗降低，安全稳定。

二、×季度经济指标监控的主要做法

1. 全面贯彻落实货运总公司年度经济责任计划，积极完成我公司目标任务，并在公司目标任务上分解下达各单位、船舶年度经济指标，配套制定了××船务公司20××年经济责任制方案，提交公司董事会讨论通过，为全年的经济指标运行和经济责任制考核奠定了坚实的基础。

2. 紧密结合企业经济形势，针对今年油价高涨，货源不足，运价下滑的严峻形势，公司将责任成本控制放在突出位置，在各项成本指标分解过程中，所有箭头向下，并低于上年同口径水平的×%。

3. 狠抓主题不松劲。在安全质量连续一年来稳定的情况下，公司把安全工作始终作为工作的主题，常抓不懈，第×季度重点抓了“×××活动”的巩固提高，以及冬季防滑、防搁浅，防碰撞等，确保了第一季度安全局面的稳定，促进了其他指标的平稳运行。

4. 结合××公司安全工作实际，创新制定了《××船务公司领导安全责任制实施方案》，将安全管理责任、单船建设、推进SMS工作分片包干到公司各位领导，形成了纵向到底，横向到边的安全管理责任网络。

5. 加强各项指标运行的动态监控与管理，及时发现经济运行中出现的问题，并采取措施加以解决。

三、第×季度经济运行中存在的主要问题

1. 成本控制压力没有缓解，主要体现在以下方面：

（1）随着第×季度生产投入的增加，各项安全生产费用和人工成本也将随之上升，加上燃油成本居高不下，运价上涨困难，企业效益压力更大，控本增效将是企业的重要举措，因此，各项成本的控制压力将更加突出。

（2）为了进一步向内挖潜，20××年工作会后上级调整指标的趋势仍然存在。

（3）海损杂支，船舶修理费都由上年下转，并在今年的成本中消化，控制压力比较突出。

2. 燃油指标压力将会显现。

(1)劣质油第×季度掺燃比完成较好,因为××匹拖轮未上线所致,随着生产投入增加,该项指标的控制压力就会显现。

(2)非生产用油指标控制较好,是因为×季度港作船的减少所致。

(3)单耗水平取决于货源的组织水平,如果货源不对流,附拖和空队现象以及小运转增加,对单耗产生直接影响,控制难度相当大。

3. 安全隐患犹存。我公司船舶均为老旧船,设备隐患较多,加上航道秩序混乱,不安全、不可控因素越来越多,对船舶航行安全构成很大的压力。

4. 部分船舶水电费出现异常。×月有××艘船舶水电费出现异常,严重超进度,为了查清水电费超进度的原因,责成经监处、计财处认真调查,并作出处理,今后财务对船舶的水电费进账,要登记明细,方便考核、查询和对账。

四、下一步工作安排

参加经济活动分析会的××经理,对公司第×季度经济活动进行了归纳总结,同时布置了下一步工作。

1. 第×季度指标运行正常。

(1)成本管理得到了科学预控。

(2)生产指标超进度。

(3)安全生产保持稳定。

(4)服务船舶的力度进一步加大。

2. 下一步工作。

(1)认清形势,转变观念,保持清醒头脑。目前,我们面临三大压力:一是货运总公司效益指标进度缓慢;二是成本压力日益突出;三是修缮费用不足,对船舶设备养护造成空前压力。我公司要加强科学管理,做好×年工作指标调整的思想准备。

(2)成本控制要注意四个指标的监控。

1)物料费指标。

2)海损指标(海损杂支指标)。

3)修缮费用指标。

4)对船舶水电费指标出现的异常情况进行调研。

(3)强化责任意识。各指标处室负责人是本部门指标的第一责任人,要求各部门紧盯目标,加强责任,严密监控,实施目标管理。

(4)经监处要加大运行质量监控。

1)加强指标动态监控,月度严格考核。

2)对指标出现异常情况的部门、单位,要督办分析,并要求指标管理部门写出书面分析材料报分管领导和公司领导,及时处理解决。

3)各指标处室要加强指标协调、沟通。力求将问题解决在萌芽状态。

(5)加大重点指标的监控力度。

1)工资成本指标。

2)修费指标。

3)单耗指标。

4)营运间接费指标。

(6)需要解决的几个问题。

1)加大对安全生产的投入,改善指导船长办公条件和环境。

2)关心船员生活和身心健康,特别是“××”期间,做好对船舶员工的慰问。

3)适度解决基层单位的困难,涉及安全生产急需的,可尽快解决。

4)做好个税、船舶备用金的解释工作。

5)加强为船舶生产一线服务。

6)机关干部要深入生产一线,加强科学管理,提高工作质量和工作效率。

××船舶公司货运处

报告人:×××

20××年×月×日

【范例2】半年生产经营活动分析报告

×××公司20××年上半年生产运行情况报告

一、上半年生产经营情况

20××年初，根据省市经济工作会议精神，××公司及时召开了全体职工代表会议，提出了力争实现全年生产突破××万吨、销售收入突破××亿元，职工人均年产值突破××万元的“三突破”目标。

上半年，在省市主管部门的领导下，公司坚持以邓小平理论、“三个代表”重要思想、科学发展观、习近平新时代中国特色社会主义思想为指导，团结带领广大职工，深化内部改革，强化生产管理，生产运行情况保持了良好增长态势，生产经营实现“三突破”。其中主要产品产量、现价工业总产值和主要产品销售价格再创历史新高。

1. 产值、利税、主要产品产量完成情况。上半年完成现价工业总产值×亿元，为全年计划的×%，同比增长×%；实现销售收入×亿元，同比增长×%；实现利润×亿元，同比增长××%。产值、利税的大幅增长，主要得益于主产品价格的上升和主要产品产量的增加。

上半年，公司主要产品产量全部达到计划要求，其中××、××、××产量再创历史最好水平。矿产完成××万吨，为年计划的×%，同比持平（因新系统检修影响，上半年矿产××、××产量未能实现任务过半，但超过进度计划要求）。××完成××万吨，为年计划的××%，同比增长×%；××完成××万吨，为年计划的××%，同比增长×%；××完成××万吨，为年计划的××%，同比增长×%；××完成××万吨，为年计划的×%，同比增长×%。

2. 重点工程完成情况。上半年公司技改重点工程进展顺利，共完成技改投资××万元。确保冶炼××万吨能力达标的××转炉改造和制氧站扩能工程正在抓紧设备安装，××吨××生产系统建设已经完成厂房屋面吊装。促进矿山持续发展的××山矿井下深部开采工程全面开工建设。为扩大××储量和可控××资源的矿山边深部探矿及省内外找矿付诸实施。与民营公司合资建设的××万吨废渣铜再生利用项目正在抓紧落实前期。××万吨铜冶炼改造扩能工程初步可行性研究报告已编制，并进行了多次技术交流。合资建设的××万吨铜线杆项目正在商洽中。

二、下半年生产经营安排

尽管上半年公司生产经营形势良好，企业整体运行质量提高。但同样存在一些问题和困难：一是××等产品存在价格高位且波动频繁的价格风险。满负荷、高强度的生产，原料进厂、库存占用势必增加，一旦市场价格变化，将给生产经营带来极大的影响。二是产销平衡及生产组织难度大。进厂原料品质、均衡性无法保证，确保原料供应将是下半年的重点，另外为适应市场形势，原料结构需要调整，冶炼粗、精炼能力的平衡衔接难度大。三是进入汛期，企业安全生产压力大，任务繁重。

下半年，我们将继续抓住难得的市场机遇，团结带领广大职工乘势而上，加快发展，维护稳定，确保实现全年"三突破"目标。具体抓好以下几方面工作：

1. 加强生产组织协调，努力实现超产增效。千方百计克服冶化满负荷生产中出现的各种困难和矿山露天、井下生产能力及原矿综合品位下降等困难，进一步优化生产组织协调，努力提高日产水平。精心组织好产品销售，不断改进销售方式，拓宽销售领域，完善销售网络，力争全年实现利润、产品产量、产值、利税再创历史新高。

2. 抓紧技术改造，增强发展实力。着重抓好冶炼改造、××深加工、矿山基础建设、增储找矿、安全环保等方面的重点项目建设。一是今年×月底完成冶炼××转炉改造和制氧站扩能工程，年内基本建成××万吨××生产系统，为明年××生产能力达到万吨打下基础。二是年内完成××山矿露天剥离工程，井下深部开采工程达到进度要求。三是年内完成万吨××冶炼改造扩能工程方案论证和报批报备等，力争年内开工建设。四是力争年内开工建设××万吨××线杆项目。

3. 加强节能降耗，实现管理增效。坚持把"严、细、实、新、恒、齐"的管理观念落实到各项管理中，向严格管理、创新管理、科学管理方向努力，促进公司管理水平和整体效益提高。一是不断完善和规范各项管理制度，进一步夯实管理基础。下半年，通过落实整改措施，进行持续改进，切实解决管理中存在的问题。进一步理顺管理职能，防止管理出现漏洞。二是不断加强专业管理和定额管理，努力降低成本费用。继续严格成本分析控制，并逐月逐季对比分析和考核兑现，确保冶化生产和矿山采选成本同比降低。三是加快综合利用的新产品开发，重点抓好贫化炉渣回收有价元素可行性研究，回收××、××等金属，并在××中提炼××金属。

4. 切实做好安全环保。认真抓好安全生产及环保责任制的实施，重点加强冶化生产现场、矿山井下、露天深部、尾矿库等重点部位检查，发现问题及时整改。强化安全保护及责任意识，杜绝各类安全事故发生。

×××矿产有限责任公司

报告人：×××

20××年×月×日

【范例3】年度财务分析报告

××公司20××年年度财务分析

在上级党委和各级领导机关的关怀下，在兄弟单位的大力支持和配合下，我公司全体干部职工在适应商品流通渠道的变化方面，发挥了积极性和主动性，通过企业整顿，建立健全了以经济责任制为中心的各种规章制度，把责、权、利有机地结合起来，全面超额完成了上级下达的年度利税计划，现将各项主要指标执行情况综合分析汇报如下。

一、主要经济财务指标执行情况

本年度进货总值×××万元，与去年×××万元相比下降××万元，即×%。其中，地产收购总额××万元，省内调入××万元，省外进货××万元。

本年销售总值×××万元，与去年同期×××万元相比下降××万元，即×%，其中，批发销售比去年同期有所增长，调往省内外都略有下降。

年末商品资金总额×××万元，比去年同期×××万元下降××万元，即×%，比前年同期×××万元下降××万元，即×%；库存结构得到进一步调整，布局逐步趋向合理。

本年商品流通费总额×××万元，比去年同期×××万元下降××万元，即×%；费用水平为×%，比去年×%下降×%，其下降幅度为×%。

本年度实现利税总额为××万元，超额×%完成上级下达的任务。

整个年度进货正常，销售达到预期效果，库存下降，费用降低，经济效益较为理想。

二、流动资金占用的分析

年末全部流动资金占用为××万元，比去年同期××万元下降×万元，即×%；本期平均流动资金占用为××万元。比去年同期××万元下降××万元，即×%，本期平均流动资金周转次数为××次。比去年同期××次加快了×次，即加快×%；期末银行贷款为××万元。比去年同期××万元下降××万元，即×%。

1. 商品资金。年末商品资金为××万元，比去年同期××万元下降××万元，即×%。从而达到了整顿企业时制订的库存压缩计划。

年末商品资金结构情况如下：（略）。

2. 结算资金占用。年末结算资金占用××万元。占全部流动资金的×%。其中：委托银行收款××万元。应收款××万元，分期应收款××万元，待决应收款××万元，待处理损失××万元。银行存款××万元。

主要情况分析如下：（略）。

三、商品流通的分析

本年商品流通费总额×××万元，比去年×××万元下降××万元，下降幅度为×%；本期费用水平为×%，比去年××%下降×%，下降幅度为×%。其中：

1. 直接费用（略）。

2. 间接费用（略）。

四、利润的分析

本年实现利润总额×××万元。超额×%完成上级下达的利润计划。具体分析如下：

1. 进销差价。本年毛利额为××万元。比去年同期××万元增加××万元；本年毛利率×%。比去年同期×%上升×%。具体情况如下：（略）。

2. 商品流通费本年减少××万元。

3. 营业外收支净值为负××万元。

4. 利润总额本年为×××万元，超额×%完成年度利润计划。如果在本期不处理有问题商品，就不存在低于进价损失××万元，那么全年利润将是×××万元。

五、今后的意见

我们认真总结本年度的经验教训，在新的一年中，决心在上级有关部门领导下，贯彻公司的经营原则，适应开放的市场需要，扩大市场销售，改善经营管理，提高企业和职工的素质，干群紧密团结，加强各方协作，贯彻执行以经营责任制为中心的各种规章、制度，以经济效益的主攻方向作为我们改善经营管理的目的，争取在新的年度取得更大的成绩。

××省××公司财务科

20××年×月×日

写作要领

一、经济活动分析概述

经济活动分析，就是在经济理论和政策指导下，根据计划指标、会计核算、统计资料及调查研究所掌握的情况，运用科学方法，对经济活动（如财务、统计、产销等）进行全面或专项的分析研究，从中找原因，作评价，探规律，拟对策，借以改善经营管理，挖掘内部潜力，提高经济效益的一种经济管理工作。把这种分析的过程和结果写成书面材料，就是经济活动分析报告。

二、经济活动分析报告的作用

经济活动分析报告在经济工作中的作用主要表现在以下几方面：

1. 帮助人们认识经济规律。对经济工作施以科学的管理，首先必须掌握经济规律。而经济规律并不是一下子就能认识和掌握的，它必须经过实践—认识—再实践—再认识这样一个渐进过程。而对经济活动的分析，就是把实践中的感性认识提高到理论认识的高度上来，探索经济发展规律，然后再用这种理性认识来指导实践。

2. 促进企业提高管理水平。经济活动分析是经济管理工作的重要组成部分，整个经济管理工作包括计划、核算和分析三个相互联系而又各自独立的环节。计划为分析提供评价标准，分析又为计划的完成提供保证并为后期计划提供依据。核算为分析提供主要资料，分析是核算的深入，使核算充分发挥作用。由此可见，高度重视、不断进行经济活动分析，可以有效地促进管理水平的提高。

3. 推动经济领域的深入改革。通过经济活动分析，管理者可以抓住落后的指标和薄弱的环节，有针对性地进行改革。

4. 有利于经济职能部门的作用进一步发挥。经济活动分析，不仅在企业中使用，而且在国民经济诸如财政、税务、审计、银行、统计等部门中广泛使用。通过分析、检查总结各自的工作，监督促进所属范围内经济工作的运转，保证各自经济指标的执行。

三、经济活动分析报告的特点

正确的指导思想、充足的资料基础、科学的分析方法和明确的分析目标，是构成经济活动分析报告的四个基本要素。从这些要素中，我们可以透视经济活动分析报告的几个基本特点。

1. 对过去经济活动的检验性。经济活动分析的对象和内容是经济活动的过程和结果，通过对计划指标、业务核算、会计核算和统计核算表现出来的数字进行对比计算，过去的经济活动成绩和问题、经验和教训一目了然，故其检验性是十分明显的。

2. 对未来经济活动的指导性。经济活动分析，可以增强未来工作的自觉性，避免走弯路。

3. 分析方法的数字对比性。经济活动的分析，需要一定的技术方法。技术方法主要是数字计算，而检验各项指标完成计划的好坏，又主要通过计算后的数字对比来确定。因此，数字对比性是经济活动分析报告的又一重要特点。

4. 分析的时间性。在经济管理过程中，经济活动和经济信息的产生是同步的。如果分析不及时，当分析结束，制定了措施，常常已是时过境迁了。因此，要动态跟踪，及时分析研究。

四、经济活动分析报告的种类

经济活动分析，有着不同的层次和类别。国民经济的不同部门有着不同的经济活动分析，如工业、农业、商业、交通运输、外贸等经济活动分析。社会再生产的不同环节也有不同的经济活动分析，如生产、流通、分配、消费等分析。以上各种经济活动分析，分为不同的层次级别和种类形式，但无论哪种形式，都是在单项分析的基础上进行全面分析，在全面分析中抓重点进行专题分析，在日常分析的基础上进行定期分析，在定期分析的基础上进行日常分析，常见的文体分类有：

1. 按照分析的目的和内容分类。可分为专题分析报告和综合分析报告。

专题分析报告常见的有：生产分析、销售分析、供需分析、劳动人力资源分析、物质分析、设备分析、成本分析、财务分析报告等。综合分析报告，又称全面分析报告，它是从总体上认识生产经营活动的成绩、问题和原因，对经济活动做出总的评价，对重点问题进行深入研究，提出改进工作的全面措施。

2. 按照分析的时间分类。可分为事前预测分析报告、日常不定期分析报告和事后定期分析报告。

事前预测分析报告，包括决策分析报告和预计分析报告。

日常不定期分析报告，也叫事中分析报告。

事后定期分析报告，一般指月份、季度、年度分析报告。

3. 按照分析报告的形式分类。可分为文字分析报告和表格分析报告。

五、经济活动分析报告的写作格式

就结构而言，经济活动分析报告，主要由下列几个部分组成：

1. 标题。如“××公司20××年上半年财务分析”。但有时视具体情况可省略分析对象和时限。“关于产品库存结构的分析”（省略了时限和单位）。

2. 前言。也即报告的开头。主要说明形势，交代分析目的和方法，或介绍分析对象的基本情况，或提出问题，引出正文。

3. 正文。主要体现“分析”两字，在写作时主要掌握下面几点：

（1）正文写作基本思路。无论是综合分析，还是专题分析，都要遵循“提出问题—分析问题—解决问题”这个程序，其重点在于分析。

（2）正文写作结构顺序。首先是各项指标完成情况总述。其次，对重点指标进行分析。在前述分析基础上，抓住好、差指标完成情况，分析原因、肯定成绩、正视问题、总结经验和教训。最后，提出有针对性的改进措施和建议。

4. 结尾。此类文体中，有的以“今后的意见和建议”结尾，根据分析结果列出几条。有的在结尾处说明或强调某一问题。有的还用展望未来、鼓舞斗志的语言结尾。如无必要，还可不用结尾。

六、经济活动分析报告的写作要点

1. 重数据更要重分析。任何经济活动分析报告都是围绕特定的目的，为解决经济工作中的问题而写作的。借助计划指标、会计核算资料、统计资料等把经济活动过程综合成指标体系，为经济活动分析提供比较全面的数据。但仅靠数据资料还不能使管理者对经济活动的认识上升到理性高度，因此，必须对数据进行深入分析，以便从本质上揭示经济发展的规律。分析是报告的根本，报告是分析的结晶。没有科学的分析，就写不出有说服力的报告。

2. 突出总结指导作用。经济活动分析报告的内容是经济活动过程及其结果，必须从现有的经济事实出发，通过必要的回顾和剖析，对经济工作的成绩与问题、经验与教训做出评价。同时，总结对未来的经济活动具有重要的指导意义，可以使企业提高工作的自觉性，避免决策的盲目性。

第五节　利润增长情况报告

参考范文

【范例1】关于企业利润增长情况的报告

关于企业利润增长情况的报告

×××经理、×××总会计师：

经过技术改造和产品结构调整，20××年我公司生产经营和财务状况有很大的好转。产值由降转升，产品销售收入稳步增长，上缴税金与企业利润同步提高，全公司资金状况明显改善。全年收入和利润情况及利润增长的原因如下：

利润完成情况分析表(略)。

一、产值略有回升,销售收入由少转多

近两年,由于我公司处于技术改造阶段,20××年公司工业总产值仅为××万元,比上年增长×%,同20××年相比仍减少×%。但因调整产品结构初见成效,适销对路的新产品开始投放市场,所以产品销售收入已呈逐年上升的趋势。20××年产品销售收入比20××年增长×%,20××年又比20××年上升了×%。每百元产值实现的销售收入,本年达到××元,比20××年的××元增长×%,销售收入增加的主要因素是:

1. 我公司开发了××、××、××等×大类新产品之后,本年度国内市场销售收入净增××万元。

2. ××、××两大类新产品的出口交货值净增近××万元人民币。

二、利润总额增加,呈逐年稳步上升的态势

20××年企业利税总额已达××万元,比上年增加×%,人均利税由上年的××元上升到×××元。其中,上交给国家的税金达到××万元,亦较上年增长×%,而且连续三年来的情况表明上述几项指标也都呈逐年稳步上升的趋势。

三、企业利润开始与税金同步升高,自我发展能力正在逐步地增强

20××年,企业利润达到了××万元,较上年增长×%,同20××年相比则增长×%。这个数额虽然距企业生产经营的实际需要相差甚多,但能有如此稳定上升的局面,在目前的××行业中已是相当难得的成果。这对于我公司逐步增强自我发展能力,提高生产经营的后劲,都将起到良好的推动作用。

纵观企业20××年的生产经营形势,确有较大的改观,如在下一步企业改革中,确能摸准国内外市场信息,做到产品适销对路,质地精良,实现企业董事会提出的“把出口产品的比重由现在的×%扩大到××%左右,把盈利较大的新产品销售比重由现在的×%扩大到××%左右”的目标,那么企业的经济效益和竞争能力可以得到更大的提高,企业利润也可以达到千万元以上。这样,我公司资金短缺的情况就能得到缓解,从而逐渐步入良性循环的发展阶段。

以上报告,仅供参考。

×××公司财务部

20××年×月×日

写作要领

一、利润增长情况报告概述

利润增长情况报告是指企业财务部门就企业利润增长的情况向企业领导提交的书面汇报。它是企业负责人了解企业利润情况的直接信息来源，是企业采取措施，改进收入和利润管理取得的成果的书面总结。

二、利润增长情况报告的写作格式

1. 标题。标题可直接写“关于企业利润增长情况的报告”。

2. 正文。

(1)利润增长的具体情况。

(2)利润增长的原因。

(3)今后的建议。

3. 落款。署明公司及部门名称，并注明报告日期。

第三章

项目规划类文书写作

第一节 项目建议书

参考范文

【范例1】工程项目建议书

“生态农村”工程项目建议书

一、项目背景

中国是农业大国，农业的发展和新农村的建设就成为中国发展的重大主题。随着市场经济的发展，工业化进程的加快，“三农”问题、农民的生存和发展问题正成为日益突出的社会矛盾。世界市场经济的发展，我国目前农业生产的现状将越来越不适应市场经济的激烈竞争。如何在发展农业、保护环境的前提下解决上述矛盾，是否能将“三农”问题与城乡一体化发展及创建和谐社会联系起来考虑，怎样把最新的一些科技成果应用到农业生产和农林建设上去，以全面改善农民的生产、生活方式，增强农业、农村、农民自身的造血功能。我们认为必须做好以下工作。

1. 我们必须真心诚意地把农民看作我们的衣食父母，一切考虑首先是如何增加农民的收入，不要到农民的口袋去掏钱，而是千方百计不断地让农民口袋里的钱多起来。农民满意了，农业发展才有希望，农民的富裕才是国家真正的稳定与繁荣。

2. 我们要充分认识到土地是我们赖以生存的根本，是我们取之不尽的资源，也就是如何珍惜土地、节约用地、保护耕地，才可持续发展。

3. 使用最新的科技手段来提高农民的单位面积产量，提高农产品的质量，使农业生产与世界市场经济接轨，直接参与世界市场的竞争。发展订单农业，有条件地发展外向型农业，以无公害绿色农业为基础。有条件地发展有机农业，尽快使农产品走向世界。

4. 正确理解和实施国家出台的有关“三农”的各项政策，有关新农林、新农村、小城镇建设的方针措施。不要搞形象工程,不要重复旧城镇的建设,不要建了新农村,破坏污染了好环境。要建设好生态农村,美丽乡村,做好系统工程的同步建设。

5. 农业不是一个旅游观光业就可让大多数农民致富的,农业也不是突然一个市场好销的品种就能长久让农民富起来,我们所提倡的和将要实施的生态农村工程项目首先是绿色的、自然生态循环的、无公害的;是产业化、外向型、可持续发展的与农民住宅于一体的、综合型的种、养、加工、科研和开发于一个整体的循环经济模式。彻底改造农民的居住环境,形成居住与农业相依存,农业与大自然相结合的良性循环,培养人类长期地维护地球大自然环境。

在我国,农民都住上别墅是不现实的,现代化的别墅本身就是一种消耗、一种污染源,同时别墅也不能完全作为农民富裕的标志,人类还要吃、喝,还要创造,更需要劳动,我们将建造的农民住宅也绝对是现代化的,但它的区别在于××%以上都是绿色环保建材,能源自给自足与大自然融于一体,即体现人性化的舒适,又实行污染零排放,各种能源消耗达到最低。

"生态农村"工程是我们在全国首先提出的,它将是一系列综合的工程体系。未来的农村将是一场革命性的变革,也将诞生新兴行业,农村物业管理、农业产业化,电子商务、政务网络化管理生态一体化等,将有效地实现为社会创造良性循环与农村就业提供积极的作用。

二、项目内容

"生态农村"工程项目是一项系统建设工程,它包括:生态农业、生态环保住宅、独立能源、污水处理循环利用、智能管理系统工程。为了更好地实施和推广该工程。目前我们首先要做的是建设示范工程,同时,将在××郊区建立一个永久的"生态农村工程示范基地",集中各类农业新技术、新产品、新工艺、优良品种等新型生产资料和生态住宅样板,各类绿色建材,国际新产品、新技术等。

1. 生态农业。目标是示范产业化外向型的品种,确保农业增值,培育优良品种供应国内外,传统蔬菜的出口创汇稳定收入。要求是无公害绿色生产为基础,培育品种特色品牌为经营手段(略)。

2. 生态环保住宅(略)。

3. 独立能源供应(略)。

4. 污水处理循环利用系统(略)。

5. 智能管理系统(略)。

三、项目实施方案

1. 相关建设(略)。

2. 项目实施原则(略)。

3. 资金来源(略)。

4. 未来发展(略)。

四、组织和管理结构及建议

为了更好地发挥我们多年来的努力成果和经验,我们希望得到国家的支持和政策指导,而有机会服务于全国。以便于向规范化及标准化发展,克服当前建设新农村而出现的盲目性和误区。

1. 尽快组织成立中国生态农村工程建设股份有限公司,由政府指导,按市场运营机制进行试点建设。

2. 项目所在地区,以县主管领导为主任,成立生态农村工程项目管委会,成员有当地县领导×人,我方派副主任×人,农民股东成员代表×人,项目公司经理×人。管委会为当地项目最高决策和管理机构。

3. 项目所在地要成立项目公司来运营,机构为"生态农村工程发展有限公司",是严格按公司法成立的股份制有限公司,初步建议股份分配方案为资金投入方占股份×%,农民土地入股者共占×%,项目参与管理单位占×%。具体情况将根据不同地区不同情况共同商议后决定。

4. 在××郊区需××千亩以上建立一个"生态农村工程示范基地",目前初步决定向联合国有关机构申请冠名为"联合国生态农村示范基地",目的是将国际生产资料以及新能源,创新环保和××科技、××、××、××、××住宅样板等,在此进行示范运行,供参观、交流、考察和选择。也将作为中小学生环保和绿色农业教育基地,市民的农家乐旅游基地。

此基地将是全球首家综合性国际化的基地,是不断更新、引导生态农村发展的基地、教育基地、农家乐旅游基地,也是可持续发展的永久基地。

五、社会和经济效益

1. 社会效益(略)。

2. 经济效益。我们在全国选择××个有代表性的示范基地,并且进行考察和当地政府参加的论证。每个基地要有明显的特色,又具有一定的代表性,是将来推广发展的典型模式,具有一定的示范意义(略)。

六、示范试点基地情况

1. ××省××族自治县互助小庄(××)村。由四个自然村组成,距县城××公里,全村共有××户,××人,土地××亩。海拔××~××米,当地特产××、××、××、××,灌溉水源充足。特色肉食有:××、××古老品种××,××,独特的全国唯一的××族民俗文化旅游资源,古老的××美酒,具有原始的生态环境,绿色食品基础等(略)。

2. ××省××县项目:××万亩沙土地开发生态家庭农庄计划,是生态农村工程项目的一个特殊类项目,是我国广大沙漠治理绿化示范工程的典型,具有深远的社会和经济效益,也是国际相关组织的关注重点(略)。

3. ××省××市××县××村。这个村的特点是山多,水多,耕地少,贫穷落后,而环境优美,气候宜人。适合中草药、绿色食品、竹制品及绿色养殖,水产开发和生态旅游开发,原始状态有××户农民,××人,××个劳动力,现有耕地××亩。

4. ××省××县××镇。特点:政府干部和农民开放思想超前,×年前曾规划实施生态村建设,经济力量强,并有××千亩耕地可作为生态农业示范试点。由于是典型的平原,潜力巨大,为今后大农业种植提供试验。还有×万亩水塘,可用来饲养出口×国的××等,水产经济发展为平原地区提供样板和种源生产基地。

有××户左右农民,土地可随时延扩,是平原开发的样板。

5. ××县城东北××公里处。特点:××大环境是××市的生态示范区,全国花园城市,是开发绿色有机农产品的最佳基地,除了出口国际市场外,在××市的销售也是创建品牌的最佳选择,并对种源和与国际交流发展起到示范龙头作用。

项目所在地位于××县城东北××公里处,可建成××户的生态农村工程项目,对原始×个落后村拆迁,新建农业土地开发生态农业,同时在周边可建绿色建材基地,供应全国生态农村工程应用。

同时当地的项目公司具有投资、融资和市场开拓能力。

以上共五个示范试点生态农村工程项目的建设,基本上体现了全国样板推广的特点。从而在能源与环境科技不断完善和进步的同时,我们还会在今后××个生态村建设目标中不断改造，不断更新完善。

农业是第一产业，无农不稳。走出国门，走向世界，中国的农业虽然落后，但潜力巨大，有眼光的投资者和企业家们欢迎与我们联系，共商大计。

首批××个示范试点生态农村工程项目的建设，应体现全国样板推广的特点。从而在能源与环境科技不断完善和进步的同时，我们还会在今后××个生态农村建设项目目标中不断改造，不断更新完善。

生态农村工程发展有限公司（筹）
中国××学会特色经济推广中心
20××年×月×日

【范例2】关于材料深加工的项目建议书

绿化花卉基地项目建议书

一、总论

1. 项目名称：××市绿化花卉基地项目。

2. 项目主管单位：××市林业局，负责人：×××。

3. 项目实施单位：××市林业开发公司，法人代表：×××。

4. 项目性质：扩建、改建。

5. 建设地点：××区××镇。

6. 生产规模：每年培育××万株名优绿化苗木，××万株（盆）花卉、盆景等。

7. 主要建设内容：建设育苗大棚××个及有关的育苗基础设施等。

8. 建设年限：建设期为×年。

9. 投资规模及资金筹措：

（1）投资规模：项目总投资×××万元，其中固定资产投资××万元，流动资金××万元。

（2）资金筹措：实施单位自筹资金××万元，申请国债资金××万元。

10. 结论与建议：项目投资不大，经济效益和社会效益都显著，年利润率为××%。主管单位和实施单位均有较强的经济和技术实力，此项目的实施，既可美化城市生活，又可增加经济收入，同时也促进我市林业与绿化事业的跨越发展。

二、项目建设背景及建设的必要性

1. 项目实施单位的基本情况。项目实施单位(××市林业开发公司)系主管单位(××市林业局)下属国有企业,创建于19××年,现有固定资产×××万元。目前主要从事种植速生丰产林和林产品的开发利用。公司现有员工××人,其中中高级专业技术人员占××%。

2. 项目建设的必要性。目前,项目实施单位已承包××市林木良种繁育中心苗圃的部分场地×××亩和场地原有少部分的育苗设施。为充分利用场地资源,发展我市的花卉、盆景及绿化苗木产业,必须对原有的场地和育苗设施进行扩建和改建。

三、市场调查分析与需求预测

本项目的产品是花卉、绿化苗木和盆景等,随着我国经济社会的发展,人民生活水平不断提高,人们对美好生活的追求和对生活环境的要求越来越高,这就有必要美化绿化城市环境和生活环境。目前,全国上下大搞城市美化运动,包括各类道路绿化、广场绿化、公园绿化、植物园建立、各种类型的小游乐园建设及居民区环境绿化等。总之,该项目的市场前景很好,产品供不应求。特别是名优绿化苗木、盆景更是如此。本项目作为外向型林业发展的配套项目,产品主要销往市内外、区内外和国内外。

四、项目建设条件

1. 社会经济条件。项目市区总人口×××万人,其中农业人口××万人,占总人口的××%,劳动力××万人。项目区20××年工农业总产值××亿元,其中工业总产值××亿元,占工农业总产值的××%。人均产值×万元,农民人均纯收入×千元。

2. 劳力资源条件。项目区内共有劳动力××万人,农村有约×分之×的劳动力富余,林业系统管理人员×××人,其中工程技术人员××人,具有高级职称××人,中级职称××人,初级职称××人,可满足项目的技术及生产管理所需。

3. 基础设施条件。项目区内水电、通信及交通等都很方便,有各种等级公路×××公里,其中有高速公路、铁路及××二级公路。

五、项目建设方案

1. 项目建设指导思想。以保护森林资源为前提,以××为基础,以××

为保障，以××为中心，以××为龙头，为协调林业产业发展，不断优化结构，壮大林业综合实力，形成林业规模经济，为××市经济繁荣做出应有的贡献。

2. 建设期为一年，20××年为建设期，20××年开始为投产期。

3. 建设内容及规模。

（1）建设规模及构成。项目建设总面积×千平方米，基地内扩建××个育苗大棚及有关的育苗基础设施。绿化花卉基地计划年生产××万株绿化苗和××万株（盆）花卉、盆景。

（2）基础设施建设（略）。

（3）项目技术措施。基地选择在××区××镇，总面积在×千 m^2 左右，项目建设所需的场地要宽敞，光线充足，通气良好。采用国内外先进的苗木、盆景培育技术和设备。

六、项目组织机构

1. 经营管理形式。本项目由××市林业局统一领导、指挥、调控，××市林业开发公司负责实施建设。项目建成后，由市林业开发公司负责组织实施和经营管理。

2. 机构设置。本项目建成后，下设××、××部及××部等部门运作。

3. 人员设置。本项目建成后，设主任一名，负责全面经营管理工作，副主任两名，协助工作。下属各部门设主任各××名，员工若干名。

七、投资概算与资金筹措

1. 投资概算。项目总投资包括项目建设投资和流动资金总计×××万元，其中项目建设资金××万元，流动资金××万元[详见附表（略）]。

2. 资金筹措。项目实施单位自筹投入资本金××万元，占总投资的××%，申请国债资金××万元，占总投资的××%。

3. 资金使用计划。项目建设投资×××万元，一年建成。流动资金××万元，投产后第一年开始使用。

八、效益分析

1. 经济效益分析与评价。项目投产后每年可生产××万株绿化苗木和××万株（盆）花卉、盆景。年总收入为××万元，总成本为××万元，盈利××万元，利润率为×%，投产后三年就可以收回成本，其经济效益十分显著，该项目在财务上是可行的。

2. 社会效益分析。

(1)项目建成投产后,可为市区内外及国内外提供名优绿化苗木、花卉盆景等。

(2)项目建设过程中和投产后,均需要一定的劳动力,为当地农村富余劳动力和下岗职工提供就业机会。

(3)项目建成后,可增加地方经济收入,促进项目区的经济发展。总之,项目建成后,有很高的经济效益,其社会效益也十分显著。

××市林业局

××市林业开发公司

20××年×月×日

写作要领

一、项目建议书概述

项目建议书又可称为立项申请,是项目建设的筹建企业、单位或者项目法人详细考察了国民经济的发展状况、国家或者地方的发展规划、相关的产业政策、国内外市场、项目所在地的内外部的具体条件之后,对项目的可行性进行分析,并向上级主管部门提出某个具体项目的建议文书。

二、项目建议书的特点

项目建议书作为一种申请性质的文书,具有以下三个特点:

1. 申请性质。项目建议书是向上级报请审批建设工程或科研项目的文书,因此具有申请书的特点。因此既有报告的任务,又有请示的目的。项目建议书通过对所报项目的性质任务、预期目标、必要性和可能性、工作计划与方法步骤等内容作详细汇报申请上级审核批准。

2. 项目的可行性。作为投资项目建设之前的第一步工作,项目建议书是项目初步选择和确定的依据,是上级审核批准立项的重要参考,因此必须对该建设项目的必要性和可行性进行必要的分析、研究及论证。

3. 条款的确定性。项目建议书有固定的格式,它最初是用于向国家推荐基建项目的,所以国家发改委专门发文对项目建议书的内容和要求做了明确的规定。

三、项目建议书的分类

项目建议书，有多种不同的分类方法，一般来说，根据项目投资来源性质的不同，可以分为基本建设项目建议书和中外合资项目建议书两种类型。

四、项目建议书的写作格式与内容

项目建议书的内容，一般包括标题、导言、正文和落款四个部分。

1. 标题。要写明建设项目的名称，是反映何种项目的建议书，如“××厂项目建议书”。

2. 导言。简要地介绍项目主办单位和负责人的概况，并说明项目提出的依据和历史背景。

3. 正文。这是项目建议书的主要部分，根据有关基本建设法规规定，这部分应写明以下几方面的内容：

（1）建设项目提出的必要性和依据。引进技术和进口设备的项目，还要说明国内外技术差距和概况以及进口的理由。

（2）产品方案、拟建规模和建设地点的初步设想。

（3）资源情况、建设条件、协作关系和对引进国别、厂商的初步分析。

（4）投资估算和资金筹措设想。利用外资项目的，还应说明利用外资的可能性，以及偿还贷款能力的大体测算。

（5）项目的进度安排。

（6）经济效益和社会效益的初步估计。

4. 落款。要由建设项目编制提报单位署名盖章，并注明填报时间和有关附件的名称。

以上是编制项目建议书总的内容要求。由于每个建设项目的工程内容不同，条件和环境也不一样，所以在编制项目建议书时，应根据每个建设项目的具体内容和实际情况有所侧重，做到内容翔实，重点突出。

五、项目建议书的注意要点

1. 材料数据真实可靠。项目建议书的撰写应遵循客观性原则，以客观数据和事实材料为依据，对项目相关方面的资料采用要求较高，不能凭着想当然的态度进行推断和猜测，否则会造成难以挽回的损失。

2. 资料全面，观点鲜明。撰写项目建议书在坚持客观性原则的同时，还必须在统一的观点之下综合所引述的数据和事实。材料说明必须全面，观点表述必须统一。材料和数据可以分主次轻重，但观点只能有一个，不能摇摆不定，否则很难明确立项要求。

第二节 招标申请书

参考范文

【范例 1】工程施工招标申请书

建设工程施工招标申请书

工程名称：××××建设工程

申请单位：××××建筑有限公司

代理招标单位：×××设计研究院

联系人：×××

申请日期：20××年×月×日

工程名称			
建设地址			
建设项目主管部门			
初步设计批准机关及文号		批准概算投资	
		批准建设规模	
年度建设计划批准机关及文号		批准年度投资	
		批准年度工程量	
是否报建委登记			

续表

<table>
<tr><td>工程名称</td><td colspan="6"></td></tr>
<tr><td>招标工程范围及工期和工程质量要求</td><td colspan="6"></td></tr>
<tr><td>拟定招标方式</td><td colspan="6"></td></tr>
<tr><td>资金来源及落实情况</td><td colspan="6"></td></tr>
<tr><td>设计单位及设计单位完成情况</td><td colspan="6"></td></tr>
<tr><td>征地、拆迁情况及规划审批情况</td><td colspan="6"></td></tr>
<tr><td rowspan="7">招标工作组织人员名单</td><td>姓名</td><td>工作单位</td><td>职务</td><td>职称</td><td>从事专业年限</td><td>负责招标内容</td></tr>
<tr><td></td><td></td><td></td><td></td><td></td><td></td></tr>
<tr><td></td><td></td><td></td><td></td><td></td><td></td></tr>
<tr><td></td><td></td><td></td><td></td><td></td><td></td></tr>
<tr><td></td><td></td><td></td><td></td><td></td><td></td></tr>
<tr><td></td><td></td><td></td><td></td><td></td><td></td></tr>
<tr><td></td><td></td><td></td><td></td><td></td><td></td></tr>
<tr><td>选择投标单位</td><td colspan="6"></td></tr>
<tr><td>招标单位</td><td colspan="6">负责人：　　　　（签字、盖章）
年　月　日</td></tr>
</table>

注：本表招标管理机构、建设主管部门、建设单位、代理招标单位各留存一份。

【范例2】建筑安装工程招标申请书

建筑安装工程招标申请书

为了提高建筑安装工程的建设速度，提高经济效益，经________（建设主管部门）批准，________（建设单位）对________建筑安装工程的全部工程（或单位工程，专业工程）进行招标（公开招标由建设单位在地区或全国性报纸上刊登招标广告，邀请招标由建设单位向有能力承担该项工程的若干施工单位发出招标书，指定招标由建设项目主管部门或提请基本建设主管部门向本地区所属的几个施工企业发出指令性招标书）。

一、招标工程的准备条件

本工程已经具备以下招标条件：

1. 本工程已列入国家(或部委,或省、市、自治区)年度计划。

2. 已有经国家批准的设计单位出的施工图和概算。

3. 建设用地已经征用,障碍物全部拆迁;现场施工的水、电路和通信条件已经落实。

4. 资金、材料、设备分配计划和协作配套条件均已分别落实,能够保证供应,使拟建工程能在预定的建设工期内,连续施工。

5. 已有当地建设主管部门颁发的建筑许可证。

6. 本工程的标底已报建设主管部门和建设银行复核。

二、工程内容、范围、工程量、工期、地质勘察单位和工程设计单位:_____

____。

三、工程可供使用的场地、水、电、道路等情况:____________________

____。

四、工程质量等级、技术要求、对工程材料和投标单位的特殊要求,工程验收标准:____

____。

五、工程供料方式和主要材料价格,工程价款结算办法:______________

____。

六、组织投标单位进行工程现场勘察、说明和招标文件交底的时间、地点:____

____。

七、报名、投标日期,招标文件发送方式:

报名日期:二〇________年________月________日。

投标期限:二〇________年________月________日起至二〇________年________月________日止。

招标文件发送方式:____。

八、开标、评标时间及方式,中标依据和通知:

开标时间:二〇________年________月________日(发出招标文件至开标日期,一般不得超过×个月)。

评标结束时间:二〇________年________月________日(从开标之日起至评标结束,一般不得超过×个月)。

开标、评标方式:建设单位邀请建设主管部门、建设银行和公证处(或工商行政管理部门)参加公开开标,审查证书,采取集体评议方式进行评标,定标工作)。

中标依据及通知:本工程评定中标单位的依据是工程质量优良,工期适当，标价合理，社会信誉好，最低标价的投报单位不一定中标。所有投标企业的标价都高于标底时，如属标底计算错误，应据实予以调整；如标底无误，通过评标剔除不合理的部分，确定合理标价和中标企业。评定结束后五日内，招标单位通过邮寄（或专人送达）方式将中标通知书送发给中标单位，并在一月（最多不得超过两个月）内与中标单位签订________建筑安装工程承包合同。

九、其他____。

本招标方承诺，本招标书一经发出，不得改变原定招标文件内容，否则，将赔偿由此给投标单位造成的损失。投标单位按照招标文件的要求，自费参加投标准备工作和投标，投标书（标函）应按规定的格式填写，字迹必须清楚，必须加盖单位和代表人的印鉴。投标书必须密封，不得逾期寄达。投标书一经发出，不得以任何理由要求收回或更改。

在招标过程中发生争议，如双方自行协商不成，由负责招标管理工作的部门调解仲裁，对仲裁不服，可诉诸法院。

建设单位（招标单位）：________________________________

地址：____

联系人：______________________________________

电话：____

×××招标办公室

20××年×月×日

写作要领

一、招标申请书概述

招标申请书是准备进行招标的单位，向招标、投标办事机构递交的申请进行招标活动的呈批性文书。招标申请经主管部门审查、认定及批准后，拟招标的单位才可以组织进行招标。招标申请书主要具有招标项目的说明性和申报招标的呈批性特点。

二、招标申请书的写作格式

招标申请书由标题、正文和结尾三部分组成。

1. 标题。一般的招标申请书标题应写明招标单位全称、招标项目和文种。正规的招标书，还应有招标编号等项目，如《××农业局××项目招标公告》。

2. 正文。招标申请书的正文又可划分为三部分：前言、招标项目和招标步骤。

前言包括的内容有：招标的缘由和根据、招标项目的资金来源及招标的范围等内容。

招标项目即招标项目的全面信息，撰写时应准确、全面地将招标项目内容反映出来，一般包括招标的名称、型号、数量、规格、价格、质量及工期等。

招标步骤即对招标工作作出具体安排，主要应写明招标文件的发售日期、地点和发售办法，以及投标截止时间和投标地点、开标时间和开标地点等。

3. 结尾。招标申请书的结尾还包括三项内容：

(1)提交投标文件的截止时间，申明逾期的投标文件概不受理。

(2)具体承办招标事宜的单位名称、地址、电话号码、电子邮箱、联系方式、联系人等。

(3)落款写明制定招标说明书的日期，加盖招标单位印章。

第三节　招标书

参考范文

【范例1】建筑工程项目招标书

××大学修建教学楼招标通告

经上级主管部门同意，我校将修建一栋教学大楼。由××市城市建设委员会批准，本工程实行公开招标，择优选定承建单位，现将有关招标事项通告如下：

一、工程名称：××大学教学楼。

二、施工地点：××市××路××号。

三、建筑面积：×万平方米。

四、设计及要求：见附件（略）。

五、承包方式：实行全部包工包料。

凡有投标意向的国内具有法人资格且具有一、二级施工执照的企业，只要有其主管部门和开户银行的认可，均可投标。

投标人请于20××年×月×日之前，来人或来函索取招标文书，收取成本费××元，逾期不予办理。

投标人请将投标文书及上级主管部门的有关签证等，密封投寄或派员直送我校基建处。收件截止日期为20××年×月×日。

开标日期定于20××年×月×日。地点：××大学行政办公楼第×会议室。在××市公证处公证下启封开标。

招标单位地址：××市××路××号

电话：×××××××

联系人：×××

××大学招标办公室

20××年×月×日

【范例2】建筑安装工程招标书

××建筑安装工程招标书

为了加快建筑安装工程的建设速度，提高经济效益，经×××（建设主管部门）批准，××（建设单位）对××建筑安装工程的全部工程（或单位工程，专业工程）进行招标（公开招标由建设单位所在地区或全国性报纸上刊登招标广告，邀请招标由建设单位向有能力承担该项工程的若干施工单位发出招标书，指定招标由建设项目主管部门或提请基本建设主管部门向本地区所属的几家施工企业发出指令性招标书）。

一、招标工程的准备条件

本工程已经具备以下招标条件：

1. 本工程已列入国家（或部委或省、市、自治区）年度计划。

2. 已有经国家批准的设计单位给出的施工图和概算。

3. 建设用地已经征用，障碍物全部拆迁；现场施工的水、电、路和通信条件都已经落实。

4. 资金、材料、设备分配计划和协作配套条件均已分别落实,能够保证供应,使拟建工程能在预定的建设工期内,连续施工。

5. 已有当地建设主管部门颁发的建筑许可证。

6. 本工程的标底已报建设主管部门和建设银行复核。

二、工程内容、范围、工程量、工期、地质勘查单位和工程设计单位(略)

三、工程可供使用的场地、水、电、道路等情况(略)

四、工程质量等级、技术要求、对工程材料和投标单位的特殊要求,工程验收标准(略)

五、工程供料方式和主要材料价格,工程价款结算办法(略)

六、组织投标单位进行工程现场勘察,说明和招标文件交底的时间、地点(略)

七、报名、投标日期,招标文件发送方式

报名日期:20××年×月×日

投标期限:20××年×月×日起至20××年×月×日止

招标文件发送方式:(略)

八、开标、评标时间及方式,中标依据和通知

开标时间:20××年×月×日(发出招标文件至开标日期,一般不得超过×个月)。

评标结束时间:20××年×月×日(从开标之日起至评标结束,一般不得超过×个月)。

开标、评标方式:建设单位邀请建设主管部门、建设银行和公证处(或工商行政管理部门)参加公开开标,审查证书,采取集体评议方式进行评标、定标工作)。

中标依据及通知:本工程评定中标单位的依据是工程质量优良,工期适当,标价合理,社会信誉好,最低标价的投报单位不一定中标。所有投标企业的标价都高于标底时,如属标底计算错误,应据实予以调整;如标底无误,通过评标剔除不合理的部分,确定合理标价和中标企业。评定结束后×日内,招标单位通过邮寄(或专人送达)方式将中标通知书送发给中标单位,并与中标单位在×个月(最多不得超过×个月)内与中标单位签订建筑安装工程承包合同。

九、其他（略）

本招标方承诺，本招标书一经发出，不得改变原定招标文件内容，否则，将赔偿由此给投标单位造成的损失。投标单位按照招标文件的要求，自费参加投标准备工作和投标，投标书（标函）应按规定的格式填写，字迹必须清楚，必须加盖单位和代表人的印鉴。投标书必须密封，不得逾期寄达。投标书一经发出，不得以任何理由要求收回或更改。

在招标过程中发生争议，如双方自行协商不成，由负责招标管理工作的部门调解仲裁，对仲裁不服，可诉诸法院。

建设单位（招标单位）：×××

地址：××市××区××号

联系人：×××

电话：××××××××

20××年×月×日

写作要领

一、招标书概述

招标书又称招标通告、招标公告、招标启事，是公开发布招标信息，通过招标的方式来招人承包或承购的告示性文书。在招标过程中是由它来提供全面情况，以便竞标方根据业主所提出的条件提前做好准备。在招标过程当中，它能起到统领全局的作用，指导招标工作按照一定的步骤有序地展开。

二、招标书的特点

1. 公开性。招标书是一种告示性文书，它像广告一样，借助大众传播手段进行公开，从而利用和吸收全国各地乃至国外的优势于一家，以达到提高经济效益的目的。

2. 竞争性。招标书充分利用了竞争机制，它以竞标的方式吸引投标者加入，通过激烈的竞争实现优胜劣汰，从而达到业主优选的目的。

3. 时间性。招标书要求在短时间内获得结果，因此具有时间的紧迫性。

三、招标书的写作格式

招标书一般由标题、招标号、正文及结尾四部分组成。

1. 标题。标题一般由招标人国名（国内招标可略去）、招标人名称、项目名称和文种等构成，如《××企业修建项目实验楼的招标通告》；或可简略至只写文种名称，如《招标公告》。

2. 招标号。标题下方一般应标列招标号。招标号一般由招标机构的中、外文缩写和编号两部分组成，如标题只有招标机构名称和文种名称，可在招标号下方标明招标项目名称。

3. 正文。正文由前言和主体两部分构成。前言部分要求写清楚招标单位的项目、招标缘由、依据或目的。主体部分一般包括招标方式（公开招标、内部招标、要求招标）、招标项目情况（名称、规模、质量要求等）、招标范围（投标人应具备的条件）、招标程序（报名时间、地点，文件发售时间、地点、价款，接受招标文件的时间、地点，开标时间、地点、方式，签约时限，竣工日期等）。

4. 结尾。结尾要详细而具体地写清楚招标人名称、招标通告发布的日期。同时还要注明招标单位的地址、电话、电子信箱、电传、传真、联系方式和联系人等，以便投标者参与。

四、招标书的写作要点

1. 招标书的写作要求周密严谨。因为它不但是一种“广告”，而且是有一定的法律效应的文件。因此在从事这一文体写作时，内容要求具备较强的逻辑性，有条有理，有依有据；条款的罗列要明确具体；措辞要严谨周密；标点符号要准确。

2. 招标书的内容一般比较丰富，但在写作时，切忌长篇大论。只需把所述内容简明扼要地进行介绍、突出重点即可。

3. 招标书的写作中要注意礼貌。招标书涉及的是交易贸易活动，所以要遵守平等、诚信的原则。要求措辞诚恳、语气平和，尽量避免带上个人主观色彩。

第四节　投标申请书

参考范文

【范例 1】网络项目投标申请书

投标申请书

××项目选型工作小组：

我方收到贵方的××项目造型文件。经研究，决定参选。

我方参选的法人授权代表为×××，身份证号码（略），身份证复印件附后。

所递交的参选文件为×份正本，×份副本，×份电子副本（刻录光盘），正本包括以下四项内容，副本包括其中第二项内容。

一、参选函部分。

二、技术部分。

三、参选报价部分（已单独密封并放入选型文件正本内）。

四、业绩部分。

我方已完全明白《××文件》所有条款要求，并重申以下几点：

一、我方完全同意并认可贵公司的评选办法。

二、我方同意应贵方之要求提供与参选有关的一切数据或资料，并理解贵方不一定接受最低报价的参选，或其他任何参选。

三、若我单位中选，我方将保证履行《××文件》《××答疑函》和《××修改文件》中的要求，以及《××文件》和《××澄清文件》中的承诺，按《××通知书》要求签订合同，并严格按照合同履行责任。

四、与本次选型有关的一切正式往来通信请寄：

参选方名称：____________（盖章）

地址：____________

邮编：____________

电话号话：____________

传真号码：____________

参选单位（盖章）：____________

法人代表（签字）：____________

日期：________年________月________日

【范例2】建设工程投标申请书

投标申请书

××县城建局、国土资源局、房产管理局：

经认真阅读××县××区××路北侧原船舶运输区段旧城改造项目与国有建设用地使用权出让文件，我方完全接受并愿意遵守招标文件中的规定和要求，对所有文件均无异议。

我方正式申请参加你局于20××年×月×日在××县国土资源局二楼交易服务大厅举行的旧城改造项目与国有建设用地使用权出让招标活动。

我方愿意按招标文件规定，交纳投标保证金人民币××万元整。

若能中标，我方保证按照旧城改造项目与土地出让招标文件的规定和要求履行全部义务。

若我方在此次旧城改造与国有建设用地使用权出让招标活动中，出现不能按期付款或有其他违约行为，我方愿意承担全部法律责任，并赔偿由此造成的损失。

特此申请和承诺。

申请单位：____________（盖章）

法定代表人（或授权委托代理人）签名：____________

联系人：____________

地址：____________

邮政编码：____________

电话：____________

申请日期：________年________月________日

写作要领

一、投标申请书概述

投标申请书，是指投标者在招标公告或招标通知书规定的时限内递交的申请参加投标的文书。它是投标程序中使用的第一个书面材料，是供招标者审定投标资格的，只有当它获准之后，投标者才能写投标函参加投标。

投标申请书的写作，要求实事求是、具体明白、清晰准确。

二、投标申请书的写作格式

1. 标题。标题通常直写“投标申请书”即可。

2. 称谓。称谓通常是靠左端顶格写明招标企业名称。

3. 正文。

(1)参加投标意愿。

(2)有关保证事项。

(3)附件中附投标企业的详细介绍。

4. 署名。署名，由于投标属于重大经济活动，因此，需要双重签署和双重用印：一是署名法人名称和用印；二是法人代表签名和用印，并写明时间。

5. 附件。是反映投标资格的详细资料，包括介绍投标单位基本情况以及与招标项目有关的经历、资力和能力等。这是投标申请书中最重要的部分。

第五节 投标书

参考范文

【范例1】工程投标书

工程投标书

××市城市建设发展有限公司：

在认真研究了××城北路地下停车库工程全部招标文件(图纸)，参加了招标技术说明与招标答疑，并考察了工程现场后，我公司××省××建筑工程公司愿意以人民币×××万元的总价，按招标文件的要求，承担该工程的全部施工任务。现我公司正式授权签字人×××(一级项目经理)、×××(一级项目经理)、×××(施工员)，代表我公司向贵方提交投标函正本一份、副本一份。

本投标函由下列文件组成：

一、综合说明书(略)

二、总报价书(略)

三、费率投标报价书(略)

四、××省××建筑工程公司建筑工程土建预算书(略)

五、××市××城北路地下停车库工程施工组织设计(略)

六、××市××城北路地下停车库施工进度网络计划表(略)

我公司宣布并同意下列各点：

一、如果贵方接受我方投标，我方保证在接到工程师开工令后，在招标文件规定的期限内开工，在投标文件规定的×日内完成并交付合同规定的全部工程。

二、如果贵方接受我方投标，我方将按照招标文件规定的金额，在合同签订后×日内提交履行合同保证金保函。

三、我方同意在从规定递交投标函之日起××日历天内遵守本投标。在该期限期满之前，本投标书对我方始终有约束力，可随时被贵方所接受。

四、如果贵方接受我方投标并将中标通知书送达我方，在正式合同签订之前，本投标函与中标通知书应成为约束贵我双方的合同。

五、我方随同本投标函交纳投标保证金人民币××万元整。如果我方在规定的递交投标函之日起××日历天内撤回投标函，或接到中标通知书后×日历天内因我方原因贵我双方未签订合同，或贵我双方合同签订后×日历天内我方未向贵方提交履行合同保证金保函，贵方有权没收这笔投标保证金。

六、我方理解，贵方不一定接受最低标价的投标或其他任何可能收到的投标；同时我方也理解，贵方不负担我方的任何投标费用。

七、有关本投标的正式通信应致：

地址：××省××市××路××号

邮政编码：××××××

电话：××××××××

传真：××××××××

代表：×××，×××

投标单位：××省××建筑工程公司（盖章）

法人代表：×××（盖章）

投标日期：20××年×月×日

【范例2】设备投标书

设备投标函

×××公司：

我单位收到贵单位××号招标文件，经详细研究，我们决定参加该项目设备招标活动并投标。为此，我方郑重声明以下诸点，并承担相应法律责任。

1. 愿意按照贵单位招标文件中的一切要求，提供招标设备及技术服务。

2. 投标总报价为：人民币×××（大写）万元整。

3. 我方提交的投标文件，正本×份，副本×份。

4. 如果我方的投标文件被接受，我们将履行招标文件中规定的每一项要求，按期、按质、按量完成任务。

5. 我方理解，最低报价不是中标的唯一条件，你方有选择投标者中标的权力。

6. 我方愿意按照《中华人民共和国合同法》履行自己的全部责任。

7. 我方同意按招标文件规定交纳投标保证金，遵守贵方有关招标的各项规定。

8. 我方的投标文件在开标后××天内有效。

9. 所有关于本标书的函电，请按下列地址联系。

投标单位：×××公司(盖章)

地址：××市××区××路××号

开户银行：×××××

账号：×××××

电话：××××××××

传真：×××××××

授权代表：×××

20××年×月×日

【范例3】土地使用权投标书

××经济特区土地使用权投标书

××市政府土地招标小组：

我们审阅了市政府土地招标小组(以下简称招标小组)招标文件，愿意遵照《土地使用规则》的要求和招标文件的有关规定，并愿以×××万元人民币获得××地块的使用权。

1. 本投标书如被采纳，我们愿在接到正式中标通知书后，××天内动工，并根据投标文件的规定按时按质完成全部工程和按要求合理使用土地。

2. 我方在提交本投标书的同时，提交××银行开具的资信证明/担保书，本标书如能中标，则该资信证明/担保书即为我们的履约保证书。

3. 我方同意从投标之日起到××天内保留此标，在此期限终止前的任何时间，我们受本投标书的约束并随时接受本标书中列出的所有内容。

4. 在正式合同签订及执行以前，本投标书连同由招标小组发出的其他招标文件，将作为政府和我们之间具有法律约束力的合同书。

5. 我们理解招标小组并不限于接受最高价标和可以接受其他任何投标书。

6. 投标书附件：

附件一：本公司注册证书(影印件)(略)

附件二：本公司工程施工情况(略)

附件三：本公司过去三年的年度经营报告与财务报告(略)

附件四：本公司规划设计方案(略)

投标单位名称：____________(盖章)

地址及电话：____________

投标单位负责人姓名、职务：____________

联系人姓名、职务：____________

20××年×月×日

写作要领

一、投标书概述

投标书又称投标函或标书，是投标者对招标书的回应，是投标人按照招标书中规定的条件和要求，向招标单位提出自己投标意向的书面材料。

二、投标书的特点

1. 针对性。投标书最突出的一个特征就是它的针对性。从其定义我们就可以清楚地看到，投标者为达到自己承包或承购的目的，一定要以招标单位所提出的各项要求为依据，展示自己的实力优势。同时又不可漫无边际地随意去写，而应严格按照招标书中的内容条款，有针对性地安排投标的内容。

2. 竞争性。投标书具有竞争性。作为投标人来讲均是以竞标成功作为自己最终的目的，而招标单位只能选择其一，这就要求投标书中要强化竞争意识。投标人只有充分展示自己的实力和优势，才能在竞争中脱颖而出。

3. 法律约束力。投标书具有严格的法律约束力。投标书和招标书一样，均为日后签订承包合同提供原始依据，它本身必须是在法律许可范围之内的。它的条款一经写入投标书中，就具备了严格意义上的法律约束力，投标人必须完全按照其拟定的各项经济指标进行工作。

三、投标书的写作格式

投标书一般由标题、送达单位名称、正文、结尾和附录五个部分组成。

1. 标题。标题的组成大致有三种情况：一是直接写文种名称“投标书（函）”；二是由投标项目名称和文种名称两部分组成；三是由投标单位名称和文种名称两部分组成。

2. 送达单位名称。国内招标时投标书的送达单位可在标题下顶格写上招标单位全称。国际招标时应按国际惯例分为三行：第一行顶格写招标单位名称，并在招标单位名称前加“致”；第二行空两格写招标单位地址；第三行顶格写“先生们”或“诸位先生”，后加冒号。国内招标时投标书送达单位也可按国际惯例写。

3. 正文。正文主要由开头和主体两部分组成。

（1）开头。开头主要用来写明投标书所应对的招标项目的名称、招标号，投标人正式授权的签字人的姓名、职务，签字人所代表的企业及投标人的名称和地址。

（2）主体。主体一般包括两方面内容：一是所提交的投标文件；二是投标人表明态度即表明承诺的内容。不同招标项目，投标人所提供的文件也不一样，应视招标文件规定和招标投标具体情况确定需要提交哪些文件，并注明提交文件的正本、副本的份数。

投标人承诺的内容一般包括：

1）总报价及结算币种。

2）如果是工程项目投标，应写明开工、竣工日期；如果是商品采购投标，应表明保证按合同规定履行义务。

3）如果没有提供投标保证金保函。应写明所交纳的投标保证金金额及对投标保证金所持的态度。

4）写明本投标书的有限期限。

5）对招标人不一定接受最低标价的投标或其他任何可能收到的投标所持的态度。按惯例，一般是表示理解。

6)其他承诺的内容。

4. 结尾。结尾是用来写明投标单位名称和投标书发出日期，需加盖投标单位印章，并由授权代表签名盖章；同时还需写明投标人的地址、电话、电子信箱、传真、邮政编码、联系方式等内容，以便联系。有的投标书是将投标人的通信情况列为主体部分的最后一条内容。

5. 附录。情况不同，附录的具体材料不尽一致，如建设工程施工项目投标文件中的投标保证金银行保函、法定代表人资格证明书和授权委托书等。

第六节　中标通知书

参考范文

【范例1】建设安装工程中标通知书

建筑安装工程中标通知书

×××建筑集团总公司：

(20××)第××号招标文件的××汽车制造厂××厂房招标工程通过评定，确定你单位中标。

中标总价为人民币×××万元。

工程日期自20××年×月×日到20××年×月×日。

工程质量必须达到国家施工验收规范的优良标准。

请于20××年×月×日到××汽车制造厂签订工程承包合同。

××市招标管理办公室

20××年×月×日

【范例2】设备采购中标通知书

中标通知书

编号：×××

×××电脑科技有限公司：

××市计算机、服务器政府采购协议供应商资格（招标编号：×××）的招标工作已圆满结束，经过评标委员会的评审和推荐，由采购方最终确定你单位在本项目的投标中中标。

中标标的：台式计算机协议供应商资格（品目××）

服务器协议供应商资格（品目××）

请务必于《中标通知书》发出之日起××天内带齐有关文件到××市政府采购管理办公室商议签订合同，并依投标文件中的承诺向××市机电设备招标中心交纳中标服务费。

××市机电设备招标中心

20××年×月×日

写作要领

一、中标通知书概述

中标通知书，是指招标人在确定中标人后向中标人发出的通知其中标的书面凭证。中标通知书的内容应当简明扼要，只需告知招标项目已经由其中标，并确定签订合同的时间、地点即可，对所有未中标的投标人也应当同时给予通知。投标人提交投标保证金的，招标人还应退还这些投标人的投标保证金。

中标人确定后，招标人应当向中标人发出中标通知书，并同时将中标结果通知所有未中标的投标人，中标通知书对招标人和中标人具有法律效力，中标通知书发出后，招标人改变中标结果，或者中标人放弃中标项目的，应当依法承担法律责任。中标人应当自中标通知书发出之日起三十日内，按照招标文件与招标人签订书面合同。

二、中标通知书的写作格式

中标通知书由标题、送达单位、正文和落款四部分组成。

1. 标题。一般由事由和文书种类构成。如“××工程中标通知书”，也可以用文书种类作为标题，写为“中标通知书”。

2. 送达单位。即中标的投标单位名称，应顶格书写，后面用冒号。如果中标者是投标者个人，这个项目叫称谓，写法与书信要求相同，顶格书写，后面用冒号。

3. 正文。包括前言、主体和结尾三部分。

(1)前言，交代通知依据。

(2)主体，说明通知事项，即中标决定以及有关事宜，如工程标价数目、工期及质量标准等项内容。

(3)结尾，提出执行要求。

4. 落款。写明签发中标通知书的单位名称，并在其下署明日期，加盖公章。

第四章 资产管理类文书写作

第一节　固定资产管理办法

参考范文

【范例】固定资产管理制度

×××公司固定资产管理制度

第一条　为了加强固定资产的管理，掌握固定资产的构成与使用情况，确保公司财产不受损失，特制定本制度。

第二条　本制度适用于公司项下的所有固定资产管理。

第三条　财务部制定此制度并颁布执行。

第四条　实行固定资产归口管理，加强对固定资产的维修与保养，建立岗位责任制和操作规范，按照集中领导、归口管理的原则，根据固定资产的类别确定分工如下。

（一）财务部作为固定资产的主管部门，应建立健全固定资产的明细账卡。

（二）公司机器设备全部由生产部门归口管理。

（三）生产部门负责生产车间设备的购建、安装、修理和使用管理。

（四）生产部门负责生产厂区动力设备的购建、安装、修理和使用管理。

（五）技术中心负责公司的仪器仪表的购置、修理和使用管理。

（六）公司的电子设备及厂房建筑物由综合部进行统一管理。

（七）综合部负责公司电子计算机及附属设备的购置、安装、维护和使用管理。

（八）综合部负责公司厂房、建筑物及其附属设施的购置、安装、维护和使用管理。

（九）办公室负责公司运输工具的购置、维护和使用管理。

第五条　主管部门的职责。

（一）随时掌握固定资产的使用状况。

（二）负责监督配合使用单位做好设备的使用和维护，确保设备完好，提高设备利用率,并定期组织设备的清点工作,保证账、卡、物三项相符合。

(三)负责固定资产的管理,搞好固定资产的分类,统一编号,建立固定资产档案,登记账卡,负责审批并办理验收、调拨、报废、封存、启用等事项。

(四)根据使用部门的使用情况,组织编制设备大、中修维修计划,按期编报设备更新计划。

(五)严肃财经纪律,对违反固定资产管理制度,擅自赠送、变卖、拆除固定资产的行为和破坏固定资产的现象,要严格追查责任,视情节给予处罚。

第六条 使用部门职责。

(一)各固定资产使用部门负责本单位的设备管理工作,应设置专职或兼职的设备管理员,各生产班组要设置工人设备管理员,每台设备要明确使用、保管、维护的责任人。

(二)严格执行技术操作规程和维护保养制度,确保设备的完好、清洁、润滑和安全使用。

(三)建立固定资产明细账目,固定资产的领用、调出、报废必须经主管部门及总经理批准,未经批准,不得擅自调动、报废,更不能自行外借和变卖。

(四)根据主管部门的要求定期组织固定资产的盘点,做到账、卡、物三项相符合。

第七条 固定资产的购置、验收、领用。

(一)由于生产、研制需要,各单位购置固定资产必须提前向主管部门提出申请,报经总经理批准后,由相关部门负责购置。

(二)设备进厂后,由相关单位开箱检查、验收,设备安装完毕后填"设备使用单"报主管部门。主管部门根据"设备使用单"建立固定资产卡片,并通知使用单位。

(三)基本建设项目完工时,由基建部门办理"基建项目完工单",报主管部门。

第八条 固定资产的调拨与转移。

(一)凡列入公司固定资产的项目未经公司主管领导和总经理批准,任何单位不得擅自调拨、转移、借出和出售。

(二)公司内部设备的调拨与转移,必须通过主管部门办理资产转移手续,同时由调出、调入单位的双方领导及经办人签字后,由财务部门办理转账手续,并通知相关的会计进行账、卡交接。

(三)公司对外的设备调拨和转移一般实行有偿调拨方式,设备主管部门根据设备的使用年限、折余价值、新旧程度按质论价，原则上调出设备的价值不得低于设备的折余价值，对外处理设备必须由主管部门提出处理价值，报总经理签字，办理有关财务手续后方可处理。

（四）未经主管部门同意，各使用部门无权办理设备的转移及处理，一经发现，将追究部门及经办人的责任。

第九条 固定资产的报废与封存。

（一）公司的固定资产报废处理时，须由使用部门提出申请，填写设备报废单一式三份，由财务部门将其净损失上报总经理批复后，办理报废相关手续。

（二）凡符合下列条件可申请报废。

超过使用年限，主要结构陈旧，精度低劣，生产率低，耗能高，而且不能改造利用的设备。

不能动迁因工房改造或工艺布置改变必须拆除的设备。

腐蚀严重、无法修复或继续使用会发生危险的设备。

绝缘老化、磁路失效、性能低劣无修复价值的设备。

因事故或其他自然灾害遭受损坏无修复价值的设备。

（三）凡经批准报废的固定资产不能继续在生产线上使用，主管部门与使用部门要及时处理。处理后的固定资产由主管部门和使用部门一起办理固定资产的注销手续，对外处理报废固定资产时由主管部门提出处理意见，总经理批准，收入上交财务部。

（四）凡停用×个月以上的固定资产由使用部门封存、保管。

（五）闲置设备和封存设备启封后，由使用部门填写启封单，经主管部门同意后，方可使用。

第十条 固定资产的清查。

各部门必须对固定资产进行定期清查、盘点，以掌握固定资产的实有数量，查明有无丢失、毁损或未入账的固定资产，保证账实相符。在清查时发现固定资产毁损和盘盈、盘亏的，要查明原因，由责任部门写出书面情况，主管部门签署意见后，报知总经理，待批复后，做相应的账务处理。

第十一条 本办法由企业财务部负责解释，自发布之日起执行。

×××公司财务处

20××年×月×日

写作要领

一、固定资产管理制度概述

固定资产是指使用期限超过一年的房屋、建筑物、机器、机械、仪器、运输工具以及其他与生产经营有关的设备、器具和工具等。不属于生产经营主要设备的物品，单位价值在2000元以上，并且使用期限超过二年的，也应作为固定资产管理。

二、固定资产管理制度的写作格式

1. 标题。由制定单位、工作内容和文种三部分组成。有的制度标题中不写制定单位，而将它写在末尾。

2. 正文。这是制度的主体部分。写条文前可加一小段引言，简要、概括地说明制定这项制度的原因、根据、目的等情况。接着逐条写各项内容。

一个单位内部的制度也可以不写引文，直接写条款。条文写完后还要写明此项制度从什么时候起执行。

3. 结尾。条文写完了就自然结束，写上制定单位、公布日期。单位内部的制度行文公布不必盖章，如是政府或一个系统的制度需广泛下发执行者，必须在落款处加盖公章，以增强其真实性、严肃性。

三、固定资产管理制度的写作要点

固定资产管理制度编写要点有以下几项：

1. 固定资产的分类。
2. 固定资产的管理部门。
3. 主管部门的职责。
4. 固定资产的购置、验收和领用。
5. 固定资产的出售。
6. 固定资产的报废。
7. 固定资产的清查。

第二节　无形资产管理办法

参考范文

【范例】企业无形资产管理办法

××企业无形资产管理办法

第一章　总　则

第一条　无形资产是企业资产的重要组成部分，为保护企业无形资产不受侵害，充分发挥其重要作用，促进企业健康快速的发展，特制定本办法。

第二条　企业无形资产是指企业所拥有的、不具有实物形态而能为使用者提供某种权利的资产，包括以下几项。

（一）专利——界定企业为专利权人的，在法定期限为企业所独占和专有的各种发明创造（职务发明）。

（二）商标——以企业名义申请注册的，一定期限内在指定的商品上使用特定的名称、图案、标记的权利，包括企业的名称（简称、字样）和图案，企标和图形，企业注册商标。

（三）著作（权）——依法界定企业为著作权人的，企业享有出版、发行等方面的专有权利的技术著作、音像制品、图纸、模型、计算机软件等。

（四）专有技术——专利技术以外的，企业作为发明人，不公开的，具有实用价值的先进技术、科研成果、资料、技能、知识等。

（五）土地使用权——企业依法、有偿取得的土地使用权，视为企业的无形资产。

（六）特许经营权——是指企业在某一地区经营或销售某种特定商品的权利，或是接受另一单位有偿使用其商标、专利技术的权利。

（七）商誉——是指企业由于具有较高的社会信誉，或在某些方面有一定的优势，使得企业冠名权具有为使用者带来较多经济利益的能力。

(八)设备使用权——指企业依法取得的非本企业占有的仪器、设备的使用管辖权。

第三条 企业无形资产管理的主要任务是:贯彻执行国家的相关法律、法规,制定企业无形资产管理政策和规划;宣传、普及有关无形资产的法律知识,提高和增强企业各单位及员工对企业无形资产的保护意识和能力,防止无形资产流失;加强无形资产管理,促进无形资产的有序开发和利用,增强企业的经济实力。

第二章 管理机构及其职责

第四条 企业无形资产实行三级管理,即企业财务部—归口部门—使用单位。

第五条 企业财务部作为企业无形资产管理部门,其职责包括以下几项。

(一)制定、完善无形资产的管理制度。

(二)无形资产的范围界定和分类。

(三)无形资产的汇总。

(四)确认和计量记账价值。

(五)清查、使用、处置管理。

(六)无形资产产权收益管理等。

第六条 根据企业无形资产不同内容和形式,指定企业无形资产的二级归口管理部门职责如下。

(一)根据企业无形资产管理制度,制定管理范围之内的有关实施管理规章制度。

(二)负责归口管理的无形资产的登记和建账。

(三)负责组织无形资产的清查和统计等工作。

(四)根据使用部门提出的无形资产技术鉴定申请,协同业务主管部门进行鉴定。

(五)负责办理无形资产的增加、调剂、处置等报批手续。

(六)核查、指导使用部门的无形资产的管理工作。

(七)参与企业使用无形资产进行投资的决策。

第七条 无形资产使用单位的主要职责包括以下几项。

(一)依据无形资产管理制度和办法,负责制定并组织实施具体的实施细则。

（二）建立并登记无形资产使用台账。

（三）提出处置申请。

（四）检查并报告无形资产的日常使用情况。

第三章　无形资产的使用和处置

第八条　对自行开发或研制的项目，应及时申请办理注册登记手续，依法确定企业的所有者地位。

第九条　对于外购无形资产，要符合企业发展规划并进行充分论证，严格审批程序和权限，避免重复、盲目引进。

第十条　对使用企业名称（简称、字样）的社会组织、社会团体和个人的资格、资信严格审查、逐一登记，企业财务部确定收费金额，并定期检查清理，对损害企业权益的应依法收回使用权。

第十一条　合理安排企业无形资产的后续支出，不增加无形资产的账面值。

第十二条　企业建立无形资产使用考核制度，对长期闲置的无形资产及时合理调配，充分提高其利用率，盘活存量，发挥其最大效益。

第十三条　企业占有使用的无形资产发生产权纠纷时，应按规定向上级有关部门提出处理申请。

第十四条　无形资产的处置是企业对无形资产进行产权（含所有权、使用权）转移或者对成果的开发利用等行为，包括转让、开发利用、出售、投资、报废等。

第十五条　企业处置无形资产应按照以下程序进行。

（一）使用单位根据实际情况，提出申请报告。

（二）归口管理部门组织技术鉴定。

（三）董事长签署意见。

（四）财务部根据批复处置无形资产。

第十六条　无形资产的处置收益应纳入企业财务部统一管理，按照有关规定进行分配，任何单位和个人不得截留挪用。

第四章　无形资产的账务处理

第十七条　按照会计核算要求设置账簿体系，在不同的管理部门分设总账、明细账、台账和备查账。企业财务部设立总账和明细账，各归口管理部门设立台账，各使用单位设立备查账。

第十八条 无形资产的各级账务管理人员应定期对账，确保账账、账实相符。

第十九条 无形资产在未产生经济价值时，只对其进行统计和登记：当无形资产产生价值或因投入资金产生成本和费用时，应对其进行会计核算。

第五章 无形资产的清查和报告制度

第二十条 实行逐级、定期报告制度，及时掌握无形资产的使用和运营情况。严格按照规定的格式和期限对其占有使用的无形资产的存量、状态等做出报告。对造成无形资产损失的重大事件应及时上报上级主管部门。

第二十一条 归口管理部门每年年终进行一次全面清查，并根据需要不定期地进行全面或局部清查。对盘亏的无形资产应及时查明原因，分清责任，并按规定做出处理。

第二十二条 企业财务部应定期对无形资产的账面值进行检查，认为无形资产预期不能为企业带来利益时，企业应按规定的程序将无形资产的账面值予以转销。

第六章 附 则

第二十三条 本办法由企业财务部负责解释。

第二十四条 本办法自发布之日起试行。

×××公司财务部

20××年×月×日

写作要领

一、无形资产管理制度概述

无形资产管理制度是对企业无形资产的形成、积累、评估、管理、使用和创新整个过程的控制和管理做出的规定。

二、无形资产管理制度的写作格式

遵循一般制度的写作格式。

1. 标题。由制定单位、工作内容和文种三部分组成。有的制度标题中不写制定单位，而将它写在末尾。

2. 正文。这是制度的主体部分。写条文前可加一小段引言，简要、概括地说明制定这项制度的原因、根据和目的等情况，接着逐条写各项内容。一个单位内部的制度也可以不写引文，直接写条款。条文写完后还要写明此项制度从什么时候起执行。

3. 结尾。条文写完了就自然结束，写上制定单位、公布日期。单位内部的制度行文公布不必盖章，如是政府或一个系统的制度需广泛下发执行者，必须在落款处加盖公章，以增强其真实性、严肃性。

第三节　资产周转情况报告

参考范文

【范例】企业资产周转情况报告

企业资产周转情况报告

×××经理：

按照您的指示，现将本公司20××年资产周转情况报告如下：

20××年，公司资产周转比率比上年有较大的提高。主要在于出口××增加，产品销售收入上升幅度较大，负债较小。

一、总资产周转率

20××年，公司产品销售净额已达546.2万元，比上年的412.8万元增长32.3%；总资产平均余额为724.6万元，比上年的788.2万元减少了8.1%。故总资产周转率已由上年的52.4%提高到75.4%。

20××年总资产周转率＝销售净额/总资产平均余额×100%＝546.2/724.6×100%＝75.4%

上一年度总资产周转率＝销售净额/总资产平均余额×100%＝412.8/788.2×100%＝52.4%

对20××年公司总资产周转率提高的情况若加以具体分析，大致的情形是：受产品销量增多的影响，总资产周转率提高16.9%；受负债减少的影响,总资产周转率提高6.1%。

上一年度实际的总资产周转率为:412.8/788.2×100%=52.4%

销量影响下的总资产周转率为:546.2/788.2×100%=69.3%

20××年实际的总资产周转率为:546.2/724.6×100%=75.4%

总差异:16.9%+6.1%=23%

二、固定资产周转率

20××年,本公司固定资产平均净值为148.5万元,比上年的165万元减少10%,在产品销售净额有较大增加的情况下,公司本年的固定资产周转率由上年的2.33次升到3.13次。

20××年固定资产周转率=464.2/148.5=3.13(次)

上一年度固定资产周转率=383.9/165=2.33(次)

三、流动资产周转率

20××年,公司流动资产平均余额为351.5万元,比上年的342.677元增长2.6%,但因产品销售净额幅度增大,因此公司的流动资产周转率仍然达到1.32次,比上年的1.12次升高0.2次。

20××年流动资产周转率=464.2/351.5=1.32(次)

上一年度流动资产周转率=383.9/342.6=1.12(次)

上述三方面数据表明,20××年在运用现有资产增产增效方面本公司确已取得了较好的成果,但从流动资产的周转情况来看,则没有达到预期的目标,这主要是受应收款余额和存货增多的影响所致。如果流动资产周转率能进一步提高,公司的资产周转速度还可以加快。

××公司财务部

20××年×月×日

写作要领

一、资产周转情况概述

资产周转情况在财务分析中具有重要的作用,它显示的是企业销售收入和资产总额的流转情况,资产周转情况报告是衡量企业资产管理效率的重要资料。

二、资产周转情况报告的写作格式

资产周转情况报告一般由标题、受文领导、正文、落款和成文时间组成。

标题由事由、文种组成，正文主要写目前情况、存在的问题、今后的打算和意见。

三、资产周转情况报告的写作要点

资产周转情况报告多以资产周转率的形式来呈现，资产周转率是指销售收入与平均资产总额之比。销售收入是指扣除折扣和折让后的销售净额，是企业从事经营活动所取得的收入净额；而平均资产总额是指企业各项资产的总和，包括流动资产、长期股权投资、固定资产和无形资产等。

资产周转情况报告中多通过总资产周转率、固定资产周转率和流动资产周转率三组数据来体现企业全部资产的管理质量和利用效率。

第四节　产品成本控制管理办法

参考范文

【范例1】成本费用控制制度

×××公司成本（费用）控制制度

在市场竞争日益激烈的今天，科学地组织实施成本控制，可以促进企业改善经营管理，转换经营机制，全面提高企业素质，使企业在激烈的市场竞争中生存、发展和壮大。为了加强成本管理、降低成本耗费、提高经济效益，根据国家有关成本费用的管理规定，结合本公司实际情况，特制定此成本控制制度。

第一条　明确成本控制目标，正确执行成本控制计划，准确核算成本，遵守成本开支制度。

第二条　产品成本开支范围包括以下几项：

（一）原材料、燃料、动力、设备及配件、包装材料、低值易耗品、运输装卸等费用。

（二）固定资产的发生费用。

（三）科研开支不构成固定资产的费用。

（四）工资、福利费、工会经费、员工培训经费。

（五）产品报废损失、停工损失、削价损失等。

（六）贷款利息。

（七）销售产品的运输、包装及宣传推广费。

（八）办公差旅、劳动保护、降温、取暖、消防、检验等费用。

第三条 成本费用指在进行经营活动时必需的各项费用，包括购、储、销产品、物资过程中的运费、杂费、广告费、包装费、产品损耗费、折旧费、保养修理费、租赁费、委托代购费、代销费、代运手续费、工资、福利费、教育经费、工会经费、贷款利息、办公费、差旅费、取暖费、降温费、消防费及劳动保护用品费等。

第四条 对原材料、商品按计划价格核算的，与实际价格的差异，在成本计算期内进行调整分配，一律以月为成本计算期。

第五条 公司各部门必须按月编制成本及费用计划表，核算监督管理成本及费用。生产部门须制定产量、工时、消耗及费用定额等。

第六条 制定成本管理制度，组织成本核算，编制成本计划和预算，考核成本费用计划的执行，这些都是财务与经营部的责任。

第七条 生产部门必须制订生产计划，组织均衡生产，减少停工、窝工及废品损失，降低物耗，节约能源。

第八条 实行责权制，正确划分各月份的时间界限、各种产品费用的界限以及完工产品和在线产品的界限。

第九条 因机器设备大修或发生意外灾害而造成的损失应作为营业外支出，不由产品成本负担。

第十条 公司各部门应按规定的费用率掌握每月的费用开支，不属成本的费用不得乱挤成本。

第十一条 本制度自20××年×月×日起执行。

×××公司

20××年×月×日

【范例2】质量成本管理办法

××厂质量成本管理办法

第一章　总　则

第一条　为保证我厂产品在质量、成本和效益三者之间取得最佳的经济效益,特制定本办法,对产品质量成本进行核算、分析、控制和考核,以提高管理水平,增加经济效益。

第二条　质量成本管理是一项系统工程,需要全厂各部门协同配合。各部门在质量成本管理工作中,应按本办法的规定,发挥各自的作用。

第二章　管理机构的设置

第三条　因为质量成本管理工作涉及面广、专业性强,为搞好这项工作,现建立以总会计师为首,由全质办、财务科、技术科、服务科、科研所、销售科负责专员组成的质量成本管理中心,定期开展质量成本分析研究。

第四条　按照“归口管理、集中核算”的原则,由车间成本核算员、科室专(兼)职核算员负责本单位质量成本核算,财务科设专职质量成本会计负责全厂质量成本核算。

第三章　质量成本的预测与计划

第五条　质量成本预测可以使全面质量管理工作具有预见性和目的性。要利用大量观察数据,分析影响质量成本发生的各方面因素,然后结合产品质量目标要求,对一定时间内的质量成本水平进行测算。测算项目包括合格率,质量事故损失、废品率,返修率,等级品率等。

第六条　质量成本计划可以保证质量成本管理目标的实现。质量成本计划包括质量费用计划、废品损失计划等。在确定每项费用时,都要同上期实际支出费用进行比较,以确定哪些费用可以节约,还要制定提高质量的措施,以及需要增加哪些费用等。

第四章　质量成本核算的基本任务和内容

第七条　企业对于质量成本的发生,要进行分类核算。通过会计部门设置会计科目进行会计核算,核算结果作为分析和考核的依据。

第八条　在会计核算方式下,在原有的会计科目表中增设“质量成本”

一级科目，然后下设“内部质量损失”“外部质量损失”“检验费用”和“预防费用”四个二级科目，各二级科目下还可按其具体内容设置明细项目，从而把质量成本核算同正常的会计核算结合在一起。

第九条　质量成本核算要划清三个界限，即划清质量成本收益与非质量成本收益的界限，划清各种产品的质量成本与质量收益的界限，划清质量成本中实现收益与潜在收益的界限。按照我厂实际，确定质量成本开支范围为以下几项：

（一）开展全面质量管理活动所耗用的材料、办公费、差旅费及劳动保护费。

（二）质量检测的仪器、仪表、量具的购置、折旧和维护费用。

（三）产品、半成品、外购件和原材料的试验、检验、评审费。

（四）质量管理人员工资、附加费和部门经费。

（五）产品出厂前由于质量缺陷造成的材料和人工等损失，包括废品损失、不合格品返修费用、产品降级损失、停工损失等。

（六）“三包”费用及其有关折价损失与赔偿费用。

（七）用于质量管理的奖励支出与培训费。

（八）其他与质量管理有关的费用。

第十条　以产品质量形成过程为控制对象，做到日常控制、事前控制和定期检查相结合，以班组为重点进行工序控制，使质量、成本与效益达到最佳结合。

第五章　质量成本的分析与考核

第十一条　质量成本分析，每月要进行一次。各车间、部门主要对质量成本的各个项目发生额进行分析说明；财务科主要进行数据分析；“全质办”负责综合分析。

第十二条　质量成本考核要同经济责任制结合起来，明确质量成本的责任单位。其中检验成本由质量检查部门负责，预防成本由质量管理部门负责，内部质量损失由生产部门负责，外部质量损失由销售部门负责。

第六章　质量成本报表（略）

第七章　附则（略）

写作要领

一、成本控制制度概述

成本控制制度，是企业为降低成本而事先制定的规范全员的规章制度，是对各种影响成本的因素和条件采取的一系列预防和调节措施的书面规定。成本控制制度的写作要保证系统和全面。

二、成本控制制度的写作格式

成本控制制度的写法应遵循制度的写作原则，多采用条文式写法，即把制度内容分条款逐一写出，其结构可分为标题、正文和结尾三部分。

1. 标题。形式多为“某公司成本控制制度”。有的因为在单位内部使用，标题中不写制定单位。

2. 正文。写条文前可加一小段引言，简要、概括地说明制定这项制度的原因、根据、目的等情况，接着逐条写各项内容。单位内部制度也可以不写引文，直接写条款。条文写完后还要写明此项制度从什么时候起执行。

3. 结尾。写上制定单位、公布日期。

三、成本控制制度的写作要点

成本控制制度写作要遵循以下几点原则：

1. 合法性。制度条文要以国家规定的财经政策、财经制度和法令为基础，不能超出国家规定的范围。

2. 目标性。制度条文要明确各环节成本控制的目标。

3. 全员性。成本控制制度要涵盖企业的每个员工，从管理层到基层员工，每人都有成本费用控制责任。

4. 授权性。企业各级人员必须获得批准和授权，才能执行有关经济业务。

5. 可靠性。制度规定要为保证信息的可靠而进行控制。

6. 安全性。制度中要有为确保财产的安全、完好而采取的措施的条例。

四、质量成本管理办法概述

质量成本管理办法是企业对为了提高和改进产品质量所支付的一切费用的管理制度,以及为了减少没有达到规定的质量水平所造成的一切损失而采取的做法。

五、质量成本管理办法的写作格式

1. 首部。包括标题、制发时间和依据等项目内容。

标题。由发文机关、事由、文种构成。

制发时间、依据。一般在标题之下用括号注明,有的办法这一项目内容可以不写。

2. 正文。一般由依据、规定、说明这三层意思组成。

办法中的各条规定,是办法的主体部分,要将具体内容和措施依次逐条写清楚。

3. 结尾。一般是交代实施的日期和对实施的说明。

产品质量成本管理办法制定的最终目的是不断提高质量保证能力,满足客户对产品质量的需求,降低成本,提高经济效益。

六、质量成本管理办法的写作要点

质量成本管理办法的写作应遵循三个基本原则:

1. 制定适宜的质量标准,标准过高,成本将无法控制;标准过低,客户需求将难以得到满足。

2. 要保证有真实可靠的质量记录、数据作为依据,这样得出的指导性结论才能保证有的放矢。

3. 要考虑到财务、生产、检验、供销和车间等企业各部门的具体情况,这样质量成本管理办法才能把质量成本工作纳入质量职能中去。

第五节　产品成本核算办法

参考范文

【范例1】企业产品成本核算办法

×××公司产品成本核算办法

根据《全国××行业工业成本核算规程》，结合我公司的生产实际。经公司职代会研究决定，特制定本办法。

1. 我公司实行三级核算制，采用××法，实行班组、车间、公司三级核算。

2. 成本核算的任务有如下几项：

(1)认真贯彻执行成本管理的有关法规和制度，正确及时地计算、反映生产过程中所发生的各项成本。

(2)准确合理地计算产品总成本和单位成本，掌握计划成本的执行情况；分析成本资料，提供降低成本的措施。

(3)建立定期盘点制度，正确计算产成品和在产品成本，划清开支界限，为销售定价提供依据。

3. 产品成本的核算对象为所有经过一定的生产工艺过程而出售的产品(部件)。

4. 成本项目和生产费用包括以下几项：

(1)原料及主要材料项目。

(2)燃料动力：燃料(煤)费、电费。

(3)工资及职工福利费。

(4)车间设备仪器使用及折旧费。

5. 生产费用的汇集和分配按以下原则实行：

(1)材料实行计划价格加分摊差异为成本价，能直接计入的直接计入，不能直接计入的按产品质量、体积、消耗量定额等分配计入。

(2)工资分别按工序计算、按工时分配。

(3)职工福利费同上。

(4)车间经费、动力费按工时分配。

6. 产品成本的计算方法。

我公司拟采用分步法计算,按产品的工艺过程划分为:××成本的核算,××的核算,组装成本的核算和辅助生产的核算。

7. 关于费用的核算管理。

具体措施(略)。

×××公司财务部

20××年×月×日

【范例2】项目成本核算实施办法

项目成本核算实施办法

一、项目经理部是成本管理的控制中心,成本核算是围绕项目经理部进行的,其他公司及区域公司相关联部门应提供管理及基础服务。

二、公司成本管理部是项目成本核算的主管部门,对于项目成本核算的实施进行管理,《××策划书》《××管理责任书》的编制由公司完成,基础资料的收集由项目完成。

三、项目成本核算的目的:树立项目管理人员的成本意识,找出现场管理盈亏点,纠正错误,发扬优势,为下一步项目管理工作指明方向,为二次经营及项目结算提供基础资料。

四、项目经理部应首先健全成本管理体系,商务经理应作为项目经理的副职,主管日常项目经济管理工作。项目经理部应建立健全项目管理班子体系,即项目经理、项目总工、商务经理组成的项目成本管理体系,所有经济问题应联签,以此来提高项目经理部整体经济管理职能。

五、合同签订后,项目商务经理应组织编制施工图预算,应根据工程实际情况分层、分部位编制,在开工××日内编制完成,对于边出图边施工项目可以分部编制，为现场施工过程中备料、报量、核算、分包结算、总包结算提供基础数据。

六、成本责任应该分解到人，根据业务负责的范围管理具体的台账。

七、项目经理部应月结成本。

项目经理部应每月召开月度成本分析会议，项目商务经理作为主持人，首先进行月度工程收入确认情况及月结成本情况进行介绍，再进行材料耗用分析及成本分析。

项目商务经理应根据业主、监理签署的形象进度编制月度完成工作量报告报业主审核，以业主确认的月度完成工作量按《××策划书》毛利率指标下浮后，作为本月项目的收入。对于业主不能及时确认月度收入情况，商务经理应根据总包合同原则实行合理预结，预结应执行稳健性原则，一些合同中没有明确结算办法项目，应以现场实际投入作为收入进行预结。

对于跨月度实施的分包项目，项目商务经理应根据分包合同预结人工及专业分包月度支出情况，月度支出情况应严格按合同原则进行预结，月度预结同时作为财务部门支付分包商费用的依据。

材料耗用应根据已由业主、监理确认的形象进度合理耗用，自有周转材料、机械应按市场租赁价格进行月度耗用，项目应按已确定的时间对现场物资进行盘点，做到耗用准确。

现场费用应根据现场实际发生情况填入月度成本编制书中。

临时设施费用应根据现场实际情况确定，临时设施主要费用确定后应按本月完成产值占总产值的比例进行月度摊销。

办公设备主要费用确定后应按本月完成产值占总产值的比例进行月度摊销。

管理人员工资和津贴根据实际支出情况确定。

八、根据月度成本计划及上月实际完成情况编制本月成本预测分析。

九、项目应根据工程具体情况分为基础、主体、装饰、年终进行节点考核，节点考核完成后进行预兑现。

十、工程结算完成应进行结算成本考核。

1. 根据结算情况及每月月结成本汇总确定项目成本盈亏。

2. 退场物资、设备由公司物资管理部门确认入库，根据物资、设备状况核定价值，核定后调整成本。

3. 根据成本节超情况，按《项目目标管理责任书》进行奖罚兑现。

写作要领

一、产品成本核算概述

产品成本核算，顾名思义，就是将产品生产、运输和销售等过程中的费用、损耗进行计算的过程。

二、产品成本核算的原则

1. 实际成本核算原则。

(1)某项成本发生时，按发生时实际耗费数确认。

(2)完工入库产成品按实际负担额计价。

(3)产品销售成本按实际数入账。

2. 可靠性原则。

(1)真实性：核算出的成本数据与客观的经济事项相一致。

(2)可核实性：同一成本核算资料采用一定原则由不同会计人员计算出的结果应该是相同的。

3. 重要性原则。

4. 及时性原则。

(1)成本项目发生时，及时进行会计处理。

(2)为相关的内部管理人员及时提供信息。

(3)及时提供财务成本报表。

5. 一致性原则。

(1)某项成本要素发生时，确认该要素水平的方法前后期应一致。

(2)费用分配方法前后期一致。

(3)成本计算方法前后期一致。

(4)成本核算对象，成本项目的确认前后期应一致。

(5)权责发生制原则。

三、产品成本核算要求

1. 对费用进行合理的分类。

(1)按费用的经济内容或经济性质分类包括劳动对象、劳动手段、活劳动三个方面。具体分为以下要素费用：外购材料、外购燃料、外购动力、工资、计提的职工福利费、折旧费、修理费、利息费用、税金、其他费用。

（2）按费用的经济用途分类：直接材料记入产品成本的生产费用、直接人工、制造费用、管理费用不计入产品成本期间费用、营业费用、财务费用。

2. 补充。

（1）按成本同特定产品的关系或分派方式分类：直接成本、间接成本。

（2）按成本习性或可变性分类：变动成本、固定成本、混合成本。

（3）按成本可控性的分类：可控成本、不可控成本。

四、正确划分各种费用界限

1. 正确划分记入成本费用和不记入成本费用的界限。
2. 正确划分生产费用与期间费用的界限。
3. 正确划分各个月份的费用界限。
4. 正确划分各种产品的费用界限。
5. 正确划分完工产品与在产品的费用界限。

五、正确确定财产物资的计价和价值结转的方法

六、选用适当的成本计算方法

七、做好成本核算的基础工作

1. 原始记录工作。
2. 定额管理工作。
3. 计量验收制度。
4. 内部结算制度。

第六节 存货核算管理办法

参考范文

【范例】存货核算制度

××集团存货核算制度

一、制定目的

为贯彻落实国资委有关规定精神,加强我集团存货管理,提高流动资产的使用效益,特制定本制度。

二、适用范围

本制度规定了我集团存货的划分标准、分类与管理方法。

本制度适用于本集团存货管理工作。

三、管理机构和职责

1. 财务产权部负责全集团存货会计核算工作,保护公有财产安全。

2. 计划与市场营销部负责存货零星购置、验收入库、出库和保管工作。

四、管理内容和要求

1. 存货的计价。企业的存货计价以实际成本为依据,按照财务制度规定,遵照下列原则进行存货的计价。

(1)企业购入存货按照买价加上各种杂费、途中合理损耗、入库前的加工、整理及挑选费用以及缴纳的税金等计价(按规定应抵扣的增值税额不包括在内),即:

存货的价值=买价+各项杂费+途中合理损耗+整理挑选费用+缴纳税金

(2)自行制造的存货,其价值为:

自制存货价值=制造过程中的所有实际支出

(3)委托外单位加工的存货,其价值为:

外委加工存货价值=委托加工材料或半成品的价值+委托加工费+运

输费＋装卸费＋包装费＋其他杂费

(4)投资者收入的存货，其价值为：

投资者用实物投资应进行资产评估，评估确认的价值如果双方认可，即按评估确认价值计价；如果投资作价与评估确认价值不一致，则按合同、协议约定的价值计价。

(5)盘盈的存货，其价值为：

按照同类存货的实际成本计价；按照重置价值进行计价。

(6)企业接受捐赠的存货，其价值为：

按照发票账单所列金额加上应由企业负担的运输费、保险费、缴纳的税金计价；如果没有发票账单的，则按同类存货的市价计价。

(7)企业的存货发出的计价方法，可根据财政部颁发的《××企业财务制度》中规定的存货计价方法选择使用。

先进先出法，是假定先收到的原材料先耗用，并根据这种假定的成本流转次序对发出货物和期末存货计价。

加权平均法，是在存货按实际成本进行明细分类核算时，以本期各批收货数量和期初存货数量为权数计算存货的平均单位成本。其计算公式为：

$$\text{加权平均单位成本}=\frac{\text{期初存货金额}+\sum(\text{本期各批收货的实际单位成本}\times\text{本期各批收货数量})}{\text{期初存货数量}+\text{本期各批收货数量之和}}$$

期末存货金额＝期末结存数量×加权平均单价

移动平均法，是在每次购入货物以后，根据库存数量及总成本算出新的平均单位成本，再将随后发出的货物数量按这一平均单位成本计算发出货物成本，以求得每次发出后的存货价值。

后进先出法，是存货按实际成本进行明细分类核算时，对于发出的存货，按最后进货的那批价格进行计价。

个别计价法，又称具体辨认法。是对库存和发出的每一种特定物品或每一批特定商品的个别成本或每批成本加以认定的方法。

(8)存货按计划成本计价时，应按照配比原则，按期结转成本差异，将计划成本调整为实际成本。

(9)存货的计价方法一经确定，在一个会计年度内不予变动。

2. 存货的日常管理。

(1)存货的转移、收发、领退都应由仓库保管人员填制入库、出库、调拨单,并由经办人员和有关部门签字后,方能办理入库、出库、调拨手续。

(2)财务产权部门按期到仓库进行稽核,将单据带回财务部门对存货进行核算。

(3)企业内部由于不同业务部门对存货管理有着不同的要求,财务产权部门要及时了解各自不同需求,妥善处理,使之相互和谐,达到企业存货总体优化的目的。

(4)存货的清查盘点是财务管理工作中一项重要的基础工作。应定期或不定期进行存货的盘点清查。年度终了应进行一次全面的盘点清查,以确保账实相符,各种账目可以真实反映存货的实际情况。

(5)企业存货清查盘点工作程序如下。

1)成立工作指导组,明确盘点和清查的目的、范围,做好各项准备工作,分工负责账物、账卡、账账的核对工作,并对存货加以整理,确定具体的盘点清查方法及程序。

2)存货盘点应填制“存货盘点表”,以反映盘点结果,并根据盘点结果计算溢余和短缺数。

3)及时对存货的溢余或短缺及残损变质情况进行处理。

(6)企业存货清查盘点时出现的盘盈、盘亏、毁损和报废,应按财务制度规定,计入管理费用中,即企业盘亏、毁损、报废的存货,扣除过失人或保险公司赔款和残料价值后,计入管理费用;盘盈的存货冲减管理费用;存货毁损属于意外损失部分,并非由于企业生产经营上的原因所致,在扣除保险公司赔款和残料价值后,计入营业外支出。

3. 低值易耗品的管理。

(1)低值易耗品按其在生产过程中的不同用途可分为以下几类:

1)生产中通用的刀具、量具、模具、夹具、砂轮等一般工具。

2)具有某种特定用途的专用工具。

3)容易损坏或为生产不同产品需要使用的替换设备。

4)企业管理人员工作中使用的各种办公用具、家具等管理用具。

5)为安全生产发给员工的工作服、工作鞋、工作帽及其他防护、劳保用品。

6)储存和保管材料、产品,不出售、出借的各种包装容器等。

(2)应按照下列标准区分低值易耗品,并对其进行管理。

1)不属于企业主要生产经营设备,且单位价值不超过2000元的物品。

2)属于企业主要生产经营设备,但使用年限不超过一年的。

3)不属于企业主要生产经营设备,但使用年限不超过二年的。

(3)由于低值易耗品在价值转移上与固定资产有相同之处,企业应本着有利于加强实物管理、均衡各月产品成本和简化核算手续的原则,采用一次摊销法的摊销方法将其价值计入产品成本。

(4)企业在对低值易耗品的日常管理中,需遵循下列原则:

1)建立领退和报废制度。企业内部使用部门领用低值易耗品时,要填制领料单。退回时办理退库手续,报废时要有审批手续,收回的残值收入全部冲减当期管理费用。

2)建立使用保管制。即将使用保管责任落实到分厂(或车间)、班组和个人,以防丢失和毁损。

3)建立定期、定额(量)领耗制度,严格控制领用数量,节约使用。

4)在使用和保管部门建立保管卡、登记簿等,认真核算收入、领用、退回、报废数量。

五、监督检查与考核

本制度规定的内容与要求由分管领导负责检查。

本制度按"经济责任制考核管理标准"的有关部分进行考核。

六、附则

本标准自发布之日起执行,由财务产权部负责解释。

××集团财务产权部

20××年×月×日

写作要领

一、存货的概述

存货是指企业在生产经营过程中为耗用和销售而储备的实物资产,包括材料、燃料、低值易耗品、在产品、半成品、产成品、协作件以及外销商品等。

二、存货核算制度的写作格式

存货核算制度遵循一般制度的写作格式，包括标题、正文和结尾三部分。

1. 标题。由制定单位、工作内容、文种三部分组成。有的制度标题中不写制定单位，而将它写在末尾。

2. 正文。这是制度的主体部分。写条文前可加一小段引言，简要、概括地说明制定这项制度的原因、根据、目的等情况，接着逐条写各项内容。一个单位内部的制度也可以不写引文，直接写条款。条文写完后还要写明此项制度从什么时候起执行。

3. 结尾。条文写完了就自然结束，写上制定单位、公布日期。单位内部的制度行文不必盖章，如是一级政府或一个系统的制度需广泛下发执行者，必须在落款处加盖公章，以增强其真实性和严肃性。

三、存货核算制度的写作要点

存货的核算是企业会计核算的一项重要内容，存货核算制度写作应注意以下几点。

1. 应正确计算存货购入成本，促使企业努力降低存货成本。

2. 反映和监督存货的收发、领退和保管情况。

3. 反映和监督存货资金的占用情况，促进企业提高资金的使用效果。

第五章 财务管理类文书写作

第一节　财务情况说明书

参考范文

【范例】年度财务情况说明书

××机械厂年度财务情况说明书

20××年，我厂随着企业内部改革的深入和技术改造的加紧进行，××机械已大部分达到国内先进水平，并生产出××、××等优质产品，生产经营和财务状况均有明显的好转。产品销售收入达到×××万元，比上年增加×%；利税总额实现××万元，比上年增加×%；上缴利税××万元，比上年增加×%。

一、利润情况分析

本年度，我厂利税总额为××万元，比上年增加×%，净增××万元。销售收入利税率达到×%，是企业经济效益较好的一年。从利润增减因素上分析如下。

1. 本年与上年相比，增利共为××万元。

（1）经企业主管部门和物价部门批准，提高了部分产品销售价格，因而比上年增加利润××万元。

（2）由于产品销售量增加，比上年增利××万元。

（3）企业技术改造之后，品种结构发生变化，增加新产品×种，增利××万元。

（4）由于减少外协加工部件，比上年减少亏损××万元。

（5）由于部分物资消耗定额比上年略有降低，从而使部分产品成本降低××万元。

（6）营业外收入比上年增加××万元。

2. 本年减利共为××万元。

（1）由于销售成本增加，影响利润比上年减少××万元。

（2）由于综合税率提高和产品销售量的影响，税金增加，使利润比上年减少××万元。

(3)由于销售费用上升,影响本年利润减少××万元。

(4)由于外卖材料亏损,减少利润××万元。

(5)由于营业外支出增加,相应减少利润××万元。

二、产品成本分析

本年度,我厂全部商品总成本为×××万元,可比产品成本××万元,按上年平均单位成本计算为××万元,上升×%。

1. 原材料价格变动,影响成本上升××万元。

(1)部分××价格上调,影响成本上升××万元。

(2)××价格上调,影响成本上升××万元。

2. ××及××费提价导致成本上升××万元。其中,××提价××万元,××费上升××万元。

3. 通过“××”部分产品的原材料消耗定额降低,使成本下降××万元。

4. 本年通过落实增收节支措施,废品损失比去年减少××万元。

三、资金分析

本年度,流动资产年末占用额为××万元,比年初增加××万元。周转天数为××天,与上年相同。

在流动资产中,储备资金年末占用额为××万元,比年初增加××万元;生产资金年末占用颇为××万元,比年初增加××万元;成品资金年末占用额为××万元,比年初增加××万元;成品资金年末占用额为××万元,比年初增加××万元;结算资金占用也比年初增加××万元。其中,发出商品增加××万元,其他应收款增加××万元。

综上所述,本年度我厂的经济效益已从一度下滑转为上升的趋势。这是对企业进行技术改造、适时调整产品结构所产生的结果,也是工厂内部改革逐步深化和开展“×××”活动所带来的成果。当前,我厂生产经营上的最大困难是资金紧缺,难以调度。如按正常需要计算,至少需补充××万元的流动资金,才能确保生产经营的良性循环。现在,本厂的技术改造虽已局部完成,并已发挥效用;但若彻底进行更新改造,也需积累、筹集一大笔资金才能展开。

××造纸机械厂

20××年×月×日

写作要领

一、财务预算情况说明书的概述

企业财务预算情况说明书是对年度财务预算报表的补充说明，是评估财务预算报表编制质量的重要依据，是年度财务预算报表的重要组成部分。

二、财务预算情况说明书的主要内容

1. 上年度财务预算工作总结。对上年度财务预算编制、执行情况进行总结；对比年度财务决算，说明企业上年度预算目标执行情况，并着重分析原因。

2. 本年度预算工作组织情况。预算工作组织情况主要包括企业预算管理机构设置、管理机构主要成员构成、内部组织分工、年度预算工作具体组织过程，以及预算审核情况等。

3. 年度预算编制基础。预算编制基础主要包括企业编制年度财务预算的基本编制依据、所采用的基本假设及其论证依据、所选用的会计制度与政策，以及年度财务预算报表的合并范围、未纳入年度财务预算报表编制范围的子企业名单、级次、原因与对预算的影响等情况。

4. 年度预算调整标准。年度预算调整标准主要应明确企业在何种条件下需要调整年度预算，应具体列明影响企业年度预算的假设或事项、需调整预算的变动幅度、对预算指标的影响等。

5. 预算年度内生产经营主要业务指标预算说明。预算年度内生产经营主要指标情况是财务预算报表编制说明的重要部分，主要内容包括：预算年度经济形势的分析预测、预算年度企业主要生产经营业务指标的增减变动情况和比率、年度间主要业务指标增减幅度对比等。

企业对预算年度内拟安排的重大投资、筹资项目的目的、总规模、资金来源与构成、预期收益及预计实施年限等情况应进行说明，并对非主业投资占总投资的比重超过10%、自有资金占总投资的比重低于30%的固定资产投资予以说明。

6. 预算年度主要财务指标预算说明。财务预算指标说明主要根据企业

年度业务预算,具体分析说明主要财务指标的预算目标,对比分析年度间指标变动情况。主要财务指标一般包括:预算年度预计可实现利润、主营业务收支、成本费用控制、人工成本情况、抵押、担保等风险情况、固定资产投资及资金筹集情况等。

7. 可能影响预算指标的事项说明。可能影响预算指标的事项说明是企业对预算年度可能对现有预算产生重大不确定影响的事项的说明,如国家宏观经济形势和政策的变化、国际政治经济形势的变化、企业决策中的重大不确定事项等。企业应当充分说明各种不确定性因素的原因,分析可能对主要财务指标预算的预计影响的程度。

8. 预算执行的保障和监督措施。预算执行的保障和监督措施指企业在预算执行过程中,确保预算执行的有关制度保障和跟踪、监督、评价、考核等措施。

9. 其他需要说明的情况。

三、财务预算情况说明书的写作格式

1. 标题。标题通常是企业名称加说明年限加“财务情况说明书”。

2. 正文。正文通常包括以下内容:

(1)企业生产经营、利润实现和分配、资金增减和周转、财务收支、税金缴纳、各项财产物资变动等情况。

(2)本期或者下期财务状况发生重大影响的事项。

(3)在资产负债之后至报出财务报告前发生对企业财务状况有重大影响的事项。

(4)需要说明的其他事项。

3. 落款。落款通常包括以下内容:

(1)编制说明书的企业名称及部门。

(2)编制说明书的日期。

第二节　财务事项请示

参考范文

【范例1】公司关于业务提成的请示

×××公司关于业务提成的请示

×××董事会：

为了提高公司员工的工作积极性，现建议按以下方案实施业务提成：

1. 公司每个员工都有权利销售本公司产品。

2. 每个业务完成后由财务部统一计算出利润。

3. 从利润中提取××%为提成。

4. 提成于每个季度末统一发放。

以上方案妥否，请股东大会审核通过。

××公司××部经理

20××年×月×日

【范例2】公司关于处理积压原材料的请示

关于×××公司处理积压原材料的请示

财务经理：

根据公司规定，我们于20××年×月×日对材料仓库中库存材料物资进行了清查盘点，发现一批积压材料，按形成原因分类如下：

1. 因计划不周，盲目采购形成材料积压，总价值××万元。

2. 因改变生产用途或计划产品生产批量减少而形成的材料积压，总价值××万元。

3. 因购入材料质量不合规定标准要求形成的材料积压××万元。

对此我们提出以下处理意见：

1. 对材料质量不合要求的，应责令采购员及时与销贷方联系并作退货处理。

2. 对前两种原因形成的积压，应责成采购人员进行市场需求调查、材料现价信息调查，主动与材料市场的经营公司联系，按平价或随行就市价格予以出售，以减少不合理的材料占压资金，促进资金良性循环、节约资金占用。

特此报告，请领导批示。

×××公司供销部（盖章）

财务部（盖章）

20××年×月×日

写作要领

一、财务请示的概述

财务请示是下级机关就有关财务事项向上级机关请求批准和指示时所使用的呈批性公文，属于上行公文。

二、财务请示的特点

财务请示具有针对性、呈批性、单一性和时效性等特点。

1. 针对性。只有在本机关单位权限范围内无法决定的重大财务事项以及在财务工作中遇到新问题、新情况或克服不了的困难时，才运用请示行文，请示上级机关给予指示、决断或答复、批准。所以财务请示的行文具有很强的针对性。

2. 呈批性。财务请示是有针对性的上呈行文，上级机关对呈报的请示事项，无论同意与否，都必须给予明确的批复回文。

3. 单一性。财务请示应一文一事，一般只写一个主送机关，即使需要同时送达其他机关，也只能用抄送形式。

4. 时效性。财务请示是针对本单位当前财务工作中出现的情况和问题，以求得上级机关指示、批准的公文，如能够及时发出，就会使问题得到及时解决。

三、财务请示的种类

根据内容、性质的不同，财务请示分为以下三种：

1. 请求指示性请示。是请示单位对有关方针政策的理解和执行有不够明确、把握不准或者存在着不同理解之处，需要上级机关给予原则上指示的一种上行公文。上级机关必须予以批复，以便工作顺利实施。这类请示又分为申述性请示和安排性请示两种。

(1)申述性请示。这种请示正文的侧重点是申述理由，讲清其重要性和必要性。

(2)安排性请示。此类请示正文的侧重点则放在如何安排计划和设想上。

2. 请求批准性请示。是请示单位对机构设置、人员定编、人事安排、资产购置及财款动用等问题向上级机关请示办理的一种上行公文。这类请示的内容已经基本成型，所需要的只是得到上级的认可和批准。

3. 请求批转性请示。是请示单位将请示的事项报请上级机关批准执行的一种上行公文。其主要内容是提出有关工作的意见及建议，当涉及范围比较广，需要发至其他与提出请示的部门是同级机关或不相隶属的机关单位时，需要请求上级部门批转。有的请示，还可以由两个以上同一级别的机关联合制发。

四、财务请示的写作格式

财务请示一般由标题、正文和落款三部分组成。

1. 标题。财务请示的标题一般有两种构成形式：一种是由发文机关名称、事由和文种构成；另一种是由事由和文种构成。

2. 正文。请示正文由主送机关、开头、主体和结语等部分组成。

(1)主送机关。请示的主送机关是指负责受理和答复文件的机关。需要注意的是：请示只能有一个主送机关。

(2)开头。开头主要交代请示的缘由，它是请示事项能否成立的前提条件，也是上级机关批复的根据。撰写时原因要讲得客观、具体，理由要讲得合理、充分。

(3)主体。主体部分主要说明请求事项，它是陈述缘由的目的所在。这部分只能请求一件事，内容要单一。请示事项要写得具体、清楚，以便上级机关给予明确批复。

(4)结语。结语部分应另起一段,通常运用一些习惯用语,如“当否,请批示”“妥否,请批复”“以上请示,请予审批”或“以上请示如无不妥,请批转各地区、各部门研究执行”等。

3. 落款。落款一般包括署名和成文时间两部分。如果标题写明了发文机关,那么这里可以不用再署名,但是一定要加盖单位公章。

五、财务请示的写作要点

写作财务请示时需要注意以下几个方面:

1. 财务请示的写作首先要和“报告”文种相区别。

2. 遵守“一文一事”的原则,主旨鲜明集中。

3. 材料真实,不要为了让上级领导批准而虚构情况,也不要因为没能认真调查而片面地摆情况、提问题。

4. 观点要明确,理由要充分,财务请示的事项要明确、具体。

5. 语气要平实、恳切,以期引起上级的重视,既不能出言生硬,也不要低声下气太客套。

6. 文字要概括精练。

7. 不能多头主送,不要越级请示。

8. 财务请示的内容如果涉及其他部门的职权范围,应与有关部门协商一致或者联署。

9. 由于其专用性的特点,财务请示应以单独编发文号为宜。

第三节　财务工作计划

参考范文

【范例1】年初财务工作计划

×× 公司 20×× 年度财务工作计划

做好公司的财务工作是财务部门的工作宗旨,为弥补之前工作的不足,发扬成绩，纠正错误，现将新的一年财务工作计划向大家汇报：

20××年，公司财务科在×××供电公司财务部、×××公司党政班子的正确领导和全体财务人员的共同努力下，认真贯彻执行公司财务预算，紧紧围绕公司“×××”发展规划，以加强财务核算、提高会计素质为主要工作内容，以精细化核算、数量化考核为工作方法，以利润最大化为目标，以资产经营责任为主线，全面推行标准化、制度化、程序化、信息化的财务管理模式，加强成本核算，实行全员、全过程的财务管理策略，为完成20××年各项经营工作目标做出了应有的贡献。在新的一年里，财务科将一如既往地紧紧围绕公司的总体经营思路，从严管理，积极为公司领导经营决策当好参谋，具体有以下财务工作计划安排。

一、财务工作计划要顾全大局，服务公司发展，坚定目标不动摇

年初财务预算，是通过公司职代会集体意见表决制订的，它反映了公司新的一年总体经营目标和任务。财务科全体人员要端正态度，积极发挥主观能动性，时刻坚持以公司大局为重，不折不扣地完成公司安排的各项工作任务。

1. 按财务预算科学合理安排调度资金，充分发挥资金利用效率。平时要积极提供全面、准确的经济分析和建议，为公司领导决策当好参谋。

2. 积极争取政策。积极利用行业政策，动脑筋、想办法、争取银行等相关部门优惠政策，为公司谋取最大经济利益。

3. 深入研究税收政策，合理避税增效益。新的一年里，全体财务人员应加强税收政策法规的研究和学习，加强与税务部门各项工作的联系和协调，通过合理避税为公司增加效益。

4. 搞好电费清收核算，合理调度资金完成年度预算。近年来电费回收程序逐步规范，高耗能企业市场回暖，电费回收成绩显著，给企业现金流量带来积极有利的影响，同时也对财务流动资金管理提出了更高要求。20××年，我们应适应新形势，进一步加强流动资金分析和管理，为公司谋求最大利益。

5. 搞好固定资产管理。凡是资产都应该为企业带来效益。20××年，我们应加强闲置资产、报废资产处置工作，努力提高资产利润率。

二、财务工作计划要加强管理，挖潜增效，为生产经营目标的实现和效益的增长服务

管理是生产力，是企业正常运行的保证，管理是提高企业核心竞争力的

关键环节，建立创新的机制，必须靠管理来保证，管理对企业来说是永恒的。为此，财务科将加强内部管理列入工作重点，即进一步加强财务管理，降低财务费用，控制生产成本，实行全面预算管理，合理安排，压缩不必要的或不急需的开支，做到全年生产、开支有预算、有计划，使企业资金得到有效合理的发挥效益。同时财务工作计划中对于机关科室和各站所的费用，实行科学预算，包干使用，并纳入年底对各单位的考核，有效控制各项费用的不合理开支。

1. 业务招待费管理。20××年我们对业务招待费的管理办法依然采取行政负责、工会参与、纪委监督、包干使用、超支不补、节约归公的原则管好用好业务招待费。严格执行“就餐代金券制”。

2. 差旅费管理。严格规范差旅费报销程序和职工借款的还款时限，坚持按照公司《关于加强差旅费和职工借款管理的通知》制度执行。做到坚持原则，一视同仁，杜绝虚报冒领，借款长期不还，占有公司资金挪作他用的现象发生。

3. 电话费管理。严格预算控制，电话费预算按科室为单位包干到位，努力降低话费开支。

4. 办公费管理。办公费管理要按照年初各科室列出计划，经领导审批后，公司统一采购、保管，各单位按计划领用的原则执行。

5. 车辆费用管理。严格执行公司制定的相关车辆费用管理办法，从严从细加强管理。车辆维修必须先有计划，经分管领导审核批准后进行维修；车辆用油由财务科负责采购、结算，车辆服务中心负责保管、登记、领用，杜绝乱购、无计划领用。

三、财务工作计划要明确责任，从严要求，积极抓好会计从业人员职业道德素质培训，提高服务水平

财务科作为公司的一个对外窗口科室，我们将认真落实××公司“××承诺”，提高服务水平，让“××、××、××、××”的服务方针在财务科得到充分体现，做到内让公司全体干群称心，外让社会各相关人员及部门满意。

四、财务工作计划要稳定财务队伍，继续加强会计从业人员业务培训，规范财务管理，使全公司财务会计工作再上新台阶

20××年度我们财务工作将继续以稳定增强财务队伍为主，通过集中

培训与岗位培训相结合的会计业务培训和规范财务管理为主要内容，扎扎实实地把全公司的财务工作推上一个新台阶。我们具体从以下几方面入手：

1. 稳定增强财务队伍。对现有财务从业人员进行业务考核，同时选拔吸引相对优秀、有会计基础的人员加入财务队伍，实行优胜劣汰，增强公司财务队伍的实力，为全公司的经营稳定打牢基础。

2. 加强理论培训，增强财务的宏观经济管理意识。使财务人员从仅仅应付日常业务的工作状态得到改变，充分认识财务工作的连续性、复杂性，培养超前意识。

3. 加强企业经营财务分析培训。以推行全面预算管理为目标，培养会计从业人员企业经营管理的事前预测、事中分析和站所基础财务分析工作。

4. 加强会计实务培训。注重工作效率，以推行财务会计电算化核算为目标，全面提高财务人员素质。

总之，我们将以现在拟定的财务工作计划范文为宗旨，在今后的财务工作中，我们财务科的奋斗目标是：在省市公司财务部门和公司领导的大力关心领导下，在各相关部门和科室的积极配合支持下，逐渐培养出一支以规范化流程、精细化核算、数据化考核为基础的科学管理型财务队伍；在今后的经营管理中，紧紧围绕公司“×××”发展规划，时刻坚持科学性预测、过程化控制、准确性核算的工作方法和态度，为全面完成新一年度的财务预算目标任务而努力奋斗。

××公司财务科
20××年×月×日

【范例2】财务安全工作计划

20××年财务部安全工作计划

为加强公司安全生产管理，认真贯彻执行国家、上级主管部门有关安全生产的法律、法规、标准及其他要求，落实公司各项安全生产规章制度，保证公司的安全生产方针和目标的顺利实现。结合本部门实际情况，制订如下安全工作计划。

一、20××年安全目标管理考核指标

1. 死亡事故为×。

2. 重大事故为×。

3. 轻伤事故率小于×%。

4. 事故隐患整改率×%。

5. 各项安全教育率×%。

6. 全年违章率小于×%。

7. 资金使用安全率×%。

8. 按时完成公司布置的各项安全工作任务。

二、工作要点

1. 财务部配合公司其他部门,加强对公司生产各环节的综合检查、专业检查、季节性检查和日常检查。

2. 严格执行公司安全生产规章制度,按规定提取安全投入经费,保证安全生产的日常开支。

3. 严格按照财产物资管理制度的规定,保证公司各项财产物资的安全完整;保证货币资金的安全。

4. 保证财务票据、资料、凭证、账簿等会计资料的安全完整。

5. 督促本部门人员遵守公司安全生产规章制度,不发生违纪行为。

本部门将认真贯彻企业《××安全管理制度》,切实加强生产、经营中各环节的安全管理监督工作,进一步完善××管理的长效机制,配合公司及上级相关部门组织的安全检查,做到安全检查制度化、标准化、经常化。

××公司财务部

20××年×月×日

写作要领

一、财务工作计划概述

财务工作计划就是对即将开展的财务工作的设想和安排,如提出任务、指标、完成时间和步骤方法等。

二、财务工作计划分类

1. 按覆盖的范围分：有国家的、地区的、系统的、部门的、单位的和个人的计划等。

2. 按针对的时间分：有多年性的，一般又称为规划；有近期的，如年度、季度、月份的计划等。

3. 按计划的详细程度分：有计划要点、简要计划和详细计划。

三、财务工作计划的写作格式

工作计划书的格式应包括标题、正文和落款三项。

1. 标题。计划的标题，有四种成分：计划单位的名称；计划时限；计划内容摘要；计划名称。一般有以下三种写法：

（1）四种成分完整的标题，如《××公司20××年度财务工作计划要点》。

（2）省略计划时限的标题，如《××省××公司销售部销售工作计划》。

（3）公文式标题，如《××公司关于20××年财务工作的部署》。

2. 正文。除写清指导思想外，大体上应包含以下三方面的事项：

（1）目标。这是计划的灵魂。计划就是为了完成一定任务而制订的。目标是计划产生的导因，也是计划奋斗的方向。因此，计划应根据需要与可能，规定出在一定时间内所完成的任务和应达到的要求。任务和要求应该具体明确，有的还要定出数量、质量和时间要求。

（2）措施。要明确何时实现目标和完成任务，就必须制定出相应的措施和办法，这是实现计划的保证。措施和方法主要指达到既定目标需要采取什么手段，动员哪些力量，创造什么条件，排除哪些困难等。总之，要根据客观条件，统筹安排，将“怎么做”写得明确具体，切实可行。

（3）步骤。这是指执行计划的工作程序和时间安排。每项任务在完成过程中都有阶段性，而每个阶段又有许多环节，它们之间常常是互相交错的。因此，制订计划必须胸有全局，妥善安排，哪些先干，哪些后干，应合理安排。而在实施过程中，又有轻重缓急之分，哪是重点，哪是一般，也应该明确。在时间安排上，要有总的时限，又要有每个阶段的时间要求，以及人力、物力的安排。这样，使有关单位和人员知道在一定的时间内，一定的条件下，把工作做到什么程度，以便争取主动，有条不紊地协调进行。

3. 落款。在正文结束的下方，制订计划的日期（如标题没有写单位名称，这里应一并注明）。此外，如果计划有表格或其他附件的，或需要抄报抄送某些单位的，应分别写明。

第四节　企业盈利状况报告

参考范文

【范例】企业盈利状况分析报告

关于××无线电厂盈利状况的报告

×××厂长：

20××年，由于我厂从多方面巩固了近年技术改造中形成的××地面××装置、××、××及××应用多元化的生产新格局，企业活力逐步增强，全厂的生产、销售和经济效益都获得了一定的发展。但企业利润增加不多，资金紧缺的严重局面尚未得到缓解。

一、生产与销售的关系逐渐和谐

前几年，由于市场疲软，我厂曾一度出现过生产与销售不协调的现象。但经过技术改造和调整产品结构以后，实行了以销定产，现已形成产销比较和谐的发展局面。20××年我厂工业总产值虽只实现×××万元，较上年仅增长×%，但产品销售收入却达到了×××万元，比上年增长×%。销售收入增加幅度大于产值，主要是因产品更新换代，将大部分产品改为适销对路的新产品所致。据计算，在本厂产品销售收入中，新产品销售所占的比重，20××年为×%，20××年为×%，20××年则为××%。其中，仅销售盈利较大的××车间（××部）、××装置（××部），即实现销售收入××万元，占全部销售收入的××%。这表明我厂经过几年努力而形成的多元化生产新格局，基本上是适合市场需要的，并已初见成效。

二、利税总额逐年升高

20××年，全厂利税总额共实现××万元，较上年增长×%。百元销售收入实现的利税为××元，比上年上升××元，比技术改造的第一年则上升××元多，在利税总额中，税金的比重和增长幅度均在逐年加大。

三、企业留利增幅低缓

20××年，企业留利共为××万元，比上年仅增加××万元，增长×%。企业留利增加数额不多，一方面是因生产和销售仍处于低速发展的状态；另一方面则是受税金增幅较大的影响。由于我厂生产的产品多数是属于技术含量高、占用资金多的产品，加上技术改造耗用资金数量较大，近几年的企业留利又多用于还债，故而资金紧缺的局面一直没有得到缓解。据计算，20××年我厂的资产负债率为××%，仅比上年的××%下降×个百分点。如果产品销路不能迅速铺开，企业留利增幅不能加大，在物价上涨幅度较大的情况下，到期负债不能归还，企业在生产经营和资金周转上的困难还会进一步加剧。因此，如何发挥我厂技术装备良好的优势，生产更多的适销对路产品，努力提高盈利能力，仍是我厂亟待解决的一个根本问题。

×××无线电厂财务科
20××年×月×日

写作要领

一、企业盈利状况报告概述

企业盈利状况报告是企业财务部门通过对本企业的生产获利情况做系统、全面的分析后，找出存在的问题和保有的优势而向企业决策部门提交的一种上报性公文。

二、企业盈利状况报告的写作格式

1. 标题。标题通常为公司名称加“盈利状况报告”即可。

2. 正文。

(1)盈利概况。

(2)影响盈利实现的因素。

(3)对盈利实现的建议。

3. 落款。署明单位名称及部门名称,并注明报告日期。

第五节　利润分配计划

参考范文

【范例1】公司利润留成分配计划

×××公司利润留成分配计划

本公司为了促进各企业关心生产,增加盈利,提高经济效益。做好利润留成再分配,在董事会的指导和大力帮助下,于20××年×月制订了如下计划。

一、公益金

主要用于企业的员工集体福利设施支出。公益金在公司分配当年税后利润时,按照利润的5%~10%提取。

二、盈余公积金

按税后利润的10%提取,主要用于保证重点项目、改造和扩大生产,也可用于弥补亏损或用于转增资本金。此外,当盈余公积金已达注册资金的50%时可不再提取。

三、利润指标的确定和考核

首先由计划科按各厂生产能力,结合大类品种的安排,提供年度品种产量。由财务科根据上年实际百元利润,求出各品种利润和全部产品利润总额,在适当考虑营业外支出的条件下,确定年度利润定额,以此作为奖励基金分配的依据。利润定额确定后,遇有产品结构变化时,如内销品种改出口或安排新品种,影响利润部分,利润定额予以调整,不让企业吃亏。各企业按各类品种单位利润计算出的利润定额，主要是解决安排品种时“挑肥拣瘦”的弊病和“苦乐不均”过大的问题，以促使企业充分挖掘内部潜力，增产适销对路的产品和促进节约，扩大盈利。

四、奖金分配办法

各厂必须完成公司下达的各项指标（产量、质量、品种、利润），按每月每人8元返回企业，以保证生产奖的发放，四项计划指标中，每少完成一项，扣减25%，即按6元返回企业。

公司统一计提的奖励基金，减去每月返回企业的数额后，除留少量作为调剂使用外，结余部分根据企业完成利润定额的情况，半年预分，年终算总账的办法，按照超利润的比例，结合员工人数进行分配。即该厂员工人数，乘以超利润定额比例，变成分数，以各厂分数之和，去除公司结余奖励基金，得出每分的分值，再乘该厂分数，即为该厂应得的奖励基金。计算公式如下：

$$\text{实现利润} - \text{调整后利润定额} = \text{超定额利润}$$

$$\frac{\text{超定额利润}}{\text{调整后利润定额}} = \text{超额率}$$

$$\text{超额率} \times \text{平均员工人数} = \text{该厂分数}$$

$$\frac{\text{公司结余奖励基金}}{\text{各厂分数}} = \text{每分分值}$$

$$\text{该厂分数} \times \text{每分分值} = \text{该厂应得奖励基金}$$

浮动嘉奖：公司根据上级部门的要求，在不同的时期，有不同的工作重点，结合奖励，确定浮动奖条件。

五、经济惩罚

1. 重大事故造成死亡、火灾等，使国家财产遭受重大损失的，扣罚奖金。

2. 违反财经纪律问题较严重的，扣罚奖金。扣罚办法，视情节严重程度，由公司领导决定。

××公司财务处

20××年×月×日

【范例2】企业利润分配情况报告

×××股份有限公司利润分配报告

本公司正处于高速发展阶段，销售情况良好，资金充裕，本年度母公司实现净利润×××万元，在提取10%的法定盈余公积金××万元后，本年度可供股东分配的利润为××万元(含上年未分配利润××万元)。

公司董事会拟按20××年末总股本××股计算，向全体股东每××股派发现金红利人民币××元(含税)，实发红利总额××元，剩余××元结转下年度。

此分配方式为我公司采用低正常股利的股利分配政策。

采用这一政策对我公司主要有两大积极影响。

1. 这种股利政策使公司具有较大的灵活性。当公司盈余较少或投资需要较多资金时，可维持设定的较低但正常的股利，股东不会有股利跌落感；而当盈余有较大的幅度增加时，则可适度增发股利，把经济繁荣的部分利益分配给股东，使他们增强对公司的信心，这有利于稳定我公司的股票价值。

2. 这种股利政策可使那些依靠股利度日的股东每年至少可以得到虽然低，但比较稳定的股利收入，从而吸引住这部分股东。

另外，每年×月×日为我公司的股利发放日期。

×××股份有限公司

20××年×月×日

写作要领

一、利润分配计划概述

利润分配计划是指按照国家和企业的利益分配关系来确定利润的分配数额，将应上缴国家的利润、所得税等扣除后，把留归企业的利润按规定安排用于企业技术改造发展生产，增加员工生活福利设施，提高员工物质文化生活水平，奖励对国家对企业做出贡献的先进员工等方面的一种计划类文书。

二、利润分配计划的写作格式

1. 标题。标题通常是计划单位加计划名称，例如写成“×××公司利润留成分配计划”。

2. 正文。正文通常包括以下内容：

(1)计划单位的基本情况。

(2)计划制订的指导思想。

(3)利润分配指标及其分配办法。

3. 落款。落款通常包括以下内容：

(1)制订计划的日期。

(2)加盖公章。

(3)抄送单位。

第六节 财务工作总结

参考范文

【范例1】财务处年度工作总结

××省××师范大学财务处
20××年度工作总结

20××年是我校各方面工作快速发展的一年。学校事业发展的每一步、改革进程的每一次跨越几乎都与学校的财务工作密切相关，都会给财务管理和会计核算工作带来不同程度的影响，都离不开财务工作的保证和支撑。因此，在学校事业发展取得丰硕成果的同时，我校20××年的财务工作也同样走过了踏实、稳健的发展之路。

财务处全体工作人员关系融洽、和谐、凝聚力强，认真履行自己的工作职责。本着服务于教学、科研和全体师生的宗旨，促进了学校全面工作的顺利开展。

一、狠抓资金筹集，确保正常运转

学校财务会计工作的主要任务之一就是筹集资金，以保证学校各项工作的正常运转。在资金筹措的问题上，我们主要做到了以下几点：

1. 认真协调关系，落实省厅经费。20××年，学校正式纳入省教育厅的经费预算管理。今年财务处的重要工作就是在落实省厅预算经费的基础上，多争取一些专项经费。为此，处领导及工作人员经常赴省厅汇报工作，协调关系，在学校其他处室的配合下，争取到了×××万元的外教经费、国家级贫困生奖学金和省政府扶贫奖学金。同时，通过做大量的工作，争取到省厅给予的成教专款××万元。

2. 克服重重困难，争取市局经费。学校20××年引进了××多位新教师，由于编制批复很晚，直到20××年的×月×日才办理完毕，而市财政决算的最后时间是×月×日。按照市财政的有关规定，跨年度是不追加以前年度经费的，我们通过多次做工作，克服重重困难，终于同意给我们追加这一经费，仅这一项，就为学校增加×××万元左右。

20××年，我处开始每周下发《××周报》，即每周五对本周各系学生的收费进度进行统计汇总，并发周报至各系。从×月底开学至×月底两个多月的时间里，没有节假日，没有双休日，有时学生晚上要交费，我们也派人上班收取。截至×月底，我校学生学费的收缴率达××%以上，欠交学费的比例在全省各高校中是最低的。

3. 运用调控手段，抓紧收取学费。学生欠交学费是目前各高校普遍感到头疼的问题，既要执行国家的有关政策，照顾贫困生，又要保证学校的学费收入资金到位，其间的工作难度是不言而喻的。20××年我校招收了××××多名新生，收费工作主要集中在×月×日至×日，无论是银行转账还是收取现金的数额都相当大，我们不仅完成了任务，而且没有任何差错。今年我们安装了农业银行的POS刷卡机，这样学生持卡交费便可不出校门，方便了学生，但增加了我们对账的工作量。

另外，由于邮政储蓄银行参与了今年新生的办卡收费工作，加之他们的工作人员全是新手，更加大了我们的工作难度。特别是在集中收费的日子里，报到的学生人数多，收款量又相当大，我们既要对家长及学生做解释工作，又要和邮政储蓄银行对账，往往一天工作十几个小时，有两天晚上都是工作到××点以后，而财务处的全体工作人员既不计报酬，也没有丝毫怨言，全身心地投入到了工作中。

二、严格预算管理，合理调度资金

20××年学校进一步完善了财务预算体制，加强了对经费预算的管理，校内预算管理工作进一步公开化、规范化、细致化。

1. 加大教学投入，监督管理专款。今年初在编制经费预算方案时，认真落实了20××年底××教学工作会议精神，加大了对教学的投入，专业建设、教师培训等列入专项预算，并对专项经费实行监督管理。

2. 发挥监督职能，严格控制支出。按照市政府的安排，我校今年要交纳建校资金×××万元，加上年初已交的方案设计费××万元，今年仅此一项就新增支出近×××万元。由于学校要搬迁，招生人数也有限制，更制约了我们各项收入的增加。若不严格控制各项支出，将难以维持正常运转。为此，我们在加大投入的同时，也加大了监督的力度，监督各种专项经费的使用情况。今年以来，拒付不合理支出××笔，金额达××多万元，堵塞了漏洞，维护了财经纪律的严肃性。

三、做好日常工作，完善管理系统

财务工作是一项政策性强、涉及面广、管理要求严、日常工作非常细致的工作。因此，从事此项工作的人员必须具有较强的政策观念、过硬的业务能力、认真细致的工作作风和吃苦耐劳的精神。

1. 更新收费系统，加强收费管理。学校收费工作是一项牵涉面广、数据清理难度很大的工作。为使这项工作进一步科学化，我们今年更新了一套收费管理软件。该软件启用前的数据导入工作是一项任务非常艰巨的工作。但我处同志排除重重困难，在非常短的时间内加班加点完成了此项工作，使我们今年的学费收取全部实行了计算机管理，提高了工作效率。

2. 彻底摸清家底，搞好资产评估。为了适应学校整体搬迁的需要，学校决定彻底清查资产。为此学校安排由财务处和校办公室及相关人员成立了“资产评估”小组，同时聘请权威的资产评估机构对全校的动产和不动产进行评估。这项工作涉及面广，是学校×年来第一次对所有资产的整体清查，工作量很大，但由于全体人员的共同努力，仅用半年时间就圆满完成了任务，受到学校领导的表彰。

3. 做好“×××”，完善各项工作。为加强我校收费项目的管理，规范学校的收费行为，促进学校的稳定与发展，经学校研究决定，对学校所属的各部门进行收费清查，通过清查，对不符合国家物价政策的收费项目予以取消，使学校的经济秩序较以前大有好转。

今年，我们还接受了省财政厅对我校的“×××”，即对20××年度会计报表的清查，非经营性资产转为经营性资产的清查和国有资产的清查。清查结果令上级满意。

除此之外，今年还接受了市审计局、市财政局、市物价局对我校的各项例行检查。上级领导对我校的经费预算工作、收费工作以及各项支出及往来账的管理工作都给予了很高的评价,称我们是“××××××××”。

4. 顺应学校发展,服务部门工作。学校在发展,全国各省市到我校就读的学生迅猛增加。为了解决学生携带大量现金的不便,我们实行学生学费可汇款到学校账户的方法,受到学生及家长的称赞。

财务日常工作纷繁复杂,但是我处的工作人员从不怕苦怕累,大家坚守自己的工作岗位,扎扎实实干好每一件事。在计算个人所得税和住房公积金的工作中,××同志严格按照规定办事,没有出现任何差错。×××处长工作繁忙,经常是晚上加班加点,就是出差回来也不例外。为了使国家贫困生奖学金及学校奖学金及时发到学生手上,也为了减轻系部的负担,我处全体工作人员,特别是×××和×××同志,利用中午的时间逐笔将此款发到了学生手里,学校领导、学生及教师对此非常满意。

四、加强职业培训、树立良好风范

我处在领导的带领下,以热情、周到的服务和高质量的工作展示了财务处员工良好的精神风貌,通过这一“窗口”,为学校做了好的形象宣传,赢得了学生及家长的赞许。

全体同志在工作中,能友善地处理同事之间的关系,成为一支团结和谐、高素质、凝聚力强的队伍。多年来,同事之间和睦相处,没有出现任何重大差错,保证了学校资金的安全和完整。

随着市场经济的发展,财务管理工作也在不断地创新。为了适应新形势的要求,全处同志努力学习政策法规、业务知识,不断充实自己。采取举办业务知识的学习、培训班和以老带新等方法,进行专业技能训练。现在,今年新调入我处的两名工作人员均能单独上岗操作。

五、存在的问题及建议

1. 由于工作繁杂等原因,财务人员没有走出去接受系统业务培训。

2. 由于学校近年来规模不断扩大,在财务管理和预算管理上,与其他高校相比还有一定的差距。

在新的一年里,我们将加紧业务培训,尽量缩短我们与其他高校在财务管理上的差距,以适应我校合并升本的需要。

××师范大学财务处

20××年×月×日

【范例2】财务部半年财务工作总结

××公司财务部财务工作总结

20××年上半年，财务部紧紧围绕××集团公司年初职代会的工作中心，在为全公司提供优质服务的同时，认真组织会计核算，规范各项财务基础工作，并通过加强财务制度和财务内部控制制度的建设，站在财务管理和战略管理的角度，以成本为中心、资金为纽带，不断提高财务服务质量。

一、严格遵守财务会计制度和税收法规，认真履行职责，组织会计核算

财务部的主要职责是做好会计核算，进行会计监督。财务部全体人员一直严格遵守国家财务会计制度、税收法规、××集团总公司的财务制度及国家其他财经法律法规，认真履行财务部的工作职责。从审核原始凭证、会计记账凭证的录入，到编制财务会计报表；从各项税费的计提到纳税申报、上缴；从资金计划的安排，到结算中心的统一调拨、支付等，每位会计人员都勤勤恳恳、任劳任怨、努力地做好本职工作，认真执行企业会计制度，实现了会计信息收集、处理和传递的及时性、准确性。

二、以实施××软件为契机，规范各项财务基础工作

在经过两个月的20××年度三套会计决算报告的编制后，财务部按新企业会计制度的要求着手进行了××软件20××年财务会计模块的初始化工作。对会计科目、核算项目、部门的设置，会计报表的格式等均按照新企业会计制度的规定，并针对平时会计核算和报表编制中发现的问题和不足进行了改进和完善。如设置"××费用"明细科目，并按该科目的费用项目进行了明细核算、归集和分配，费用的具体开支情况现已一目了然；规范"×××"科目的核算，如对增值税明细项目的月末结转、个人所得税的科目统一、现金流量项目的规范化；下属分公司的管理费用由以前冲减管理费用改为冲减制造费用，这样使管理费用和销售毛利率的反映更为合理、恰当；在配合固定资产实物管理部门对固定资产进行全面清理的基础上，按照《固定资产分类与代码》对固定资产编制了固定资产卡片类别代码，并在此基础上，完成了××软件固定资产管理模块的初始化工作。××集团总公司要求在今年××月全面正式运行××财务软件，而本集团公司财务部在××月就完全甩掉旧的××财务系统，正式运行××软件，结束了长达半年之久的两套财务软件同

时运行的局面。目前××软件已正式与财务部相链接，并运行良好。

三、制订各项财务成本计划，严格控制成本费用

根据××集团司企字〔××××〕××号文《关于下达〈××集团20××年多样化经营企业经济责任制考核方案〉的通知》，财务部对有关考核指标进行了分解，下发了20××年财务计划和可控费用指标。在财务执行过程中，严格控制费用，实行刚性考核。财务部每一季度汇总可控费用的执行情况，于公司常务会上通报，针对每一季度电话费超支的部室、单位，按超支额扣除部室负责人及其他第一责任人的奖金；对于其他可控性费用也是实行指标考核，对于超支部分坚决不予核销。

四、资金调控有序，合理控制集团总体资金规模

上半年，随着原材料市场价格的持续上扬，而××集团总公司销售价格制定相对迟缓，本集团公司资金一度吃紧。为此，财务部一方面及时与客户对账，加强销货款的及时回笼，在资金安排上，做到公正、透明，先急后缓；另一方面，根据集团公司经营方针与计划，合理地安排融资进度与额度，并针对工商银行借款利率上浮的情况，选择相对利率更低的农村信用联社贷款，以及通过向××集团总部结算中心临时借款，以保证生产经营所需。这样，通过以资金为纽带的综合调控，促进了整个集团生产经营发展的有序进行。

五、加强财务会计制度建设，提高财务信息质量

财务部根据公司差旅费的实际执行情况，为进一步规范本集团公司工作人员差旅费开支行为、统一标准，制定了《××机械集团工作人员差旅费开支规定》。为提高会计信息的质量，财务部制定了《××机械集团会计报告竞赛考评办法》，对各母子公司的会计报表从报送时间及时性、数据准确性、报表格式规范化、完整性等方面做了比较系统的规定，从而逐步提高了会计信息的质量，为领导决策和管理者进行财务分析提供了可靠、有用的信息。

平时财务部通过开展每周一次的交流会，解决上周工作中出现的问题，布置下周的主要工作，逐步规范各项会计行为，使会计工作的各个环节按一定的会计规则、程序有效地运行和控制。

六、制定财务部各工作岗位职责，并进行自我评定

为明确财务部会计人员各岗位的职责权限、工作分工和纪律要求，制定

了会计人员岗位职责，同时要求各岗位会计人员根据本岗位的职责要求，进行工作总结，岗位评述和认定，对各自的工作提出建议、做出打算，并对自己的岗位写出每月工作规程备忘录。这样，强化了各岗位会计人员的责任感，加强了内部核算监督，促进了各岗位的交流、合作与团结。

七、开展了以涉税业务和执行企业会计制度、会计法及其他财经法律、法规的自查活动

为了规范财务行为，配合各级主管部门的稽查与审计工作，财务部组织了在本集团公司内的20××年至20××年的财务自查活动，对审计和自查中发现的问题及时地进行了整改，事后进行了交流，提高了会计人员的职业技能。

下半年，为实现本集团公司的各项生产经营任务和总体发展目标，财务部的工作任重而道远。为此，需要在以下几个方面继续做好工作：

1. 做好上半年和第三季度的经济活动分析工作，及时提出为实现本集团公司生产经营计划的财务控制可行性措施或建议。配合××集团总部进行收入、成本、费用的专项检查，加强非生产费用和可控费用的控制、执行力度，不能超支的绝不超支。

2. 为更好地加强资金管理，统一调配，根据××集团总部结算中心的工作计划安排，做好本公司结算中心的统收统支和结算软件的培训与安装工作。

3. 继续制定和完善各项财务管理制度和内部控制制度，如会计电算化管理制度、固定资产财务管理制度、会计人员岗位考评办法等。

4. ××集团总部财务处要求在全集团范围内推行全面预算管理，本公司是先行试点单位，因此财务部要积极配合做好这方面的工作。

5. 做好年终财务决算的各项前期准备工作，工作中遇到不能解决的问题，及时反映，以求得到及时解决。并注重与××集团总部财务处、分部、本公司等各有关部室的沟通，更好地提高财务服务质量。

6. 加强会计人员的业务知识、企业会计制度和国家有关财经法规的学习，结合会计人员考评办法，逐步提高会计人员的专业知识、技能和职业判断能力。

××集团财务部
20××年×月×日

【范例3】财务人员年度工作总结

财务科个人20××年度工作总结

20××年，是本人在财务科工作的第二年。在一年的时间里，本人能够遵纪守法，认真学习，努力钻研，扎实工作，以勤勤恳恳、兢兢业业的态度对待本职工作，在财务岗位上发挥了应有的作用，做出了贡献。

一、认真学习政治理论知识，参加有益的政治活动，不断提高自身的思想修养和政治理论水平

20××年，本人积极响应单位提出的打造一支业务精良财务队伍的号召，认真学习邓小平理论、“三个代表”重要思想、科学发展观、习近平新时代中国特色社会主义思想。在学习的过程中能做好笔记、积极讨论、写出心得。同时积极参与“×××树形象”“向×××同志学习”等政治活动以及“×××”演讲比赛、“×××”知识竞赛活动。

通过进行政治理论学习和参加政治活动，本人在思想上、行动上与党中央保持高度一致，同时政治思想素质和业务水平得到了较大提高，增强了廉洁自律、拒腐防变的能力，为做好财务工作奠定了思想基础。

二、爱岗敬业、扎实工作、不怕困难、勇挑重担、热情服务，在本职岗位上发挥出应有的作用

1. 顾全大局、服从安排、团结协作。今年，根据财务科的工作安排，本人从原来的记账岗位调整到报账岗位。在岗位变动的过程中，本人能顾全大局、服从安排，虚心向有经验的同志学习，认真探索，总结方法，丰富业务知识，掌握业务技能，并能团结同志，加强协作，很快适应了新的工作岗位，熟悉了报账业务，与全科同志一起做好财务审核和监督工作。

2. 坚持原则、客观公正、依法办事。一年来，本人主要负责财务报账工作。在实际工作中，本着客观、严谨、细致的原则，在办理会计事务时做到实事求是、细心审核、加强监督，严格执行财务纪律，按照财务报账制度和会计基础工作规范化的要求进行财务报账工作。在审核原始凭证时，对不真实、不合规、不合法的原始凭证敢于指出，坚决不予报销；对记载不准确、不完整的原始凭证，予以退回，要求经办人员更正、补充。通过认真的审核和监督，保证了会计凭证手续齐备、规范合法，确保了我所会计信息的真实、合法、准

确、完整，切实发挥了财务核算和监督的作用。

3. 任劳任怨、乐于吃苦、甘于奉献。今年以来，由于场所整体搬迁和开展会计基础规范化整改工作，财务工作的力度和难度都有所加大。为了能保质保量完成各项任务，本人不计较个人得失，不讲报酬，牺牲个人利益，经常加班加点。在工作中发扬乐于吃苦、甘于奉献的精神，任劳任怨、尽职尽责。在完成报账任务的同时，本人还兼顾内勤工作，做好预算，管理存款，出色地完成各项工作任务。

4. 爱岗敬业，提高效率，热情服务。在财务战线上，本人始终以敬业、热情、耐心的态度投入到本职工作中。对待来报账的同志，能够做到一视同仁，热情服务，耐心讲解，做好会计法律法规的宣传工作。在工作过程中，不刁难同志，不拖延报账时间，对真实、合法的凭证，及时给予报销；对不合规的凭证，指明原因，要求改正。努力提高工作效率和服务质量，以高效、优质的服务，获得了领导和职工的好评。

三、遵纪守法、廉洁自律，树立财务工作者的良好形象

本人作为××系统的一名财务工作者，在平时的工作中，以一名财务工作者的标准来要求自己，学习和掌握相关的法律法规知识，做到知法依法、知章依章；同时按照财会人员的标准严格要求自己，遵守会计人员职业道德规范，熟悉财经法律、法规、规章和国家统一会计制度，做到秉公办事、清正廉洁。在实际工作中，把财经纪律与财务工作相结合，把好执法和财务关口，实践“×××，×××”的宗旨，全心全意为职工服务，树立财务工作者的良好形象。

四、努力学习业务知识，提高工作能力

为了能够适应建设现代化财务管理和实现我所会计电算化的目标，20××年，本人根据业务学习安排并充分利用业余时间，加强对财务业务知识的学习。通过学习会计电算化知识和财务软件的运用，掌握了电算化技能，提高了实际动手操作能力；通过会计人员继续教育培训，学习了会计基础工作规范化要求，使自身的会计业务知识和水平得到了更新和提高，适应了现在的工作要求，并为将来的工作做好准备。

××公司财务科×××
20××年×月×日

写作要领

一、财务工作总结概述

财务工作总结是通过回顾和分析前一段的财务工作，把取得的成绩和存在的缺点与问题以及经验教训，用书面形式表达出来的一种应用文体。通过总结可以全面、系统地了解以往的情况，明确哪些是应该肯定的，哪些是应该纠正和避免的，从中吸取经验教训，以便下一步更好地开展工作。

二、财务工作总结的特点

财务工作总结具有自我性、回顾性、客观性和经验性四个特点。

1. 自我性。财务工作总结是对财务工作的回顾，以自身工作实践为材料，采用的是第一人称写法，其中的成绩、做法、经验、教训等都有自我性的特征。

2. 回顾性。这一点财务工作总结与财务计划正好相反，计划是预想未来，对将要开展的工作进行安排；总结是回顾过去，对前一段的工作进行检验，但目的还是做好下一段的工作。所以总结和计划这两种文体的关系是十分密切的，一方面，计划是总结的标准和依据；另一方面，总结又是制订下一步工作计划的重要参考。

3. 客观性。财务工作总结是对前段财务活动进行全面回顾、检查的文体，这决定了财务工作总结有很强的客观性。它是以自身的实践活动为依据，所列举的事例和数据都必须完全可靠，确凿无误，任何随意杜撰、歪曲事实的做法都会使财务工作总结失去应有的价值。

4. 经验性。财务工作总结还必须从理论的高度概括经验教训。凡是正确的实践活动，总会产生物质和精神两个方面的成果。作为精神成果的经验教训，从某种意义上说，比物质成果更宝贵，因为它对今后的社会实践有着重要的指导作用。这一特性要求总结必须按照实践是检验真理的唯一标准的原则，去正确地反映客观事物的本来面目，找出正反两方面的经验教训，得出规律性认识，这样才能达到总结的目的。

三、工作总结的基本内容

财务工作总结一般有以下四个方面的基本内容：

1. 概述和叙述。财务工作总结必须对情况进行概述和叙述，有的比较简单，有的比较详细。内容主要是对工作的主客观条件、有利和不利条件以及工作的环境和基础等进行分析。

2. 成绩和缺点。这是总结的中心。总结的目的就是要肯定成绩，找出缺点。成绩有哪些，有多大，表现在哪些方面，是怎样取得的；缺点有多少，表现在哪些方面，是什么性质，怎样产生的，都应讲清楚。

3. 经验和教训。为便于今后开展工作，须对以往工作的经验和教训进行分析、研究、概括、集中，并上升到理论的高度来认识。

4. 今后的打算。根据今后的工作任务和要求，吸取前一时期工作的经验和教训，明确努力方向，提出改进措施等。

四、财务工作总结的写作格式

财务工作总结包括标题、正文和署名三个部分。

1. 标题。财务工作总结的标题大体上有两种构成形式：一类是公文式标题；另一类是非公文式标题。公文式标题由单位名称、时间、事由、文种组成，如《×××集团公司××××年度财务工作总结》，有的只写《财务工作总结》等。非公文式标题则比较灵活，有的为双行标题，如《增强体质，全面贯彻执行教育方针——开展多种形式的体育活动》，有的为单行标题，如《推动人才交流，培植人才资源》等。

2. 正文。

(1)前言。前言是总结起始的段落。一般要简明扼要地概述基本情况，交代背景。其目的在于让读者对总结的全文有一个概括的了解。这部分可以按照时间顺序概述，也可以按照工作内容概述，不宜过多，可以起到提示全文的总纲作用。

(2)主体。这是总结的核心部分，其内容包括做法和体会、成绩和问题、经验和教训等。这一部分要求在全面回顾工作情况的基础上，深刻、透彻地分析取得成绩的原因、条件、做法以及存在问题的根源和教训，揭示工作中带有规律性的东西。回顾要全面，分析要透彻。不同类型的总结，内容要有所侧重，全面性总结的主体包括两个层次，即成绩和经验，存在的问题和教训；对于一般性的工作总结，重点应放在成绩和经验上。

总结正文的结构，主要采用逻辑结构形式。全面性总结根据过去一段工作中的成绩和问题，或者经验和教训的内在联系去组织材料。专题性总结以经验为轴心去组织材料。

(3)结尾。结尾要精练、简洁。可以概述全文，可以说明好经验带来的效果，可以提出今后努力的方向或改进意见。

3. 署名。署名要写在结尾的右下方，在署名下边写上时间。如果为了突出单位，可以把单位名称写在标题下边，这里则只写日期。

五、工作总结的注意要点

要想写好财务工作总结，必须注意以下几点：

1. 要善于抓重点。财务工作涉及本单位工作的很多方面，但总结不能不分主次、面面俱到，而必须抓住重点。所谓重点，是指工作中取得的主要经验，或发现的主要问题和探索出来的客观规律。

2. 要写得有特色。特色，是区别其他事物的属性。单位不同，成绩各异。同一家单位当年的总结与往年也应该有所不同。有些单位几年的总结都比较类似，内容差不多，只是换了某些数字。这样的总结，缺少实际价值。

总结经验是提高自己的重要方法。任何单位或个人在开展工作时都有一套不同于别人的方法，经验体会也各有不同。写总结时，在充分占有材料的基础上，要认真分析、比较，找出重点。

3. 要注意观点与材料统一。总结中的经验体会是从实际工作中，也就是从大量事实材料中提炼出来的。经验体会一旦形成，要选择必要的材料予以说明，经验体会才能“立”起来，具有实用价值。这就是观点与材料的统一。但常见的一些经验总结往往不注意这一点，而是把材料和观点割裂，讲材料的时候没有观点，讲观点的时候没有材料，材料和观点互不联系。

4. 要实事求是。写工作总结时，常常出现两种倾向：一种是好大喜功，搞浮夸，只讲成绩，不谈问题；另一种是将总结写成了“检讨书”，把工作说得一无是处。这两种都不是实事求是的态度。总结的特点之一是“回顾的理论性”，在如实地、一分为二地分析和评价自己的工作时，对成绩不要夸大，对问题也不要轻描淡写。

5. 语言要准确、简明。总结的文字要做到判断明确，就必须用词准确，举例确凿，实事求是。简明则是要求在阐述观点时，做到概括与具体相结合，要言不烦，切忌笼统、累赘，要做到文字朴实，简洁明了。

第七节　年度财务报告

参考范文

【范例1】电子集团年度财务报告

××电子(集团)股份有限公司

20××年年度会计报告

一、年度业绩摘要

××电子(集团)股份有限公司董事局将××会计师事务所审计本集团20××年度(自20××年×月×日至20××年×月×日止)经营业绩报告如下。

二、年度股利

根据本集团公司章程的相关规定,为充分顾及股东权益和支持公司发展,本集团董事局建议对20××年度税后利润及20××年×月至×月滚存之税后利润人民币××元,共计人民币××元做出利润分配及分红派息如下。

1. 税后利润分配比例及金额。

公益金××%,计RMB××元。

公积金××%,计RMB××元。

分红基金××%,计RMB××元。

2. 分红派息方案。

本董事局建议20××年度连同20××年可分配利润共每股××元,分别以现金和送红股的方式派付,其中:

(1)每股拟派现金××元,共派现金××元。

(2)每股拟送红股××元(每××股送××股),共派红股××股。

此外,未分配利润××元,拟留待下次分红时一并派付。

此方案经本届股东大会审议通过，报主管机关批准后执行。

三、业务回顾

1. 主要工作。20××年，本集团在广大股东的支持和董事局的领导下，充分利用股份制改造和股票上市的契机，围绕规范管理，备战“××”，改善品质，拓展市场，提高经济效益等方面，积极开展各项工作。

(1)严格按照国际惯例完成了股份化改造和股票发行，年初本公司A、B股同时在××证券交易所上市交易。

(2)在资产评估、分割的基础上，本集团已将××中心、××厂、××厂、××设备厂等分立为独立核算，自主经营，享有中外合资企业待遇和法人地位的子公司。在××、××、××等重点城市建立了全资附属的经营销售部，并积极筹建××、××等加工出口基地，使集团化扩张取得了实质性进展。

(3)为发展规模经济，本集团投资兴建×层计××万平方米的工业大厦竣工启用，使厂房面积增加一倍。在此基础上，20××年先后投资××万元人民币，引进更新生产线等国外先进仪器设备××台(套)。现已有××条××装配生产线和××厂、××厂投产，使××设计年产能力扩大到××万台，综合年产能力提高约××%。

(4)坚持“×××”的产品发展原则，××致力于××、××、××、××线路等新产品开发生产。××机于20××年×月在全国首家通过部级生产定型鉴定，成为我国具备大批量生产××机能力的标志。一年来，本集团共生产新品种、新款式××种，完成工业总产值××亿元人民币，比20××年增长××%；整机总产量达××万台，创历史最高纪录，其中产品出口××万台，占总产量××%。

(5)为提高产品质量，拓展海内外市场。本集团全面推行了以ISO 9000国际质量标准体系为中心的现代化管理。20××年产品整机合格率提高到××%。同时，在全国开辟了数十个新市场，采取“×××，×××，×××”的全新服务，有效地扩大了××产品的市场占有率。

(6)积极稳健地涉足××开发和第三产业，在××市××县签订了合作开发××亩××的合同。

此外，本集团大力加强企业文化建设，各项工作取得可喜成绩，得到社会各界的广泛赞誉。一年来，共获得“×××”“×××”“××市经济效益十佳企业”等荣誉达××多项。

2. 招股资金运用情况。20××年初，本集团首次发行A、B股共××万股，扣减发行费用后溢价净收入折合人民币××元。经上届股东大会批准，本集团按照招股说明书所载之用款计划，已将全部股金审慎投入使用，其中：

(1)兴建××工业大厦RMB×××万元。

(2)还农行、建行、工商行流动资金贷款RMB×××万元。

(3)投资×××营销分公司RMB×××万元。

(4)筹建××分厂RMB×××万元。

(5)更新和增添生产、检测仪器设备RMB×××万元。

(6)补充生产流动资金RMB×××万元。

四、主要股东权益变动情况

根据××证券登记有限公司提供的资料，截至20××年×月×日，持本集团股票前十名股东之情形：(略)。

此外，本集团董事局高层管理者持有××股的情况无变化。

五、重要事项

1. 20××年×月，本集团与××电视机厂签订了在××市合资兴办“×××实业有限公司”的合同，该公司注册资金为人民币×××万元，本集团占股份××%，需投资人民币×××万元；××电视机厂占股份××%。

2. 在××市××镇购置用地××万平方米，已付订金人民币××万元，计划投资兴建集工技贸为一体的“××电子城”。20××年×月，本集团已在××镇租用厂房，安装八条插件生产线并正式投产，目前已有近××名员工边生产边接受培训。

3. 新建××技术开发中心、××设备厂、××模具厂、××塑胶厂、××电子(集团)股份有限公司××分厂等××家全资下属企业。

六、盈利预测说明

1. 本集团经中国注册会计师事务所签证的20××年盈利预测计划，税后利润为×××万元，截至20××年×月×日实际完成税后利润×××万元，超额完成计划×%，每股盈利从计划的××元提高到××元。

2. 本集团20××年溢利预测是××会计师事务所根据审定本集团

20××年度财务报表及结合本集团20××年度经营业务发展计划并根据有关法规和制度编制而成的。其中，将完成销售收入×××万元人民币，利润总额××万元人民币，税后利润（已扣少数股东权益）××万元人民币。如无意外情况发生，本董事局对实现20××年度预测利润目标充满信心，并力争更上一层楼。

七、展望

20××年，本集团即将面临"××"后承受国内外市场激烈竞争的挑战，尽管董事局坚信，××作为产品年均××%以上出口的外向型企业，"××"显然利大于弊。但集团公司上下仍将保持清醒的头脑，以自信、务实和超前应战的精神，把握好"××"的历史性发展机遇，充分发挥传统的电子产品制造的优势，坚持以市场为导向，以科技为依托，不断巩固和拓宽产品内外销售渠道，努力提高市场占有率和经济效益；加快产品结构性调整，大力开发技术含量高、附加值大的大功能××及××机等新产品；进一步扩大规模经济，20××年计划完成工业总产值××亿元，整机总产量××万台；要抓紧××厂首期基建施工，为近一两年内尽快上项目、上规模、上效益创造条件；继续全力推行ISO 9000国际质量标准体系，确保今年上半年夺取进军国际市场的"××通行证"，促进外向型经济向纵深发展；坚持一业为主，多种经营的方针，抓住有利时机加快突破行业、突破区域的多元化发展步伐，当前，要加快开发××度假村的进度。把本公司办成总部设在××，具有规模经济的竞争性企业集团。

借此机会，本集团董事局对全体员工一年来之辛勤工作及全体股东和政府、社会各界的信赖与支持，深表谢意。

××电子（集团）股份有限公司董事局

中国×××市

20××年×月×日

写作要领

一、年度财务报告概述

年度财务报告是企业向有关方面和国家有关部门提供财务状况和经营

成果等信息的一种报告类的文书。

二、年度财务报告的写作格式

1. 标题。标题通常是分析名称加报告年度加会计报告组成。

2. 正文。

(1)资产负债表。

(2)财务状况变动表。

(3)利润表(损益表)。

(4)利润分配表。

3. 落款。署明编制报告的单位名称及时间。

第八节　查账报告书

参考范文

【范例1】报表查账报告书

查账报告书

×××(委托人名称):

本注册会计师根据你单位同意的××字××号委托书要求,对××××(单位名称)20××年×月×日资产负债表(或资金平衡表)和到该日截止的本年度利润表、财务状况变动表进行了检查验证,其中资产负债表中的期初数和利润表中的上期数等比较资料,已由本注册会计师(或其他注册会计师)检查验证。在检查验证中,我们根据有关法律、行政法规、财务会计制度和《注册会计师检查验证会计报表规则(试行)》的规定,结合××××(单位名称)的具体情况,实施了检查内部管理制度遵守情况和数据记录真实情况等必要的查账验证程序。

我们认为,××××(单位名称)的上述会计报表符合《中华人民共和国

×××会计制度》的规定,恰当地反映了××××(单位名称)本年度末财务状况及本年度经营成果和资金变动情况。有关会计事项的处理方法、会计报表各项目的分类及编制方法与前期一致。

注册会计师(签章)
××会计师事务所(印章)
20××年×月×日

【范例2】违纪查账报告书

查账报告书

查本公司所属________厂违反财经纪律一事,经公司决定,由财务审计部门和政工部门联合进行检查。除政治思想、领导作风方面另有报告外,兹将查核该厂账目凭证中涉及财经纪律的问题报告如下:

一、违反价格政策,商品变相涨价:该厂生产的甲种产品,分为一、二两级,均由商业部门统购统销,核定出厂价为一级每百斤________元,二级每百斤________元。自________月起,该厂以生产特级产品为名,报请核价为每百斤________元。经查阅原料配方,核计原料成本,所谓"特级",实系原来的一级。自________月到________月止,共生产________万斤,每百斤提价________元,获得额外利润________元。同时又降低一、二两级产品的质量,以显示"特级"的质量。从原料配方中查明,由于改变原料成分,一级产品的原料成本每百斤降低________元,二级产品每百斤降低________元。从________月到________月,生产一级产品________万斤,二级产品________万斤从原料成本的降低中,取得额外利润________万元。

按该厂________年计划利润为________万元,实际为________万元,减除变相涨价取得的利润________万元,实际利润________万元,完成计划的________%左右,但按________元计算,则超额了________%,并由此取得超计划利润留成________元。

二、超过制度规定,滥发奖金:该厂取得上述超计划利润提成后,就以奖金不封顶为名,给全厂职工________人每人增奖金________元。其余________万元,虽已转作职工福利基金,但于________年________月间委托________

____厂加工________型________产品________只，按出厂价________元计算，该厂即以半价售与职工，每人一台，不足之款________万元，在职工福利基金项下列支，把变相涨价取得而留成的钱，转发给个人。

三、在商品的销售上，搞不正之风：从销售发票上查明，该厂在商品销售上有慷国家之慨，与有关企业搞互利的情况。如代该厂加工________产品的________厂，就从该厂购买特级产品________斤，但按二级产品的出厂价计算，其他以类似方式售与各关系户的商品也在________斤左右，使国家损失税利达________万元左右。

上述各点，充分说明该厂领导思想上不重视遵守财经纪律。从财会工作方面来说，没有尽到财务监督的责任。对于商品变相涨价、滥发奖金、折价售与关系户等，财会人员事前既未抵制，事后也不向上级反映，反而在财务报告的说明中，夸耀企业经营成绩与财务成果，对于企业以不正当的手法获得额外利润，却只字不提，明显有失职之处。为了制止今后发生类似事件，发挥财会工作的监督作用，拟请组织上派员加强该厂财会领导工作。至于已发的奖金，涉及职工群众利益的问题，应如何处理，请领导研究决定。

________公司财会部查账员

________年________月________日

写作要领

一、查账报告概述

查账验证报告（简称查账报告），指注册会计师完成对会计报表查账验证之后出具的报告。它用于证明某单位会计事项的处理和会计报表的反映是否符合国家法律、行政法规、财务会计制度的规定和有关协议、合同、章程的要求，以及是否真实地反映了某单位的财务状况、经营成果和资金变动情况。

二、查账报告的写作格式

查账报告的基本结构包括标题、主送机关、正文、附件和落款五个部分。

1. 标题。标题有两种类型：一是“查账报告”；二是由会计（审计）师事务所的名称、查验的范围、内容和文种构成，如“北京××会计师事务所关于

××××年度财务决算代理审查验证报告”。

2. 主送机关。主送机关在标题下一行,左端顶格写委托单位名称。

3. 正文。该部分分别叙述“范围段”“说明段”和“意见段”的内容。

4. 附件。附件的内容主要包括:完成检查验证的主要会计报表或调整后的会计报表;对会计事项和会计报表项目的调查说明;查账验证过程中发现的不便在查账报告中说明的问题;对报告内容所做的其他解释;注册会计师提出的管理建议书;委托人要求随附的其他资料等。

5. 落款。落款有注册会计师的签字、会计(审计)师事务所名称、印章和查账报告日。查账报告日是注册会计师完成实地查账验证工作的日期,而不是某单位会计报表截止日或查账报告完稿或印发日期。

第九节 审计报告

参考范文

【范例1】年度财务收支审计报告

关于××市日杂公司20××年度财务收支的审计报告

××市审计局:

根据××审综字〔××××〕×号审计计划安排,审计小组于20××年×月×日至×月×日,对××市日用杂品公司20××年度财务收支进行了就地审计。审计总金额为×××万元,违纪总金额为×万元。应缴金额为×万元。现将审计结果报告如下。

一、基本情况

××市日用杂品公司是××市供销社所属中型企业。20××年度与市供销社签订承包合同,实行利润递增包干。公司下属××个独立核算单位。

该公司于20××年×月由行政管理型公司变成了经济实体公司(由原日杂采购站和生活采购站合并而成)。现分为××个业务经营科室和××

个行政职能科室。主营日用杂品、兼营五交化及家用电器、家具等。现有职工××人，固定资产××万元，自有流动资金××万元。全年销售额×××万元，实现利润总额××万元。

二、发现的问题

1. 弄虚作假套取资金，给××路仓库发奖金×千元。20××年末，市日杂公司决定日杂站和生活站给××路仓库（都是公司所属独立核算单位）承担××元劳动分红奖。该款应该在税后留利中支付，而两站采取弄虚作假的手段，在20××年×月分别用转账支票，从销售款中套出现金给仓库，分别用仓库开出的两张×千元"××"假发票列入费用，该仓库没有入账，直接给职工发奖金，严重违反了《国有企业成本管理条例》和《现金管理暂行条例》。

2. 挪用流动资金××万元，建造营业楼。该公司××日杂大楼属于用自筹资金搞的基建项目。由于专项贷款不足，20××年从日杂和生活两站借用流动资金××万元，扣除两站20××年×月来自有资金账面余额×万元，实际挪用××万元用于基本建设。

3. 挪用流动资金×千元，为职工买有奖储蓄。该公司动用现金和转账支票（流动资金），从农行买有奖储蓄×千元。其中，生活站20××年×月和×月共买×××元，日杂站20××年×月和20××年×月共买×××元。此款存期为×年，利息以中奖形式支付。现已全部还本。该储蓄应由职工个人承担，但公司一直挂在往来账上未扣回。收到的×××元中奖款，企业没有入账，直接给职工搞福利。

4. 鞭炮回扣收入款未进决算，随匿利润××元。该公司20××年末鞭炮回扣收入××挂账，未进当年决算。按年末鞭炮库存额×万元和厂方进货回扣率×%（最高）计算，库存应留回扣××元，实际多留了××元未进决算，影响了当年利润的真实性。

5. 截留出租收入列账外××元。该公司出租门前摊床一事，经查财会账目，没有反映有关租金收入。经多方查证和有关人员证实，租金由行政科收到。其中，20××年×月到×月收入×××元。20××年×月至×月收入×××元，分别在保卫科和行政科有关人员手中。

三、处理意见

1. 对该公司弄虚作假套取现金给××路仓库发放奖金×千元问题，根据《国务院关于违反财政法规处罚的暂行规定》第五条第一款和《现金管理暂行条例实施细则》第二十条第十款的具体规定,应将违纪金额全部收缴,并处以××%罚款。合计应缴金额×千元。

2. 对挪用流动资金××万元建造营业楼问题,根据《国务院关于违反财政法规处罚的暂行规定》第五条第四款和第九条,应调整账目归还原资金渠道,并按违纪额的××%罚款×××元。

3. 对挪用流动资金×千元为职工买有奖储蓄的问题,根据《国务院关于违反财政法规处罚的暂行规定》第九条,按违纪额××%罚款××元,中奖×××元全额上缴,合计应缴金额×××元。

4. 对截留鞭炮回扣收××元,隐匿利润问题,根据《国务院关于违反财政法规处罚的暂行规定》第五条第四款和第六条,调整有关账目,并按违纪额的××%罚款××元。

5. 对截留出租摊床收入列账外××元问题,根据国务院有关文件规定,应全额上缴。

四、建议

针对审计中发现的问题,提出以下建议:该公司有关领导及财会科,今后应严格执行会计法,遵守财经法规,实事求是地处理各项经济业务;合理使用资金,认真贯彻专款专用的原则,加强会计基础工作,提高财会人员素质,按财务制度规定,正确摊提各项费用。如实、准确地反映企业财务成果。

附件:(略)

××审计处审计小组
组长:×××(签名)
20××年×月×日

【范例2】全面审计报告

关于对××县罐头厂全面审计的报告

××市审计局:

根据省市审计会议的部署精神,县审计局于20××年×月×日至×日,对本县唯一的亏损户××县罐头厂20××年×月至×月的全部会计凭证、账表进行了全面审计。查实的主要问题和处理意见如下。

一、审计结果

该厂20××年×～×月经营管理情况不好，损失浪费×万元，“两清”损失多报×万元，不合理占用资金×万元，漏提税款×万元，做厂服挂账占用资金×万元。在管理岗位上责任制不落实，对车间、科室签订的合同不兑现等，没有摆脱“×××”的局面。

二、情况说明

1. 浪费损失严重（略）。

2.“两清”时多报包装物掉库损失（略）。

3. 不合理占用资金（略）。

4. 样品费用开支过多（略）。

5. 漏计税款（略）。

6. 做厂服占用资金（略）。

7. 手续制度不健全（略）。

8. 经济责任制不落实（略）。

三、对该厂问题的处理意见

1. 该厂的浪费损失主要是经营管理不善造成的，问题严重。为达到教育全县的目的，促进各行各业加强经营管理，减少或避免损失，请政府批转这份报告，通报全县。

2. 建议其主管公司派专人对厂领导班子进行整顿，摆问题，查原因，落实领导责任制，端正经营思想。

3. 对“两清”损失要重新认真清理，其中多报的掉库损失要做调账处理。

4. 健全资金管理制度，应收销货款×万元，要逐笔落实清回；如果清不回的呆账损失，要报告主管局、财政和税务研究处理。

5. 加强基本建设的计划管理，今后要杜绝基建超支，对现在已超支的部分要提出处理意见，报主管局、财政和税务研究处理。

6. 少提税款×万元，××月补缴。

7. 做厂服占用的资金，要根据县政府规定办理。

8. 严格控制样品费用，必须发出的样品要及时地反映在账上，不能搞账外管理样品。

9. 加强物资管理和财务管理。物资要按月清点，严格出入库手续，建立严密的物资管理制度。财务要全面核算，包装物的押金账要分户记载，专人管理,逐户清理以前的包装物押金账,清不回来的要说明原因。报告主管局和财税部门,如实反映,制止有数无实的做法。

××县审计局×××审计小组
审计员×××(章)
×××(章)
20××年×月×日

写作要领

一、审计报告概述

审计报告是指审计人员对被审单位的经济活动、财政财务管理情况、执行国家有关财经政策和法规情况等的审计过程、结论和处理意见,上报上级审计机关所做的书面报告。

审计报告对审计内容有评判或认定的作用,对存在问题的解决有建设性指导作用。它是审计机关制作审计意见书和审计决定的依据。审计报告可据以证明被审计单位的财务状况、经营成果、偿债能力、投资效益以及企业负责人履行职责情况,也可供被审计单位的上级主管部门据以判断其经济效益的业绩,司法机关还可据以办理经济案件。

二、审计报告的特点

1. 审计报告具有上行文的特点。它是审计人员向上级机关报告审计过程、审计结果和处理意见的文书。其内容要求具体、细致、完整,以便上级机关掌握情况,做出处理决定。

2. 审计报告具有审视性与客观性。审计报告对被审单位是一种检查、审视、稽核、评判和处理的态度,又是一种客观、公正的态度。审视在于发现问题,客观在于科学、公正。

3. 审计报告具有一定的保密性。审计报告多数涉及国家的政策和经济指标,涉及具体经济问题及对具体单位、人员的处理。因此,对有些内容需要在一定的期限或一定的范围内予以保密。

三、审计报告的种类

1. 按审计范围和内容划分。

(1)综合性审计报告。指对被审单位的全部经营活动和工作部门作全面审计的报告,是对被审单位的情况的整体性反映。

(2)专题性审计报告。指对某些专项内容而作的审计报告,常见的有三种:一是财务审计报告,即检查经济单位财务收支及结果的准确性、真实性和有效性的审计报告;二是效益审计报告,即检查其经济效益情况,如成本高低、投资效益等的审计报告;三是财经法纪审计报告,即检查各种财经和有关经济法规遵守情况的审计报告。

2. 按执行审计任务的机构或人员划分。

(1)内部审计报告。指一家单位或部门的内部审计机构和人员对本单位进行审计工作的报告。因易受本单位各种关系的干扰,所以有一定的局限性,其权威性、法律性较差。

(2)外部审计报告。即由专门独立的审计机关对某单位进行审计所做的报告。这种报告具有很高的权威性和法律性,不易受各种社会关系的干扰,比较客观、公正。

四、审计报告的写作格式

1. 标题。由审计机关名称、审计的对象或内容与文种名称三部分构成。如《××市审计局对×××厂流动资金使用的审计报告》。

2. 报送单位名称。即上级审计机关名称。

3. 前言。对审计工作概况做介绍。包括介绍审计机关或人员、审计的时间、经过、任务、范围、目的、目标和重点等情况。

例如,受贵公司委托,根据中国证券监督管理委员会《上市公司新股发行管理办法》的要求,对贵公司截至20××年×月×日前的前次募集资金投入使用情况进行了专项审核。贵公司董事会的责任是提供真实、合法和完整的实物证据、原始书面材料、副本材料或口头证言等,我们的责任是在进行了审慎调查后,根据在审核过程中所取得的材料而发表审核意见。在审核过程中,我们参照《中国注册会计师独立审计准则》规定的原则,结合贵公司的实际情况,实施了包括抽查会计记录等我们认为必要的审核程序。

这是由注册会计师所做的审计报告。

4. 正文。

(1)审计对象的基本情况。简要介绍被审计单位的情况,如单位性质、经济活动状况等,必要时对会计业务、会计组织和会计统计资料做有针对性的介绍。

(2)审计中的问题。对审计对象存在的“问题”做重点分析,如漏缴奖金税、流动资金使用不当、报表和实际不符等问题,应以准确、充实、确凿的事实资料说话,并对问题的来龙去脉、各种因素交代分析清楚。有的单位若无“问题”,该部分自然略去。

例如,通过这次审计,我们发现的主要问题是:

第一,原始凭证不合格共六笔,合计金额××元(略)。

第二,会计科目处理不正确,共四笔,合计金额××元(略)。

第三,执行财经制度不严格,共四笔,合计金额××元(略)。

第四,出纳工作距制度标准仍有一定的差距,主要表现是:

A. 加工区、加工厂的对账情况(略)。

B. 对财务科、器材科、财务组、出纳工作的核查(略)。

C. 对财务科核查出纳工作情况(略)。

(3)审计的结论。对问题进行深刻的剖析后,做出与事实相吻合的审计结论,或认定成绩,或指出问题的性质。

(4)审计的意见或建议。对审出的问题和做出的结论,提出对被审计单位的处理意见,为审计机关最终形成审计决议奠定基础;或对被审单位今后经济工作的完善提出合理建议。

例如,请公司财务科,在上半年财务决算后选择适当时间,召开由财务组长及有关人员参加的专门会议,通报本次财务收支审计结果。并针对审计出的问题,提出相应具体的整改措施。

建议公司财务科在三季度组织一次工作检查与交流,总结目前会计管理工作上的经验与问题,结合会计二级标准,查找自身管理上的缺陷,使会计管理工作不断得到加强与完善,以适应企业深化改革的需要。

5. 尾部。包括审计中附件的名称、份数,审计人员或机关的署名、印章,报告时间等。

五、审计报告的写作要点

1. 审计报告的制作应当严格依法。在制作程序、文书的内容上应当依照《审计法》的规定进行。必须维护国家的政策法令，并以此为依据实施审计监督，进行评价。审计组向审计机关提出审计报告前，应当征求被审计单位意见。

2. 遵循保密性的原则。审计文书，特别是审计业务公文，大多数是涉及国家的政策和经济指标，涉及具体经济问题及对具体单位、人员的处理情况的。因此，对有些内容需要在一定的期限或一定的范围内予以保密。

3. 要处理好文字与表格的关系。审计报告主体部分的表述形式，常见的有以下四种：

（1）叙述式。将被审计单位即审计对象的几个具体问题，分段叙述，便于将审计事项逐个说清楚。这种形式适用于问题较多或情况较复杂的审计报告。

（2）条文式。将被审计单位的基本情况，审计中发现的问题、审计结论及建议等，按先后次序列出几条，简要说明清楚。这种形式适用于审计对象单一、情况不太复杂的审计项目。

（3）表格式。由审计机关事先设计出一整套审计报告的表格，列出被审计单位名称、审计对象、存在的问题、得出的结论、处理意见、审计人员姓名和所附证据等项目，在审计工作结束之后，由审计人员逐项填写清楚。这种形式便于阅读，编写较快。但有时需要制作附件，以补充说明具体问题的详细情况。

（4）综合式。既有详细叙述情况和分析问题的文字，又有归纳清楚的条文，还有反映全面或专项审查的图表。这种形式适合于被审计单位的各项经济活动需要进行全面审计的情况。

第六章 经济合同类文书写作

第一节 借款合同

参考范文

【范例1】私人借款合同

私人借款合同

借款人：__________ 电话：__________

住址：__________ 邮政编码：__________

贷款银行：__________ 电话：__________

法定代表人：__________ 传真：__________

地址：__________ 邮政编码：__________

借款人即抵押人（以下简称甲方）：__________

贷款人即抵押权人（以下简称乙方）：__________

保证人即售房单位（以下简称丙方）：__________

甲方因购买或建造或翻建或大修自有自住住房，根据________市公积金管理中心和《××住房抵押贷款办法》规定，向乙方申请借款，愿意以所购买或建修的住房作为抵押。乙方经审查同意发放贷款。在抵押住房的房地产权证交乙方收押之前，丙方愿意为甲方提供保证。为明确各自的权利和义务，甲、乙、丙三方遵照有关法律规定，经协商一致，订立本合同，共同遵守执行。

第一条 借款金额

甲方向乙方借款人民币（大写）________元。

第二条 借款用途

甲方借款用于购买、建造、翻建、大修坐落于________区（县）________街道（镇）路（村）________弄________号________室的住房。

第三条 借款期限

借款合同期限从________年________月________日至________年____
____月________日止。

第四条 贷款利率

贷款利率按签订本合同时公布的利率确定年利率为________%（月利率________%）。在借款期限内利率变更，按中国人民银行规定办理。

第五条 存入自筹资金

甲方应在本合同签订后，在乙方开立活期储蓄存款账户（储蓄卡账户），将自筹资金存入备用。如需动用甲方本人、同户成员、非同户配偶和非同户血亲公积金抵充自筹资金的，需提供当事人书面同意的证明，交乙方办理划款手续。甲方已将自筹资金支付给售房单位作首期房贷并有收据的可免存。

第六条 贷款拨付

向售房单位购买住房或通过房地产交易市场购买私房的甲方在此不可撤销地授权乙方，在办理住房抵押登记获得认同（乙方确定）之日起的五个营业日内将贷款金额连同存入的自筹资金全数以甲方购房款的名义转入售房单位或房地产交易市场在银行开立的账户。

甲方建造、翻建、大修自住住房的，在本合同生效后自筹资金用完或将要用完时，有乙方主动将贷款资金划入甲方在乙方开立的活期储蓄存款户储蓄卡账户，按工程进度支用。

第七条 贷款偿还

贷款本金和利息，采用按月等额还款方式。

贷款从发放的次月起按月还本付息。根据等额还款的计算公式计算每月等额还贷款本息，去零进元确定每月还本息额，最后一次本息结清。

（1）第一期（合同签订时）每月还本息额为：人民币（大写）________万________仟________佰________拾________元整。

（2）第二期至以后各期每月还本息额根据当年银行公布的个人住房公积金贷款利率计算，以乙方书面通知为准，同时变动分期每月还本息额。

甲方需动用本人，同户成员，非同住配偶和直系血亲公积金用于偿还贷款本息的，可在每年的________月办理一次，手续与本合同第五条公积金抵充自筹资金相同。

甲方必须办理中国建设银行上海市分行储蓄卡、信用卡，委托乙方以自动转账方式还本付息的足额款项，存入储蓄卡账户或信用卡账户，保证乙方能够实施转账还款。

当因甲方原因造成用卡还款失败时，甲方必须持现金到原贷款经办行还款。

甲方提前将未到期贷款本金全部还清，乙方不计收提前还款手费，也不退回按原合同利率收取的贷款利息。

第八条　贷款担保

本合同项下甲方购买的住房由丙方提供阶段性保证。在未将房地产权证交乙方收押前，如发生借款人违约连续三个月拖欠贷款本息，罚息及相关费用，丙方须在接到乙方发出《履行保证责任通知书》后的十日内负责代为清偿。保证期限从贷款发生之日起，至乙方取得房地产权证收押之日为止。

保证期间，借款合同的甲、乙双方协议变更借款合同内容，应事先征得丙方的书面同意。

本合同项下甲方购买、建造、翻建、大修的住房作为借款的抵押担保，由甲、乙方另行签订《住房抵押合同》。甲方购买期房的，应将购房预售合同交乙方保管。

第九条　合同公证

甲、乙、丙三方自本合同签订之日起的十日内，向公证机关办理本合同和甲、乙方签订的住房抵押合同公证。

第十条　合同的变更和解除

本合同生效后，任何一方不得擅自变更和解除本合同。

甲方如将本合同项下的权利、义务转让给第三方，应符合有关规定，并应事先经一方书面同意（如在保证期间应征得丙方同意），其转让行为在受让方和乙方重新签订借款合同后生效。

第十一条　甲、乙双方的权利和义务

甲方有权要求乙方按合同约定发放贷款。

甲方必须按约定用途使用乙方贷款，未经乙方书面同意，甲方不得将乙方贷款挪作他用。

乙方应按合同规定期限及时发放贷款。

第十二条 违约责任

甲方在执行本合同期间,未按月偿还贷款本息为逾期贷款,乙方按规定对其欠款每天计收万分之________的罚息;并由甲方在活期储蓄或储蓄卡账户内存入一个月的贷款数,保证按时归还乙方贷款。

甲方如连续六个月未偿还贷款本息和相关费用,或被发现申请贷款时提供资料不实以及未经乙方书面同意擅自将抵押住房出租、出售、交换、赠予等方式处分抵押住房的,乙方有权提前收回贷款本息,直至处分抵押住房,如不足以偿还欠款的没有继续向甲方追偿欠款的权利。

甲方未将乙方贷款按合同约定使用而挪作他用,对挪用部分按规定每天计收万分之________的罚金。

第十三条 本合同争议解决方式

在履行本合同过程中发生争议时,可以通过协商解决,协商不成,可以向乙方所在的人民法院起诉。在协商或诉讼期间,本合同不涉及争议部分的条款,仍须履行。

第十四条 其他约定事项(略)

第十五条 本合同自甲、乙、丙三方签订后生效,丙方保证责任至甲方所购商品房的《房地产权证》和《房地产其他权证证明》交乙方执管后终止。甲、乙双方承担责任至合同项下贷款本息和相关费用全部清偿完毕后终止。

第十六条 本合同正本一式五份,甲、乙、丙各执一份,公证机关、房地产登记机构各执一份,副本按需确定,其中:送城市公积金管理中心一份。

甲方:(私章)	乙方:(私章)	丙方:(公章)
法定代表人(签字)	法定代表人(签章)	法定代表人(签章) (或其授权代理人)
____年____月____日	____年____月____	____年____月____日

【范例2】借款抵押合同

借款抵押合同

抵押人:____________

企业性质:____________

立协议人:____________

抵押权人:____________银行

为了明确抵押人与抵押权人各自责任、权益和义务,恪守信用,根据《中华人民共和国经济合同法》等有关法律、法规和《贷款抵押管理规定(试行)》,特签订本《抵押协议》,以兹共同遵守。

一、抵押人自愿以“抵押物清单”(附后)所列之财产设定抵押权,担保借款人________与银行于________年________月________日签订借款合同,按期履行债务偿还借款。该贷款种类为________,金额________万元,用于________________。贷款期限为________年________月至________年________月。借款合同编号为________。

二、当借款人不能依合同约定按期偿还借款时,抵押权人有权依照我国法律规定以抵押物折价或者以变卖抵押物的价款优先得到偿还。

三、抵押人对“抵押物清单”中所列财产依照国家法律规定拥有________(所有权或经营管理权),并在抵押期内将所有抵押财产的产权证书交由抵押权人占管。

四、________抵押物在此之前已设有抵押,抵押额为:________万元;抵押期限为________。

五、经双方协商此项抵押的抵押额为________万元,抵押率为________%,抵押期限为________年,随________号借款合同变更、解除或终止。抵押人在已设定抵押物的抵押价值额内不得重复抵押。在抵押价值额外再行设定抵押权的,应在再行设定抵押数之前书面通知抵押权人。

六、根据协商,双方占管抵押物采取下列方式:

1. 下列抵押物由抵押人占管、使用。

抵押物名称	型号	数量

2. 下列抵押物及有关文件由抵押权人占管。

抵押物名称	型号	面值	单位	数量

产权证书：________，共________件；

保险单：________，共________张；

保险金额：________万元；

证明文件：________，共________份。

3. 下列抵押物就地封存，不得使用。

抵押物名称	型号	数量

七、抵押人对自己占管的抵押物，在抵押期间负责维修、保养、保证抵押物的完好，并随时接受抵押权人的检查和验证。抵押人未征得抵押权人的书面同意，不得以出租、出售、转借等形式处分自己所占管的抵押物。抵押权人发现抵押人对所占管的抵押物保管不当或有减损其价值的行为时，抵押权人有权要求抵押人恢复原状或提供其他等价的财产充当抵押物。抵押人不予执行的，抵押权人可以停止发放新贷款或收回部分直至全部贷款。

八、抵押权人占管之抵押物，如因抵押权人过错造成抵押物及有关文件损坏、遗失的，由抵押权人承担责任并赔偿损失。

九、抵押权人占管、保管抵押物及有关文件、凭证，按照有关规定由抵押人向抵押权人交纳保管费________元，本协议生效后三十日内结清。

十、本抵押所保证的借款合同期满，借款人未按合同约定偿还全部贷款本息的，或在抵押期间抵押人依法被宣告破产的，抵押权人有权依照国家有关法律、法规采取________方式处分抵押物。处分抵押物所得价款，按下列顺序分配：

1. 支付处分抵押物所需费用（含税金）。

2. 支付抵押人欠交抵押权人占管抵押物的保管费用。

3. 偿还借款人所欠抵押权人全部贷款本息。

4. 支付应由借款人支付贷款银行的其他有关费用。

5. 清偿上述款项后所余金额交还抵押人。

处分抵押物所得金额不足以偿还借款人所欠抵押权人贷款本息的，抵押权人仍有权追索债务。

十一、借款人按借款合同规定偿还全部贷款本息后，抵押权人将自己占管的抵押物及有关文件退还抵押人。

十二、抵押人应按照规定办理抵押物的财产保险，保险期不得短于抵押期。保险费用由抵押人支付。抵押期间，抵押权人为抵押财产保险的第一受益人。如遇意外损失，财产保险赔偿首先交由抵押权人处理。

十三、抵押期间，各种抵押物的孳息归财产所有人或经营管理权人所有。

十四、其他约定：

1.（略）。

2.（略）。

3.（略）。

（说明：其他约定中应包括抵押期间财产保险赔偿处理方式和有价证券到期是否兑付等约定）

十五、双方当事人必须全面履行本《抵押协议》所规定的权利与义务，任何一方不得擅自变更或者解除。

十六、本《抵押协议》为________号借款合同的补充文件。一式________份，抵押人与抵押权人各执________份。

股份制企业、合资合营企业、承包经营企业董事会或发包人审核意见：

抵押人（公章）：________
法定代表人（签字）：________
______年______月______日

抵押权人（公章）：________
法定代表人（签字）：________
______年______月______日

写作要领

一、借款合同概述

借款合同是当事人一方将一定种类和数额的货币的所有权转移给他方，他方于一定期限内返还同种类、同数额货币的合同。其中，提供货币的一方称贷款人，受领货币的一方称借款人。

二、借款合同的特点

1. 借款合同的标的物是金钱。因此，借款合同通常只会发生迟延履行，不会发生不能履行。

2. 借款合同通常为有偿合同（有息借款），但也可以是无偿合同（无息借款）。

3. 借款合同通常为要式合同，应当采用书面形式，但自然人之间签订的借款合同的形式可以由当事人双方约定。

三、借款合同陷阱防范

签订借款合同时可能出现的一些陷阱，要注意防范。

1. 有的人在借款合同上只签字不盖章，或者加盖没有法律效力的印章。所以，签订借款合同时要核实印章与借款人是否一致。盖章单位的印章应该与单位的名称保持一致，法人代表或委托代理人应在合同上签字或者加盖私章。签字或盖章都必须清晰可辨。

2. 借款人故意不写自己的全称或漏写，导致借款人与实际用款人不一致。所以，在签订合同时，必须要求借款人写全称，并与营业执照和印章比照。

3. 担保和抵押不实。担保是还款的保证，必须认真核查；保证人则必须有担保的资格和经济实力，保证的种类要加以明确；抵押物必须是国家许可抵押并且容易变现的财产。

4. 有的借款人在填写还贷来源时作弊，造成还款困难。所以，签订借款合同时要着重审查还款来源。

5. 有的人在填写借款合同中的违约责任条款时，模糊填写自己的违约责任，或者增加履行违约责任的条件和时限。所以，在签订借款合同时，要对违约情况加以细分，有针对性地确定不同情况下的违约责任。对合同中写明的或者潜在的对方违约责任的条件和时限，要格外注意。

另外，在签订借款合同时，还有许多需要注意的细节问题。例如，合同签订后，如果需要对其中的个别文字进行订正，应该经过双方一致同意，并在订正处加盖各自的公章并注明修订的日期，等等。

第二节　运输合同

参考范文

【范例1】汽车货物运输合同

汽车货物运输合同

甲方(托运人):____________

地址:____________

乙方(承运人):____________

地址:____________　　驾驶证编号:____________

车牌号码:____________

甲、乙双方在平等、互利、协商一致的基础上,依据《合同法》等法律、法规规定,就货物运输等问题达成如下一致协议。

一、合同期限:本合同履行期限从________年________月________日至本次运输货物卸车完成为止。

二、在上述合同期限内,甲方委托乙方运输货物,运输方式为汽车公路运输。

货物运输名称:____________

数量:____________

价值:____________

运费:____________

到货地点:____________

收货人:____________

运输期限:____________

三、甲方的权利、义务。

1. 按照国家规定的标准对货物进行包装,没有统一规定包装标准的,应根据保证货物运输的原则进行包装，甲方货物包装不符合上述要求，乙方应向甲方提出，甲方不予更正的，乙方可拒绝起运。

2. 按照双方约定的标准和时间向乙方支付运费。

四、乙方的权利、义务。

1. 按照甲方的要求，在规定的期限内，将货物运到甲方指定的地点，交给甲方指定的收货人。

2. 承运的货物要负责安全，保证货物无短缺、无损坏，如出现此类问题，应承担赔偿义务。

3. 乙方在将货物交给收货人时，应向其索要收货凭证或收取货款，在返回后，应将其收取的货款或收货凭证及时交付给甲方。

4. 乙方对甲方交付承运的货物负有安全保护义务，若运输途中发生货物被盗、毁损、雨淋等，乙方应承担赔偿责任。

5. 在运输过程中发生的事故由乙方自己负责。

五、运输费用运输完毕一次性结清。

六、由于本合同发生纠纷双方可以协商解决，如不能协商，双方都可向甲方所在地人民法院提起诉讼。

七、本协议未尽事宜，可以签订补充协议，补充协议与本协议有抵触之处，以补充协议为准。

本协议一式两份，由甲、乙双方各执一份，自双方签字、盖章后生效，每份协议均有同等法律效力。

收货联系电话：____________

甲方（签章）：____________　　乙方（签章）：____________

______年______月______日　　______年______月______日

【范例2】公路货物运输合同

公路货物运输合同

甲方（托运方）：________　　乙方（承运方）：________

法定代表人：________　　法定代表人：________

职务：________　　职务：________

地址:________　　　　　　　　地址:________
邮政编码:________　　　　　　邮政编码:________
电话:________　　　　　　　　电话:________
开户银行:________　　　　　　开户银行:________
账号:________　　　　　　　　账号:________

甲方委托乙方公路运输甲方托运的货物,根据国家有关运输规定,经双方充分协商,特订立本合同,以便共同遵守。

第一条　货物名称、规格、数量、价款为:________________________。

第二条　包装要求

甲方必须按照国家主管机关规定的标准包装;没有统一规定包装标准的,应根据保证货物运输安全的原则进行包装,否则乙方有权拒绝承运。

第三条　货物起运地点

货物到达地点约定为:________________________________。

第四条　货物承运日期

货物运到期限约定为:________________________________。

第五条　运输质量及安全要求:____________________________。

第六条　货物装卸责任和方法:____________________________。

第七条　收货人领取货物及验收办法:________________________。

第八条　运输费用、结算方式约定为:________________________。

第九条　甲方权利义务

1. 甲方权利:要求乙方按照合同规定的时间、地点把货物运输到目的地。货物托运后,甲方需要变更到货地点或收货人,或者取消托运时,有权向乙方提出变更合同的内容或解除合同的要求,但必须在货物未运到目的地之前通知乙方,并应按有关规定付给乙方所需费用。

2. 甲方义务:按约定向乙方交付运杂费,否则乙方有权停止运输,并要求对方支付违约金。甲方对托运的货物应按照规定的标准进行包装,遵守有关危险品运输的规定,按照合同中规定的时间和数量交付托运货物。

第十条　乙方权利义务

1. 乙方权利:向甲方、收货方收取运杂费用。如果收货方不交或不按时交纳规定的各种运杂费用,乙方对其货物有扣压权。查不到收货人或收货人拒绝提取货物时，乙方应及时与甲方联系，在规定期限内负责保管并有权收取保管费用，对于超过规定期限仍无法交付的货物，乙方有权按有关规定予以处理。

2. 乙方义务：在合同规定的期限内将货物运到指定的地点，并按时向收货人发出货物到达通知。负责托运货物的安全，保证货物无短缺、无损坏、无人为因素造成的变质，如有上述问题，应承担赔偿义务。货物运达指定地点后，按规定的期限负责保管。

第十一条 收货人权利义务

1. 收货人权利：货物运达指定地点后，有以凭证领取货物的权利。必要时，收货人有权向到站或中途货物所在站提出变更到站或变更收货人的要求，并签订变更协议。

2. 收货人义务：接到提货通知后应按时提取货物，缴清应付费用。超过规定时间提货时，应向承运人交付保管费。

第十二条 违约责任

1. 甲方责任：

(1)未按合同规定的时间和要求提供托运的货物，甲方应按其价值的________%偿付给乙方违约金。

(2)由于在普通货物中夹带、匿报危险货物，错报笨重货物重量等招致吊具断裂、货物摔损、吊机倾翻、爆炸、腐蚀等事故，甲方应承担赔偿责任。

(3)由于货物包装缺陷产生破损，致使其他货物或运输工具、机械设备被污染腐蚀、损坏，造成人身伤亡的，甲方应承担赔偿责任。

(4)在甲方专用线或在港、站公用线、专用线自装的货物，在到站卸货时，发现货物损坏、缺少，在车辆施封完好或无异状的情况下，甲方应赔偿收货人的损失。

(5)罐车发运货物，因未随车附带规格质量证明或化验报告，造成收货方无法卸货时，甲方应偿付乙方卸车等存费及违约金。

2. 乙方责任：

(1)不按合同规定的时间和要求配车、发运的，乙方应偿付甲方违约金________元。

(2)乙方如将货物错运到货地点或接货人，应无偿运至合同规定的到货地点或接货人。如果货物逾期到达，乙方应偿付逾期交货的违约金。

(3)运输过程中货物灭失、短少、变质、污染、损坏时，乙方应按货物的实际损失(包括包装费、运杂费)赔偿甲方。

(4)联运的货物发生灭失、短少、变质、污染、损坏，应由乙方承担赔偿责任的，由终点阶段的乙方向负有责任的其他乙方追偿。

(5)符合法律和合同规定条件下的运输，由于下列原因造成货物灭失、短少、变质、污染、损坏的，乙方不承担违约责任：

1)不可抗力。

2)货物本身的自然属性。

3)货物的合理损耗。

4)甲方或收货方本身的过错。

第十三条 争议解决

本合同在履行过程中发生的争议由双方协商解决，如协商不成，按下列第________种方式解决：

1. 提交________仲裁委员会仲裁。

2. 依法向人民法院起诉。

第十四条 其他约定事项：____。

第十五条 本合同自双方签字盖章之日起生效。本合同未尽事宜，按照《中华人民共和国合同法》等国家有关规定，经合同双方协商，做出补充规定附后。

本合同一式两份，合同双方各执一份。

甲方(签章)：________　　乙方(签章)：________

代表人：________　　代表人：________

______年______月______日　　______年______月______日

【范例3】搬运合同

搬运合同

甲方(托运方)：____________　　乙方(承运方)：____________

法定代表人：____________　　法定代表人：____________

职务:____________	职务:____________
地址:____________	地址:____________
邮政编码:____________	邮政编码:____________
电话:____________	电话:____________
开户银行:____________	开户银行:____________
账号:______________	账号:____________

经甲乙双方协商一致,甲方同意根据乙方估价单内容,委托乙方使用合法营业货车搬运甲方物品,并订立搬家货运合同条款如下:

第一条 搬运时间

________年________月________日________时到达起运地点搬运,预定于________年________月________日________时完成搬运。

第二条 搬运地址

起运地址:________;迄运地址:________。

乙方需依甲方的指示将承运货品搬运至指定位置。

第三条 搬运费采用如下第________种方式计算

1. 包价方式收费,总金额人民币________元。

2. 车次方式收费,每车次人民币________元,预估车次________次,视实际运送车次数计算费用,但总金额不得超过人民币________元。

采用车次方式收费的,乙方应按车辆的容积,以符合法律、法规规定的满载方式进行。

第四条 乙方应依本合同所约定的计价方式收费,不得借故加价或要求任何附加费用。有电梯的房屋,如电梯非因乙方过失无法正常使用时,除前条所约定的搬运费外,均依附件搬运作业估价单约定方式另行收费。

第五条 搬运费缴付方式

签约时预付定金人民币________元。余款人民币________元于搬迁作业完成经甲方确认后支付。乙方应签发收据给甲方。

第六条 使用车辆及电梯运送货物,应符合相关法律、法规规定,如有违规,由乙方负责。电梯的正常使用应由甲方事先确认。

第七条 乙方对于因搬运过程所致甲方物品的毁损、灭失或者造成其他损害的,应负赔偿责任。但因不可抗力,或因搬运物的性质,或因甲方及其受雇人的过失所造成的，不在此限。上述情形，甲方应于搬运完成后________日内告知乙方，如搬运物品有毁损、灭失不易发现的，应于搬运完成后________日内，将情况告知乙方。上述所定期限均扣除法定节假日。

第八条 甲方提交乙方运送的物品若有现金、有价证券、珠宝、贵重金属、美术品、古董或其他贵重物品时，除甲方于托运时报明其性质及价值的以外，乙方对于其毁损或灭失不负责任。但乙方有故意或过失的不在此限。甲方委托搬运的物品应无违禁品及危险物品。

第九条 乙方因搬运对第三人所发生的责任概由乙方负责。

第十条 甲方交付乙方搬运的物品，经甲方要求办理保险时，其费用由甲方负担。搬运期间，乙方人员餐饮差旅费、过桥费、通行费、油费等均由乙方负担。

第十一条 甲方如需变更搬运时间，应于约定搬运日期前________日通知乙方，否则甲方应另行支付乙方人民币________元的延迟费，但不得超过原估价总金额的________%。甲方因故解约的，乙方可请求不超过原估价总金额________%的赔偿金。

第十二条 乙方应于约定时间内将甲方委托搬运的物品送至甲方指定位置，乙方若未能于约定时间内办理或完成搬运作业，应赔偿甲方不超过原估价总金额________%的赔偿金。

第十三条 搬运作业进行中，因刮风、下雨、路况等因素以致未能完成的，由甲乙双方另定时间继续完成。

第十四条 搬运作业因乙方事由未能于约定时间内完成的，甲方可解除合同，要求乙方恢复原状，乙方应赔偿甲方不超过原估价总金额________%的赔偿金。因甲方事由致未能完成的，乙方可解除合同，按完成比例收取费用，并可请求不超过原估价总金额扣除按比例收取费用的余额________%的赔偿金。乙方依上述规定解除合同的，甲方可请求乙方恢复原状，其所需费用由甲方负担。但总金额不得超过原约定的搬运费。

第十五条 附件的搬运作业估价单为本合同的一部分。

第十六条 本合同在履行过程中发生的争议，由双方当事人协商解决，也可由有关部门调解解决；协商或调解不成的，按下列第________种方式解决：

1. 提交________仲裁委员会仲裁。

2. 向________人民法院起诉。

第十七条 本合同并同搬运作业估价单一式两份,甲乙双方各执一份,乙方不得借故收回。

第十八条 本合同未定事项,依政府相关法律、法规办理。

附件:(略)。

甲方(签章):________

代表人:________

______年______月______日

乙方(签章):________

代表人:________

______年______月______日

写作要领

一、运输合同的法律特点

1. 合同标的是运输行为。它不是被运送的旅客、货物,而是运输行为本身。因此,运输合同属于劳务合同。

2. 运输合同多是格式合同,一般具有标准合同的性质。运输合同的主要内容特别是运费等主要内容,都是由国家交通运输部门直接规定的,双方当事人无权通过约定予以变更。

3. 运输合同是有偿合同,并多为诺成性合同。

4. 货物运输合同的主体具有特殊性。货物运输合同的主体与一般合同关系的主体不同,除直接参与签订合同的委托人和承运人外,通常还有第三人,即收货人。

二、运输合同的分类

以运输的对象为标准,运输合同分为旅客运输合同和货物运输合同。旅客运输合同,是承运人与旅客关于承运人将旅客及其行李安全运输到目的地,旅客为此支付运费的协议。货运合同是指承运人将托运人交付的货物运送到约定地点,托运人支付运费的合同。

以运输工具为标准,运输合同可分为铁路运输合同、公路运输合同、航空运输合同、水上运输合同、海上运输合同及管道运输合同。

以承运人的多少为标准，运输合同可分为单一运输合同和联合运输合同。联运合同，是指当事人约定由两个或两个以上的承运人通过衔接运送，用同一凭证将货物运送到指定地点，托运人支付运输费用而订立的协议。联运合同包括单式联运合同和多式联运合同。

单式联运合同，是指当事人约定由两个或两个以上承运人以同一种运输方式将货物运至约定地点，托运人支付运费的货物运输合同。两个或两个以上承运人以同一运输方式联运的，与托运人订立合同的承运人应当对全程运输承担责任。

多式联运合同，是指多式联运经营人与托运人订立的、约定以两种或两种以上不同的运输方式、采用同一运输凭证将货物运输至约定地点的货物运输合同。

三、运输合同的写作要点

一般来说，运输合同应包含以下基本内容：

1. 托运人、收货人和承运人名称（姓名）、地址（住所）、电话、邮政编码。
2. 货物名称、性质、重量、数量、体积。
3. 装货地点、卸货地点、运距。
4. 货物的包装方式。
5. 承运日期和运到期限。
6. 运输质量与装卸责任。
7. 货物价值，是否保价、保险。
8. 运输费用的结算方式。
9. 违约责任。
10. 解决争议的方法等。

由于履行合同过程中会有许多不确定的因素出现，所以在签订合同的时候，条款要尽量做到合法、完备。

第三节　承揽合同

参考范文

【范例1】加工合同

加工合同

合同编号:________

签订地点:________　　　签订时间:______年______月______日

定作人:________

法定代表人:________　　　职务:________

地址:________　　　邮编:________

联系电话:________

承揽人:________

法定代表人:________　　　职务:________

地址:________　　　邮编:________

联系电话:________

定作人提供原材料委托承揽人加工________,经双方平等、友好协商,特订立本合同,以便共同遵守。

第一条　合同标的:加工物

加工物名称	规格型号	计量单位	数量	价款或酬金	
				单价	总价
合计人民币金额(大写):					

第二条 加工物的质量要求、技术标准(略)

加工物、需要封存样品的,应当由双方代表当面封签,并妥为保存,作为验收的依据。

第三条 定作人提供的原材料规格、数量、质量和期限

材料名称	规格型号	计量单位	数量	质量	提供日期	消耗定期	单价	总金额

第四条 承揽人对原材料的检验

承揽人应在定作人提供原材料之日起________日内根据合同规定的质量标准对原材料自行进行检验,或委托有关机构对原材料进行检验,定作人提供的原材料不符合要求的,承揽人应在检验结果出具之日起________日内通知定作人调换或补齐。承揽人没有按时对原材料检验或向定作人提出异议的,视为原材料符合要求。承揽人对定作人提供的原材料不得擅自更换。

第五条 定作人提供技术资料、图纸的时间、办法和保密要求

1. 定作人应当在________年________月________日之前向承揽人提供技术资料、图纸等。

2. 承揽人在依照定作人的技术资料、图纸进行工作期间,发现技术资料或图纸存在不合理的地方,应当及时通知定作人;定作人应当在________日内回复,提出修改意见。承揽人在规定的时间内未得到答复,有权停止工作,并及时通知定作人,因此造成的损失,由定作人赔偿。

3. 承揽人对于加工物的技术资料和图纸应当严格遵守保密义务,不得向任何第三方透漏,加工物完成后未经定作人许可不得留存技术资料、图纸和复制品。

第六条 承揽人委托第三人工作的事项

承揽人不可以(或可以)将加工物的主要工作交由第三人完成。如果允许第三人完成加工物的工作,该第三人(是/否)需要得到定作人的认可。

第七条 定作人协助承揽人的事项和要求(略)

第八条 加工物的交付方式、期限和地点

1. 承揽人应当在________年________月________日之前将加工物交付给定作人；或定作人应当在________年________月________日之前到承揽人处提取加工物。

任何一方要求提前或延期交(提)加工物，应当在事先与对方达成协议，并按协议执行。

2. 交(提)加工物日期的计算：承揽人交付加工物，自己运输的，以承揽人实际交付定作人的日期为准；交承运部门运输的，以承运部门签收的日期为准；定作人自提加工物的，以定作人实际提取的时间为准。

3. 承揽人自己运输交付加工物的，交付的地点为定作人的营业地或定作人指定的地点；交承运部门运输的，承运部门的营业地为交付地。定作人提取加工物的，交付地为承揽人营业地或加工物所在地。

4. 承揽人交付加工物的，运输费用由承揽人承担；定作人提取加工物的，运输费用由定作人承担。

第九条 加工物包装要求及费用负担

____。

第十条 加工物验收标准和方法

1. 定作人按照合同第二条规定的质量要求、技术标准或样品作为验收标准。

2. 定作人应当在________年________月________日之前验收承揽人所加工的成品。验收前承揽人应当向定作人提交必需的技术资料和有关质量证明。

3. 由于加工物的质量缺陷短期内检验难以发现，经双方协商，加工物的保证期限为________年________月________日至________年________月________日，除定作人使用或保管不当等原因而造成质量问题的以外，由承揽人负责保修或退换。

4. 如双方对加工物的质量检验发生争议，可由国家法定质量监督检验机构提供检验证明。

第十一条 交付定金或预付款的数额及时间

定作人应在________年________月________日之前向承揽人交付定金(预付款)人民币________元。

定作人不履行合同的，无权请求返还定金。承揽人不履行合同的，应当双倍返还定金。

第十二条 价款或酬金

价款或酬金：____。

结算方式及期限：______________________________________。

第十三条 承揽人的违约责任

1. 未按合同规定的质量交付加工物，定作人同意利用的，应当按质论价；不同意利用的，承揽人应当负责修理或调换，并承担逾期交付的责任；经过修理或调换后，仍不符合合同规定的质量，定作人有权拒收，由此造成的损失由承揽人赔偿。

2. 交付的加工物数量少于合同规定的数量，定作人仍然需要的，应当照数补齐，补交部分按逾期交付处理；少交部分定作人不再需要的，有权解除合同，因此造成的损失由承揽人赔偿。

3. 未按合同规定包装加工物，定作人返修或重新包装的，应承担因此而支付的费用。定作人不要求返修或重新包装而要求赔偿损失的，承揽人应当偿付定作人该不合格包装物低于合格包装物的价值部分。因包装不符合同规定造成加工物毁损，灭失的，由承揽人赔偿损失。

4. 逾期交付加工物，应当向定作人支付违约金，每逾期一天，按酬金总额的________%支付违约金。

5. 不能交付加工物或不能全部交付加工物的，应当按未交付的加工物价款总值的________%或酬金总额的________%向定作人支付违约金。

6. 异地交付的定作物不符合合同规定，暂由定作人代为保管的，应当偿付定作人实际支付的保管、保养费。

7. 实行代运或送货的加工物，承揽人错发到达地点或接收单位（人），除按合同规定负责运到指定地点或接收单位（人）外，并承担因此多付的运杂费和逾期交付加工物的责任。

8. 由于保管不善致使定作人提供的原材料、设备、包装物及其他物品毁损、灭失的，承揽人应当赔偿定作人因此遭受的损失。

9. 未按合同规定的办法和期限对定作人提供的原材料进行检验，或经检验发现原材料不符合要求而未按合同规定的期限通知定作人调换、补齐的，由承揽人对工作质量、数量承担责任。

10. 擅自调换定作人提供的原材料，定作人有权拒收加工物，承揽人应赔偿定作人因此遭受的损失。如定作人要求重作或重新修理，应当按定作人要求办理，并承担逾期交付的责任。

11. 承揽人违反保守秘密的义务，给定作人造成损失的，承担赔偿责任。

第十四条 定作人的违约责任

1. 中途变更加工物的数量、规格、质量或设计等，给承揽人造成损失的，应当赔偿承揽人的损失。

2. 中途解除合同的，应偿付承揽人未履行部分定作物价款________%的违约金。

3. 未按合同规定的时间和要求向承揽人提供原材料、技术资料、包装物等或未完成必要的辅助工作和准备工作，承揽人有权解除合同，定作人应当赔偿承揽人因此而造成的损失；承揽人不要求解除合同的，除交付加工物的日期得以顺延外，定作人应当偿付承揽人停工待料的损失。

4. 超过合同规定期限领取加工物的，除按本条第五款规定支付违约金外，还应当承担承揽人实际支付的保管、保养费。定作人超过领取期限六个月不领取加工物的，承揽人有权将加工物变卖，所得价款在扣除报酬、保管、保养费后，退还给定作人；变卖加工物所得少于报酬、保管、保养费时，定作人还应补偿不足部分；如加工物不能变卖，应当赔偿承揽人的损失。

5. 无故拒绝接收加工物，应当赔偿承揽人因此造成的损失。

6. 超过合同规定日期付款的，每逾期一天，按酬金总额的________%支付违约金。

7. 变更交付加工物地点或接收单位(人)，应承担因此而多支出的费用。

第十五条 提供担保的方式

____。

第十六条 留置权

定作人未按时支付承揽人报酬的，承揽人有(没有)留置加工物的权利。

____。

第十七条 合同的解除

1. 定作人可以随时解除合同，但应及时书面通知承揽人并承担由此给承揽人造成的损失。

2. 定作人提供的原材料不符合规定的要求，致使承揽人无法完成加工物的，承揽人可以书面通知定作人解除合同，并要求定作人赔偿损失。

3. 因定作人不履行协助义务致使承揽人无法完成加工物的，经承揽人催告后定作人在合理期限内仍不履行的，承揽人有权解除合同，并要求赔偿损失。

4. 因承揽人完成的加工物不符合质量要求，经承揽人修理或更换后仍不符合要求的，定作人有权解除合同并要求承揽人赔偿损失。

第十八条 不可抗力

在合同规定的履行期限内，由于不可抗力致使加工物或原材料毁损、灭失的，承揽人在取得合法证明后，可免予承担违约责任，但应当采取积极措施，尽量减少损失，如在合同规定的履行期限以外发生的，不得免除责任。

在定作人迟延接受或无故拒收加工物期间发生不可抗力致使加工物或原材料毁损、灭失的，定作人应当承担责任，并赔偿承揽人由此遭受的损失。

第十九条 合同争议的处理

本合同项下发生的争议，由双方当事人协商解决或申请调解解决；协商或调解不成的，按下列第________种方式解决（只能选择一种）：

1. 提交________仲裁委员会仲裁。

2. 依法向________人民法院提起诉讼。

第二十条 双方协商的其他条款

本合同执行期间，双方不得随意变更和解除合同，合同如有未尽事宜，应由双方共同协商，作出补充协议，补充协议与本合同具有同等效力。

第二十一条 合同的生效

本合同自________年________月________日起生效（或自双方签字盖章时生效）。本合同正本一式两份，具有同等的法律效力，定作人和承揽人各执一份。

定作人：________	承揽人：________
鉴（公）证意见：________	单位名称（章）：________
单位名称（章）：________	单位地址：________
单位地址：________	法定代表人：________
法定代表人：________	鉴（公）证机关（章）：________
委托代表人：________	委托代表人：________
经办人：________	电话：________

电话:________

邮政编码:________ 邮政编码:________

签署日期:________ 签署日期:________

______年______月______日 ______年______月______日

【范例2】工程承揽合同

工程承揽合同

甲方:________(以下简称甲方)

乙方:________(以下简称乙方)

甲、乙双方经协商,本着平等、互利、互惠、友好、自愿的原则,遵照《合同法》的有关规定,共同协商合同以下条款。

一、工程概况

1. 甲方将________项目工程,交由乙方独立完成。

2. 工程总价:________元。

3. 工程量:以预算量为结算依据。

4. 施工工期:合同签订起计算工期________天,如因甲方原因造成工期延误,则工期顺延,由此造成的误工费由甲方承担,以签证单为依据。

二、付款方式

1. 乙方进场由甲方支付工程款总价的________%。

2. 工程竣工后甲方向乙方支付合同总价款的________%。

3. 工程竣工交验合格,甲方向乙方支付合同总价款的________%。

三、甲方责任

1. ________工程所需的所有原材料由甲方提供并保证质量。

2. 甲方负责协调工程所需资源,如施工所用水、电和库房、住宿等工作必须条件。

3. 在乙方确保质量和工期任务完成的前提下,按合同规定付款给乙方,不得无故拖欠。

4. 甲方对乙方施工现场进行监督工作,对乙方违反有关安全、质量、文明施工等规定的行为有权进行警告、罚款等处罚。

5. 甲方项目部根据工程总进度的要求进行施工安排，乙方应当服从甲方安排及管理。

四、乙方责任

1. 按照甲方的技术要求进行施工，接受甲方相关人员的监督与技术指导，保质保量地完成任务，如因工程出现质量问题则由乙方独立承担。

2. 乙方应当以自己的设备(设备需自备)、技术和劳动力完成本工程的全部工作，不得转包，同时，并以甲方公司名誉工作，自觉树立并维护公司形象。

3. 乙方要保证材料利用率，不得浪费、破坏，不准更换甲方提供的原材料及半成品。

4. 乙方应遵守土建施工方的相关规定，做到文明施工。

五、质量要求

1. 乙方交付的工程成果不符合国家的质量要求应当无条件整改，如造成经济损失的应当赔偿甲方的全部损失。

2. 验收标准，按国家现行验收标准执行。

六、安全施工与检查

1. 乙方负责对其施工人员进行安全教育，应遵照工程建筑施工有关管理规定，严格按安全标准组织施工，并随时接受上级及甲方、监理等安全检查人员依法监督检查工作。

2. 乙方应严格按照甲方的安全制度与施工流程工作，采取必需的安全防护措施，消除事故隐患；否则，造成乙方施工人员和其他人员的安全事故，所有责任由乙方承担，并承担由此产生的一切费用。

3. 施工进程中，甲方有权监督乙方执行项目的安全制度和安全规定，对于违反项目安全制度规定的行为和安全隐患，甲方有权要求乙方整改并限期完工，乙方同时还应接受与其他施工人员同等的处罚。

七、违约责任

1. 违反本合同约定应当赔偿另一方全部损失，同时支付违约金________万元。

2. 乙方未在约定的时间完成工作成果，除天气影响、停水停电外。甲方有权终止合同，乙方应当赔偿甲方全部损失。

七、其他未尽事宜双方另行协商解决。

八、本合同一式两份,甲乙双方各执一份,自双方签字盖章之日起生效,合同附件作为本合同的组成部分,具有同等法律效力。

九、当事双方协商调解不成时,可以按照本合同约定向________仲裁委员会申请仲裁或人民法院提起诉讼。

甲方(签章):________　　乙方(签章):________

地址:________　　地址:________

法定代表人:________　　法定代表人:________

电话:________　　电话:________

签订日期:________年________月________日

【范例3】定作合同

定作合同

合同编号:________　　承揽人:________

签订地点:________　　法定代表人:________

定作人:________　　职务:________

法定代表人:________　　地址:________

职务:________　　邮编:________

地址:________　　联系电话:________

邮编:________

联系电话:________

签订时间:______年______月______日

定作人委托承揽人加工________,经双方平等、友好协商,达成一致协议,特订立本合同,以资共同遵守。

第一条　定作物

名称	规格型号	单位	数量	报酬		交货期限
				单价	金额	

第二条 承揽人提供的材料

序号	名称	规格	商标	计量单位	用料数量	质量	单价	金额

第三条 定作人对承揽人提供的材料检验标准、方法、时间及提出异议的期限

定作人于________年________月________日之前，对承揽人提供的材料采用________的方法进行检验，其检验的标准为：________。

定作人可以在检验后________日内对材料的选用提出异议，要求承揽人更换或重新选定材料。

第四条 定作物的技术标准、质量要求

____。

第五条 承揽人对定作物的质量负责的期限及条件

____。

第六条 定作人提供技术资料、图纸样品、工艺要求等的时间、办法及保密要求

定作人应该在________年________月________日之前提供技术资料、图纸样品及工艺要求。承揽人对定作人提供的技术资料、图纸样品和工艺要求保守秘密，未经定作人许可，不得留存复制品或技术资料，不能让第三人获悉有关的技术资料和图纸及样品。

第七条 图纸、技术资料之异议期

承揽人发现定作方提供的图纸、技术要求不合理的，应在收到图纸、技术资料后________日内向定作人提出书面异议。定作人应在收到书面异议后的________日内答复。

第八条 定作物的包装

包装要求：________；包装费用由________负担。

第九条 定作人是/否允许第三人完成定作物的主要工作。可以交由第三人完成的工作是:________;承揽人可以将其承揽的辅助工作交由第三人完成。

承揽人将其承揽的主要工作交由第三人完成的,应当就该第三人完成的工作成果向定作人负责。

第十条 定作人协助承揽人的事项与要求。

第十一条 定作物交付的方式、期限和地点。

第十二条 定作物检验标准、方法、地点及期限。

第十三条 预付款或定金。定作人应在________年________月________日前向承揽人预付材料款________元,或交付定金________元。

第十四条 报酬及材料费的结算方式及期限。

第十五条 定作人的监督

承揽人在工作期间,应当接受定作人必要的监督检验,但定作人不得因监督检验妨碍承揽人的正常工作。

第十六条 合同解除

1. 定作人可以随时解除合同,但应及时书面通知承揽人并承担由此给承揽人造成的损失。

2. 因定作人怠于履行协助义务,致使承揽人无法完成加工物的,承揽人有权解除合同,并要求定作人支付已经发生的加工费用。

3. 因承揽人加工的成品质量不符合要求,经过修理、更换等仍然无法达到规定的质量要求的,定作人有权解除合同,并要求承揽人承担违约责任。

4. 承揽人延期交付定作物,经定作人催告在合理期限内仍然无法交付的,定作人可以解除合同,并要求承揽人承担违约责任。

5. 没有经过定作人的同意,承揽人擅自将承揽的主要工作交与第三人完成的,定作人有权解除合同,并要求承揽人赔偿损失。

第十七条 留置权

定作人未向承揽人支付报酬或者材料费的,承揽人________(是/否)可以留置定作物。

第十八条 违约责任

除不可抗力的原因外,任何一方不履行合同,都要承担违约责任。

1. 承揽人的违约责任：不能交付定作物或完不成工作，偿付不能交付定作物或不能完成工作部分价款总值________%或酬金总额________%的违约金。

2. 定作人的违约责任：中途变更定作物的数量、规格、质量和设计等，赔偿承揽人因此造成的损失；中途解除合同，属承揽人提供原材料的，偿付未履行部分价款总值________%的违约金。

第十九条 不可抗力

1. 声称受到不可抗力事件影响的一方应尽可能在最短的时间内通过书面形式将不可抗力事件的发生通知另一方，并在该不可抗力事件发生后________日内向另一方提供关于此种不可抗力事件及其持续时间的适当证据及合同不能履行或者需要延期履行的书面资料。声称不可抗力事件导致其对本合同的履行在客观上成为不可能或不实际的一方，有责任尽一切合理的努力消除或减轻此等不可抗力事件的影响。

2. 不可抗力事件发生时，双方应立即通过友好协商决定如何执行本合同。不可抗力事件或其影响终止或消除后，双方须立即恢复履行各自在本合同项下的各项义务。如不可抗力及其影响无法终止或消除而致使合同任何一方丧失继续履行合同的能力，则双方可协商解除合同或暂时延迟合同的履行，且遭遇不可抗力一方无须为此承担责任。当事人迟延履行后发生不可抗力的，不能免除责任。

第二十条 合同的变更

本合同履行期间，发生特殊情况时，任何一方需变更本合同的，要求变更一方应及时书面通知对方，征得对方同意后，双方在规定的时限内（书面通知发出________天内）签订书面变更协议，该协议将成为合同不可分割的部分。未经双方签署书面文件，任何一方无权变更本合同，否则，由此造成对方的经济损失，由责任方承担。

第二十一条 合同争议解决方式

本合同项下发生的争议，由双方当事人协商解决，也可以由当地工商行政部门调解，协商或调解不成的，按下列第________种方式解决：

1. 提交________仲裁委员会仲裁。

2. 依法向________人民法院起诉。

第二十二条 补充协议

本合同执行期间，双方不得随意变更和解除合同，合同如有未尽事宜，应由双方共同协商，做出补充协议，补充协议与本合同具有同等效力。

第二十三条　合同生效

本合同自______年______月______日超生效（或自双方签字盖章时生效）。有效期为______年，自______年______月______日至______年______月______日。

本合同正本一式两份，具有同等的法律效力，定作人和承揽人各执一份。

定作人：
单位名称（章）：
单位地址：
法定代表人：
委托代表人：
电话：
邮政编码：
签署日期：
____年____月____日

承揽人：
单位名称（章）：
单位地址：
法定代表人：
委托代表人：
电话：
邮政编码：
签署日期：
____年____月____日

鉴（公）证意见：

鉴（公）证机关（章）：
经办人：
____年____月____日

【范例4】汽车维修合同

汽车维修合同

托修方：________　　签订时间：________　　合同编号：________

承修方：________　　签订地点：________

一、车辆型号

车种		牌照号		型号	
车型		底盘号		编号	

二、车辆交接期限（事宜）

送修				接车			
日期		方式		日期		方式	
地点				地点			

三、维修类别及项目

预计维修费总金额(大写)________(其中工时费________)。

四、材料提供方式

____。

五、质量保证期

维修车辆自出厂日起,在正常使用情况下,________天或行驶________公里以内出现维修质量问题承修方负责。

六、验收标准及方式

____。

七、结算方式及期限

现金________转账________银行汇款________期限________。

八、违约责任及金额(略)

九、如需提供担保,另立合同担保书,作为合同附件

十、解决合同纠纷的方式

本合同在履行过程中发生争议,由当事人双方协商解决。协商不成,当事人双方同意由________仲裁委员会仲裁(当事人双方未在合同中约定仲裁机构,事后又未达成书面仲裁协议的,可向人民法院起诉)。

十一、双方商定的其他条款(略)

托修方单位名称(公章): 单位地址: 法定代表人: 代表人: 电话: 开户银行: 账号: 邮政编码:	承修方单位名称(公章): 单位地址: 法定代表人: 代表人: 电话: 开户银行: 账号· 邮政编码:

说明：

1. 承、托修方签订书面合同的范围：汽车大修、主要总成大修、二级维护及维修费在________元以上的。

2. 本合同正本一式两份，经承、托修方签章生效。

3. 本合同维修费是概算费用。结算时凭维修工时费、材料明细表，按实际发生金额结算。

4. 承修方在维修过程中，发现其他故障需增加维修项目及延长维修期限时，承修方应及时以书面形式（包括文书、电报）通知托修方，托修方必须在接到通知后________天内给予书面答复，否则视为同意。

5. 承、托修方签订本合同时，应以《汽车维修合同实施细则》的规定作为依据。

注：本合同一式________份。承、托修双方各一份，维修主管部门各________份。

监制：　　　　　　印制：

写作要领

一、承揽合同概述

承揽合同是日常生活中除买卖合同外最为常见和普遍的合同。我国《中华人民共和国合同法》（以下简称《合同法》）对承揽合同界定为“承揽人按照定做人的要求完成工作，交付工作成果，定作人给付报酬的合同”。在承揽合同中，完成工作并交付工作成果的一方为承揽人；接受工作成果并支付报酬的一方称为定作人。

二、承揽合同的特点

1. 承揽合同是诺成合同、不要式合同。承揽合同的成立仅需双方就主要条款达成合意即可，合意的表现不拘形式，书面、口头均可。订立合同后，如需交付标的物，该交付行为也不是使合同成立的行为，而是履行合同的行为，是定作人履行已经成立的合同义务的行为。

2. 承揽合同是双务、有偿合同。根据《中华人民共和国合同法》的规定，在承揽合同中，承揽人负有完成工作并支付工作成果的义务，而定作人则负有支付报酬的义务，因两者的义务是相互的，所以承揽合同是双务合同，承揽合同中一方要获得对方的给付，必须向对方做相应给付，因此承揽合同也是有偿合同。

3. 承揽合同一般是固有继续性合同。继续性合同是与一时性合同相对应的概念，二者以时间因素在合同履行中所处的地位为区分标准。继续性合同是指合同内容非一次性给付就告完结，而是持续实现的合同，主要特征在于时间因素在合同履行上居于重要地位，总给付报酬的内容取决于对方为给付行为时间的长短。承揽合同一般都不能即时履行，因为承揽人的工作常常需要持续一段时间，这点与劳动合同、合伙合同、租赁合同、保管合同、仓储合同一样，属于固有的继续性合同。

三、承揽合同的分类

根据《中华人民共和国合同法》的规定，承揽合同“包括加工、定作、修理、复制、测试、检验等工作”。因承揽合同的包容性极强，法律对承揽合同的规定实际上是对一大类合同的规定，这是承揽合同与其他典型合同的区别。要确定一个合同是不是承揽合同，最基本方法是看当事人的基本权利义务的类型。在日常生活中，几类极为普通和常见的承揽合同是：加工合同、定作合同、修理合同等。

四、承揽合同的常见漏洞与风险防范

《中华人民共和国合同法》（以下简称《合同法》）中风险负担的确定是以标的物交付为主要标准的。具体到承揽合同中，风险负担的确定因原材料和工作成果而不同。

1. 原材料的风险负担。

（1）定作人提供材料时的风险负担。由定作人提供的材料发生毁损过失，承揽人对此是否承担毁损过失的风险，我国《合同法》对此虽然没有做出明确的规定，但一般采纳交付移转风险规则。一旦定作人将其提供的材料移交给承揽人以后，尽管该材料的所有权没有发生移转，但是定作人对该材料不能直接占有和控制，从而无法防范风险的发生，而材料处于承揽人控制之下，承揽人能够有效地防范风险的发生，更何况如果在承揽人控制之下发生了原材料的毁损灭失，承揽人对此是否尽到了保管义务，很难判断，所以在承揽人占有期间，仍要定作人来承担材料毁损灭失的风险是不合理的。

另外，从《合同法》对买卖合同中风险负担所采取交付主义的规则看，由定作人提供材料的风险，应当以交付为标准确定。即在交付承揽人之前，由定作人承担，在交付承揽人之后，由承揽人承担。《合同法》第二百六十五条规定："承揽人应当妥善保管定作人提供的材料以及完成的工作成果，因保管不善造成毁损、灭失的，应当承担损害赔偿责任。"

(2)承揽人提供材料时的风险负担。承揽人提供材料时，在承揽工作所需的原材料转化为工作成果之前，与定作人无关，原材料毁损、灭失的风险由承揽人自己承担是无疑的。因承揽人提供材料的目的，是为了获取报酬和材料费，对材料的保管与其有切身利益。从风险和利益应相一致的原则出发，由承揽人承担风险是非常合理的。

2. 工作成果的风险负担。根据我国《合同法》的规定，承揽合同工作成果的风险负担，以交付为标准确定。在交付前由承揽人承担，在交付后由定作人承担，因此确定工作成果的风险负担，实际上就是确定工作成果是否交付，定作人自提货物的，以承揽人通知定作人的提货日期为交付日期，但应考虑定作人必要的在途时间，提货地点为承揽人完成工作的地方，或者双方约定的其他地方；承揽人送货上门的，定作人实际接收的日期为交付日期，交付地点为定作人所在地，或者当事人双方约定其他地点；承揽人代办托运的，以承运签发单上记载的日期为交付日期，运输部门接收货物的地点为交付地点。定作人受领迟延，实际上是一种违约行为，因定作人受领迟延所产生的风险应由定作人承担。根据这一原则来确定工作成果的风险负担，避免了确定工作成果所有权时的烦琐，更为简便易行。

第四节 保管合同

参考范文

【范例1】物品保管合同

物品保管合同

甲方(保管人):________ 乙方(寄存人):________
地址:________ 地址:________
邮政编码:________ 邮政编码:________
电话:________ 电话:________
法定代表人:________ 法定代表人:________
职务:________ 职务:________
开户银行:________ 开户银行:________
账号:________ 账号:________

第一条 保管物。

保管物名称	性质	数量	价值	瑕疵	保管费

第二条 保管场所约定为:____。

第三条 保管方法约定为:____。

保管物(是/否)需要采取特殊保管措施。特殊保管措施是:________。

保管物中(是/否)有货币、有价证券或者其他贵重物品,具体如下:________。

第四条 保管期限自________年________月________日起至________年________月________日止。

第五条 保管凭证。

乙方交付保管物时,甲方应当验收,并给付保管凭证。

乙方________(是/否)允许甲方将保管物转交他人保管。

乙方________(是/否)允许甲方使用或者(是/否)允许甲方许可第三人使用保管物。

第六条 保管费的支付方式。

乙方未向甲方支付保管费的,甲方________(是/否)可以留置保管物。

第七条 保管期限届满,甲方应当将保管物及孳息归还乙方。

第八条 违约责任。

甲方违约责任为:____。

乙方违约责任为:____。

第九条 争议解决方式。

本合同在履行过程中发生的争议由双方协商解决,如协商不成,按下列第________种方式解决。

1. 提交________仲裁委员会仲裁。

2. 依法向人民法院起诉。

第十条 本合同自保管物交付时成立。

第十一条 其他约定事项:________。

第十二条 本合同未尽事宜,按照《中华人民共和国合同法》等国家有关规定,经合同双方协商做出补充规定附后。

本合同一式两份,合同双方各执一份。

甲方(签章):________

代表人:________

______年______月______日

乙方(签章):________

代表人:________

______年______月______日

【范例2】商品保管有偿寄托合同

商品保管有偿寄托协议

甲方(寄存方):________　　乙方(受寄方):________

地址:________　　地址:________

邮政编码:________　　邮政编码:________

电话:________　　电话:________

法定代表人:________　　法定代表人:________

职务:________　　职务:________

开户银行:________　　开户银行:________

账号:________　　账号:________

甲方将所属商品寄放于乙方的仓库内,双方并议定条件如下:

第一条　甲方将下列商品寄放于乙方位于________市________路________号仓库内,并请乙方代为保管。

商品内容:________,限于能装箱者。

第二条　前条寄存物以寄放于乙方仓库________平方米面积内可以容纳的数量为限。

第三条　甲方对前条寄存物可自由进出搬运,但若因而受损,乙方概不负赔偿责任。

第四条　第四条保管费的计算及交付方式如下:

不论寄存物品数量多寡,每月寄存保管费为人民币________元整。

甲方须于每月底之前将保管费送交乙方办公处所。

第五条　甲乙双方如欲解除本协议,须于________个月前通知对方。本协议一式两份,甲乙双方各执一份为凭。

甲方(签章):________　　乙方(签章):________

代表人:________　　代表人:________

______年______月______日　　______年______月______日

【范例3】车辆保管合同

车辆保管合同

甲方:________

乙方(保管方):________停车场;地点:________

甲乙双方经过友好协商,签订以下车辆保管协议书。

第一条 甲方将其所有的汽车交由乙方保管。保管时间为________年________月________日至________年________月________日。

第二条 甲方所有的汽车的品牌是________,型号为________,车辆号为________,汽车购买时间为________年________月________日,汽车行走里程(订合同日计算)为________公里。

第三条 甲方应将其停放在停车场的车辆上好保险锁(杆)。

第四条 乙方承担对甲方车辆的保管义务。

第五条 甲方支付的车辆保管费为每年________元,车辆保管费每季度初________天内交一次,合同签订后交第一季度。

第六条 甲方如在应交保管费________天内未交清车辆保管费,合同终止,乙方不承担保管责任。

第七条 乙方应对甲方的车辆进行如下保管:

1. 乙方应当配置专门的管理人员,确保车辆在停放期间的安全,防止车辆被盗或被损坏。

2. ____。

3. ____。

第八条 乙方对甲方的车辆的被偷和被损坏承担赔偿义务。

第九条 如遇甲方的车辆出现被偷和被损坏的情况,甲方应在________天之内将其购车和上牌、年审等法律文件交由乙方,用于报案、赔偿、索赔、诉讼用,纠纷解决后________天内乙方将上述证件归还给甲方。

第十条 乙方应为甲方的停车位购买车位保险。

第十一条 甲方应保证其的车辆为合法途径购买的车辆,否则,乙方不承担损失赔偿责任。

第十二条 补充与附件。

本合同一式两份，双方各执一份。合同未尽事宜，经甲、乙双方协商决定。需要补充或修改的，书写《合同修改意见书》一式两份（经甲、乙盖章签字，各存一份），作为本合同的补充件。本合同的附件和补充合同均为本合同不可分割的组成部分，与本合同具有同等的法律效力。

第十三条 争议的处理。

1. 本合同受中华人民共和国法律管辖，按其进行解释。

2. 本合同在履行过程中发生的争议，由双方当事人协商解决，也可由有关部门调解；协商或调解不成的，按下列第________种方式解决：

（1）提交________仲裁委员会仲裁。

（2）依法向人民法院起诉。

甲方（盖章）：________	乙方（盖章）：________
甲方代表：________	乙方代表：________
联系地址：________	联系地址：________
电话：________	电话：________
____年____月____日	____年____月____日
签订地点：________	签订地点：________

写作要领

一、保管合同概述

保管合同是保管人有偿地或无偿地为寄存人保管物品，并在约定期限内或应寄存人的请求，返还保管物品的合同。

二、保管合同的特点

保管合同是保管人保管寄存人交付的保管物，并返还该物的合同。它有如下特征：

1. 保管合同是寄存人将保管物交付保管人保管的合同，因此，保管合同原则上是实践合同。所谓实践合同是指除双方当事人有合意之外，还必须具有交付行为合同才能有效成立，即寄托人将合意指定的标的物交付给保管人后，保管合同才能有效成立。

2. 保管合同是保管人保管寄存物品的合同，因此，保管合同的标的是保管行为，而非保管物品。保管人接收保管物就意味着他向寄存人做出承诺，会以最大的保管能力、最好的保管水平、合适的保管方式、场合条件妥善保管寄存物，以达到对物的保管的目的。保管人的管理行为并不涉及所有权的转移，即不以保管人获得保管物的所有权为目的，因此，即使是保管人自己的物品，若寄存人给予合法的原因占有该物而要求保管人管理时，保管人也只能进行保管。

3. 保管合同原则上是无偿的单务合同，我国《合同法》第366条规定："寄存人应当按照约定向保管人支付保管费。当事人对保管费没有约定或约定不明确，依照本法第61条的规定仍不能确定的，保管是无偿的。"由此可见，只有当事人另有约定外，保管合同才是有偿的，一般而言，保管合同都是无偿的。因为保管合同原则上是无偿的，因此，一般而言，也必然是单务的。

三、保管合同与仓储保管合同的区别

仓储保管合同，是由仓库营业人为存货人保管储存货物，存货人支付报酬的合同。保管合同，是由保管人保管另一方当事人交付的物品，并返还该物的合同。由以上含义可知，两类合同都提供保管服务，仓储保管合同是一种特殊的保管合同，保管合同的范围较仓储保管合同更广，是包容与被包容的关系。

两者的区别主要是：

1. 保管合同为实践合同，合同自保管物交付时成立；仓储保管合同是诺成合同，合同自双方订立合同时成立。

2. 保管合同可以是有偿的，也可以是无偿的，仓储保管合同只能是有偿合同。

3. 保管合同的保管人不要求具有特定身份，仓储保管合同的仓储营业人须为有仓储设备并专事该类业务的人。

第五节　委托合同

参考范文

【范例1】委托生产合同

委托生产合同

甲方：________	乙方：________
地址：________	地址：________
邮编：________	邮编：________
电话：________	电话：________
传真：________	传真：________
E－mail：________	E－mail：________

甲、乙双方经协商，就乙方委托甲方服务达成本合同，以期共同遵守执行。

一、服务种类及价格

1. 甲方为乙方提供________服务，由双方确定服务的种类及单价。（详见附件清单）。

2. 由乙方提供甲方服务所需的物品________，以________的方式运输，在运输过程出现问题或者原料质量达不到甲方要求，由乙方负责解决。

二、合同总金额

人民币________元，其中，________费用为________元，________费用为________元。

二、付款方式

1. 在甲乙双方签订合同后，乙方先向甲方支付全部多肽合成费用和××%的抗体制备费用，即________元作为项目启动费。甲方收到乙方的付款证明后即开始进入生产程序。

2. 生产完成后，甲方以书面形式向乙方提供生产完成报告（包括实验步骤及相应数据说明），乙方向甲方支付合同剩余金额，即________元，甲方在收到乙方的付款证明后即发货，并将剩余的抗原原材料退还给乙方。

收款单位：

开户银行：________　　银行账号：________

汇入地点：________　　财务电话：________

四、交货条款

1. 生产期限：自甲方收到乙方的原料及付款凭证起________日内完成。

2. 供货日期：自甲方生产完毕后一日内。

3. 交货地点：____。

4. 运输方式：甲方采取快递方式发货。

五、交货标准

甲方为乙方提供________服务，生产结束后，甲方向乙方提供包括实验步骤和实验数据在内的书面报告。甲方保证生产出的抗体能够针对乙方提供的免疫抗原得到 ELISA 阳性结果，抗体的滴度达到×：×以上。

六、违约责任

本合同签订后，乙方如单方面提出取消部分或全部已订货物，甲方将不退还乙方已支付的所有费用。

七、保密责任

甲方有责任对乙方委托生产的项目实行保密，保密内容包括：________。

八、产品使用限制

甲方为乙方生产的产品，乙方只能作为实验用途自用，不得转卖或用作其他商业用途。

九、附加条款：____。

十、本合同一式两份，双方各执一份，双方签字盖章后生效。

十一、未尽事宜，由双方友好协商解决。如协商不成，交由甲方所在地仲裁机关或人民法院裁决。

甲方：________　　乙方：________

代表（签字）：________　　代表（签字）：________

______年______月______日　　　　______年______月______日
签订地点：________　　　　签订地点：________

附件：________
清单：________
原料名称：________
原料种类：________
服务种类：________
特殊要求：________
单价：________
总价：________
备注：________

【范例2】委托代理合同

委托代理合同

（甲方）因________一案，现委托________市第________律师事务所（乙方）律师出庭代理/代理，经双方充分协商，订立合同如下：

一、乙方接受甲方的委托，指派律师________为甲方第×审代理人。

甲方委托乙方代理权限是________。

二、律师必须根据事实和法律参加诉讼活动，认真负责地履行律师的职责，维护委托人的合法权益。

三、根据国家《关于业务收费标准》的规定，甲方向乙方支付代理费________元，标的费________元。

四、乙方为本案调查、出庭所需差旅费，按国家规定标准全部由甲方负担。甲方向乙方支付差旅费________元。

五、甲方必须真实地向律师叙述案情，提供证据。在接受委托后，如发现甲方捏造事实，弄虚作假，乙方有权终止代理，依本合同所收费用不予退还。

六、如乙方无故终止合同，代理费和标的费应全部退还甲方；如甲方无故终止合同，代理费和标的费不予退还。

七、如一方要求变更本合同条款需另行协议。

八、本合同经甲乙双方或其代表人签字(或盖章)生效。

九、本合同有效期限:自签订之日起至本案终结止(判决、调解、案外和解、撤诉及调查结案)。

十、本合同一式两份,双方各持一份。

甲方:________ 乙方:________市________律师事务所

住所:________ 住所:________

电话:________ 电话:________

____年____月____日 ____年____月____日

【范例3】委托销售合同

委托销售合同

委托方:________(以下简称甲方)

住所:____________________________________

受托方:________(以下简称乙方)

住所:____________________________________

依照《中华人民共和国合同法》及其他有关法律、法规的规定,甲、乙双方在平等自愿、协商一致的基础上,就相关货物委托销售事宜,达成如下协议:

第一条 委托内容

甲方授权乙方按照本合同的约定,为甲方销售________,同时甲方向乙方出具《授权销售委托书》一份(见附件二)。

第二条 委托销售之佣金支付方式

双方约定乙方可按下列第________种方式提取销售佣金:

1. 由乙方先行向甲方全额支付委托销售保留价,以售出价高出委托保留价的部分作为乙方的佣金,为保留价销售方式。

2. 约定具体佣金数额,并按实际售出货款超过保留价的部分,按一定的比例作为增加支付乙方佣金的销售方式。

3. 其他方式:________________。

4. 乙方在委托期间内未售出委托货物时，但有证据证明已有具体销售行为的，甲方支付乙方佣金________元。

5. 支付佣金的时间：________________。

6. 支付佣金的方式（现金、支票）：________________。

第三条 委托销售货物的基本状况

货物名称：________________。

货物种类：________________。

货物数量：________________。

第四条 委托销售价及付款时间、方式

1. 委托销售保留价________元，大写金额：________。

销售价格是（否）可上下浮动：________ 浮动率为：________。

2. 付款时间：________。

3. 付款方式（现金、支票）：________。

第五条 委托期限

委托销售时间为________年______月______日至________年______月______日。

若在委托期限内乙方未完成委托事项，应在合同到期前________天通知对方。双方认为有必要延长委托期限的，应另行签订《委托续期合同》。

第六条 货物交接方式和手续

甲乙双方同时到现场验货，并共同协助购买方办理货物交易手续。

第七条 甲方的权利和义务

1. 保证所提交的证件、文件及有关材料真实、合法、有效。

2. 因甲方的原因造成已成交货物不能交付，应将已接受的货款全部退回，并向乙方支付佣金和乙方因此实际发生的费用，并承担因不能交付导致乙方的全部损失。

3. 保证对货物状况陈述的真实性，如故意隐瞒货物存在的重大质量问题给乙方造成损失的，赔偿乙方全部经济损失。

4. 其他：________________。

第八条 乙方的权利和义务

1. 主动向甲方出示《营业执照》等能够证明其合法经营的文件材料。

2. 亲自处理委托事务，未经甲方同意，不得擅自委托第三方。

3. 向买受人出示委托售货合同或授权委托书，按甲方要求处理委托事务，及时向甲方报告委托事务的处理情况，为甲方保守商业秘密。

4. 不得以胁迫、欺诈或与买受人串通等非法手段进行交易。

5. 不得伪造、涂改交易所需的各种证件、文件或资料。

6. 其他：________________。

第九条 合同的变更和解除

任何一方如需变更或解除合同时应取得对方认可，征得对方的同意后也可另行签订补充合同。

第十条 违约责任

任何一方违反本合同约定，即被视为违约，应承担违约责任。违约金为佣金的________%，并且赔偿因此给对方造成的一切经济损失。

第十一条 解决合同纠纷的方式

双方发生合同争议时，可以协商解决，调解不成的向________人民法院起诉。

第十二条 其他的约定事项：________________。

第十三条 本合同自签字或盖章后生效。

委托方：________　　　　受托方：________

合同附件：

1. 甲方提交的各种证件、文件和材料清单（略）

2. 授权销售委托书

附件2：

授权销售委托书

本委托人现有货物名称：____________

货物种类：____________

货物数量：____________

需出售。现委托____________单位，以该单位（或以委托人）的名义办理货物销售事宜。

委托人（签章）：____________

______年______月______日

【范例4】委托加工合同

委托加工合同

委托方:____________(以下简称甲方)

被委托方:____________(以下简称乙方)

甲方委托乙方加工____________产品,为维护甲乙双方的利益,经双方协商,就有关代加工事宜达成如下协议,以供双方共同遵守。

第一条 代加工内容

甲方委托乙方为其加工系列产品,加工数量、款式(或开发信息)、标准、质量要求由甲方提供,价格由双方协商确定,另在订单上详述。

第二条 甲方责任

1. 按计划分季度委托乙方为其加工甲方________产品。

2. 向乙方提供甲方生产授权委托手续、商标注册证、授权书以及对商业秘密的专有合法证明等相关法律文件。

3. 向乙方提供加工品款式(或开发信息)、数量、技术要求、交货时间等。

4. 负责向乙方提供甲方商标各种组合、内外包装及其他标有商标的包装及印刷品等与乙方加工品有关的内容。

5. 甲方有权对乙方的生产标准、产品质量进行检查监督,并提出意见和建议。

6. 甲方按照甲乙双方确定的样板和标准进行验收货品。

7. 甲乙双方严守商业秘密。

(1)本合同所签订的上述加工品的商标及图案文字为甲方所有,乙方不得为他人生产或提供。

(2)甲方不得将乙方设计生产的样板提供给其他生产商。

第三条 乙方责任

1. 严格按照甲方的委托内容及要求从事代加工活动。

2. 甲方确定的款式、数量、质量及生产期限等标准打版进行生产,生产标准符合________质量要求,不得以任何形式和理由超过订单数量和品种。

3. 负责原材料的采购、验收、供应,并按照甲方确定的原材料质量要求进行。

4. 严格管理甲方提供的商标、包装及印刷品，因乙方管理不善，造成甲方商标、饰品及包装等丢失，应承担相应法律责任。

5. 不得将甲方提供的款式用于其他商标生产。

6. 严守甲方的商业秘密。

7. 对生产的产品实行“三包”，“三包”标准按国家有关规定执行。

第四条 付款方式及交货地点

甲方确定委托加工款式、数量、标准后，与乙方签订委托加工通知单，并于签订之日起一星期内向乙方支付总货款的________作为预付款，乙方提供的货品经甲方验收进仓后财务核实即付款，交货地点为甲方库房。

第五条 验收标准

双方在下订单之前确定生产品种样品，甲、乙双方以此及在生产过程中质量主管之监督要求(以书面内容要求为准)作为验收标准。甲方在乙方送货到指定地点之日起________日内必须对产品进行验收。

第六条 违约责任

1. 因乙方未按甲方要求的时间交货，乙方应每天承担此批货总价________%的违约金；如甲方没按合同要求提货，乙方有权扣除甲方订金。

2. 如乙方擅自生产或销售甲方产品及包装、印刷品等，一经查证，无论数量多少乙方应付甲方人民币________万元违约金，并追究乙方法律责任。

3. 凡违反本合同的其他各项条款的，责任方应承担此批货价值________%的违约金。

4. 甲、乙双方如有一方违约，除追究违约责任外，另一方有权终止本合同。因甲方提供的商标及授权手续不完备或虚假产生的法律责任由甲方承担，甲方赔偿因此给乙方带来的经济损失。

第七条 合同有效期限

本委托加工合同期限为________个月，自________年________月________日至________年________月________日止，生产期限以甲方计划通知单确定为准。

第八条 合同如遇争议，甲乙双方可协商解决，达不成协议的可向________仲裁委员会申请仲裁。

第九条 本合同正本一式两份，经双方代表人签字盖章后生效。

第十条　其他未尽事宜另行订立。

甲方：________　　　　乙方：________
代表人：________　　　　代表人：________
日期：________　　　　日期：________

写作要领

一、委托合同概述

委托合同是指一方委托他方处理事务，他方允诺处理事务的合同。委托他方处理事务的为委托人，允诺为他方处理事务的为受托人。

二、委托合同的特点

1. 委托合同为双务合同。委托合同是一种典型的提供劳务的合同。委托合同的目的是处理或管理委托人的事务。合同订立后，受托人在委托的权限内所实施的行为等同于委托人自己的行为。无论是法律行为还是事实行为，只要该事项不违背公序良俗或法律的禁止性规定，不是与委托人人身密不可分的、具有人身性的事务（如婚姻登记等），委托人都可经由委托合同委托他人处理。

2. 委托合同是不要式合同。委托合同是不要式合同，当事人可以根据实际情况选择适当形式。

3. 委托合同是诺成合同。委托合同的当事人双方意思表示一致时，合同即告成立，而无须以物之交付或当事人的义务履行作为合同成立的要件。因此，委托合同为诺成合同，而非实践合同。

三、委托合同的分类

1. 有偿委托合同和无偿委托合同。根据委托人是否给付受托人报酬，委托合同可以分为有偿和无偿两类。由于被委托的事务往往需要受托人投入相当的人力、物力和财力，因此，委托合同可以是有偿的。至于有偿与否，完全由当事人自由协商而定，原则上法律不予干预。

2. 单向委托合同和转委托合同。委托人只委托受托人本人来处理委托事务的合同为单向委托合同。转委托又称复委托，是指受托人经委托人同意，将委托人委托的部分或全部事务转由第三人处理，委托人与第三人之间直接发生委托合同关系的行为，其中由受托人负责选定第三人。在转委托关系中，该被委托的第三人叫次受托人。转委托的内容，应该依照原委托合同的内容。

3. 单独委托合同和共同委托合同。根据受托人数量来进行区分，如果委托人只委托一个受托人来处理事务就是单独委托合同；如果委托人委托多个受托人来处理同一委托事务，则为共同委托。单独委托没有对内和对外责任的划分，受托人承担法律责任的原则是“对自己的行为负责”。受托人只对因自己的过错或过失而导致委托人遭受损失的负赔偿责任，其他受托人的行为不构成承担责任的理由。

四、委托合同的漏洞与风险防范

委托合同的漏洞出现在合同订立、履行和解除阶段。

在合同订立阶段，可能出现的风险来自当事人对委托规定的不明确，和对对方身份考察的不明。需要注意明确委托的事务范围，还有合同是有偿还是无偿，避免因为委托不明确而出现问题。

在合同的履行阶段，可能出现的风险在受托人上，受托人不积极履行委托义务，但是擅自进行转委托或者越权委托。受托人不履行委托合同义务或者履行合同义务不符合约定的也应承担继续履行、采取补救措施或赔偿损失等违约责任。对于受托人在处理委托事务时是否按约定履行了义务，应根据具体的情形作出判断。但应注意，委托事务的处理结果是否对委托人造成损失，不能作为受托人履行合同不符合约定的依据，只有因受托人的过错给委托人造成损失的，受托人才承担赔偿责任。

委托人的违约责任主要包括两种情形：

1. 委托人违反费用支付义务的违约责任。委托人须按委托合同的约定预付费用，如果受托人为处理委托事务垫付了必要的费用，委托人应当偿还该费用及其利息。如委托人违反上述义务而给受托人造成损失，应承担相应的违约责任。

2. 委托人违反报酬支付义务的违约责任。委托合同以有偿为原则，以无偿为例外。当事人如未在合同中约定为无偿，则应推定为有偿。在委托合同为有偿且受托人完成了受托事务的情况下，委托人应当向受托人支付报酬。根据我国《合同法》的规定，委托人的报酬支付义务可分为全部给付义务和部分给付义务。全部给付义务是指受托人完成受托事务的情况下，委托人应向其足额支付报酬；部分给付义务是指委托事务没有完成的情况下，委托人在一定条件下应向受托人支付相应的报酬。

合同终止或者解除阶段的漏洞在于双方都可以解除合同，但是如果因为过错给对方造成损失的，应当承担赔偿责任。而合同解除后，委托人要监督受托人，以免在解除后继续进行委托活动。

委托合同的风险防范主要包括以下几方面内容：

1. 对受托人身份的审查。我国《中华人民共和国合同法》对于受托人的法律资格未加以确定，因此对于受托人资格问题只能通过其他法律加以认定。据一般的法学理论，受托人应当包括法人与自然人。法人作为受托人，有其法律人格的限制，比如是否具有从事委托事项的权利和资格。委托人如果不考察清楚就贸然进行委托，容易给自己的利益带来损失。根据法律规定，法人超越其经营范围之外的经营活动属违法行为，应为无效。因此，委托人选择法人做受托人时必须对该法人的经营范围加以审查。实践中，对法人经营范围的考察包括两方面的内容：核实法人的营业执照，法人的营业执照详细记载了法人的经营范围；考证该营业执照是否属于该法人，委托人出于谨慎考虑，最好到工商行政管理部门核实。

2. 委托合同最好采取书面形式。我国《中华人民共和国合同法》对委托合同的形式为任意性规定，口头进行的委托也可以成立合同关系。但是，委托合同形式上的风险主要发生在委托方拒绝承认口头形式的委托，这时受托方就要承担相应的风险。因此，委托合同最好采用书面形式，以免委托人在委托事项完成之后否认委托，有偿委托中拒绝给付报酬。

3. 对于受托人的履行行为进行监督。以避免出现受托人不积极履行委托义务，或者擅自进行转委托或者越权委托的情况，如果发现应当及时与受托人进行交涉，并且可以解除委托合同。

第六节 技术合同

参考范文

【范例1】技术开发合同

技术开发合同

委托方(甲方):________________

受托方(乙方):________________

甲方委托乙方研究开发________________项目,并支付研究开发经费和报酬,乙方接受委托并进行此项研究开发工作。双方经过平等协商,在真实、充分地表达各自意愿的基础上,根据《中华人民共和国合同法》的规定,达成如下协议,并由双方共同恪守。

第一条 本合同研究开发项目的要求如下:

1. 技术目标:________________________________。
2. 技术内容:________________________________。
3. 技术方法和路线:________________________________。

第二条 乙方应在本合同生效后________日内向甲方提交研究开发计划。研究开发计划应包括以下主要内容:________。

第三条 乙方应按下列进度完成研究开发工作:________。

第四条 甲方应向乙方提供的技术资料及协作事项如下:

1. 技术资料清单:________________________________。
2. 提供时间和方式:________________________________。
3. 其他协作事项:________________________________。

本合同履行完毕后,上述技术资料按以下方式处理:

____。

第五条 甲方应按以下方式支付研究开发经费和报酬。

1. 研究开发经费和报酬总额为________元。其中:________。

2. 研究开发经费由甲方________(一次、分期或提成)支付乙方。具体支付方式和时间如下:____。

3. 双方确定,甲方以实施研究开发成果所产生的利润提成支付乙方的研究开发经费和报酬的,乙方有权以________的方式查阅甲方有关的会计账目。

第六条 本合同的研究开发经费由乙方以________的方式使用。甲方有权以________的方式检查乙方进行研究开发工作和使用研究开发经费的情况,但不得妨碍乙方的正常工作。

第七条 本合同的变更必须由双方协商一致,并以书面形式确定。但有下列情形之一的,一方可以向另一方提出变更合同权利与义务的请求,另一方应当在________日内予以答复;逾期未予答复的,视为同意。

1. ____。

2. ____。

3. ____。

第八条 未经甲方同意,乙方不得将本合同项目部分或全部研究开发工作转让第三人承担。但有下列情况之一的,乙方可以不经甲方同意,将本合同项目部分或全部研究开发工作转让第三人承担。

1. ____。

2. ____。

3. ____。

乙方可以转让研究开发工作的具体内容包括:____________________。

第九条 在本合同履行中,因出现在现有技术水平和条件下难以克服的技术困难,导致研究开发失败或部分失败,并造成一方或双方损失的,双方按如下约定承担风险损失。

1. 双方确定,本合同项目的技术风险按________的方式认定。认定技术风险的基本内容应当包括技术风险的存在、范围、程度及损失大小等。认定技术风险的基本条件是:

(1)本合同项目在现有技术水平条件下具有足够的难度。

(2)乙方在主观上无过错且经认定研究开发失败为合理的失败。

2. 一方发现技术风险存在并有可能致使研究开发失败或部分失败的情形时，应当在________日内通知另一方并采取适当措施减少损失。逾期未通知并未采取适当措施而致使损失扩大的，应当就扩大的损失承担赔偿责任。

第十条 在本合同履行中，因作为研究开发标的的技术已经由他人公开(包括以专利权方式公开)，一方应在________日内通知另一方解除合同。逾期未通知并致使另一方产生损失的，另一方有权要求予以赔偿。

第十一条 双方确定因履行本合同应遵守的保密义务如下。

甲方保密义务：

1. 保密内容(包括技术信息和经营信息)：________________________。

2. 涉密人员范围：________________________。

3. 保密期限：________________________。

乙方保密义务：

1. 保密内容(包括技术信息和经营信息)：________________________。

2. 涉密人员范围：________________________。

3. 保密期限：________________________。

第十二条 乙方应当按以下方式向甲方交付研究开发成果：

1. 研究开发成果交付的形式及数量：________________________。

2. 研究开发成果交付的时间及地点：________________________。

第十三条 双方确定，按以下标准及方法对乙方完成的研究开发成果进行验收：________________________。

第十四条 乙方应当保证其交付给甲方的研究开发成果不侵犯任何第三人的合法权益。如发生第三人指控甲方实施的技术侵权的，乙方应当________。

第十五条 双方确定，因履行本合同所产生的研究开发成果及其相关知识产权权利归属，按下列第________种方式处理：

1. ________(甲、乙、双)方享有申请专利的权利。

2. 按技术秘密方式处理。有关使用和转让的权利归属及由此产生的利益按以下约定处理：

(1)技术秘密的使用权：________________________。

(2)技术秘密的转让权：________________________。

(3)相关利益的分配办法：______________________________。

(4)____。

专利权取得后的使用和有关利益分配方式如下：________________。

双方对本合同有关的知识产权权利归属特别约定如下：____________。

第十六条 乙方不得在向甲方交付研究开发成果之前，自行将研究开发成果转让给第三人。

第十七条 乙方完成本合同项目的研究开发人员享有在有关技术成果文件上写明技术成果完成者的权利和取得有关荣誉证书、奖励的权利。

第十八条 乙方利用研究开发经费所购置与研究开发工作有关的设备、器材、资料等财产，归________（甲、乙、双）方所有。

第十九条 双方确定，乙方应在向甲方交付研究开发成果后，根据甲方的请求，为甲方指定的人员提供技术指导和培训，或提供与使用该研究开发成果相关的技术服务。

1. 技术服务和指导内容：______________________________。

2. 地点和方式：____________________________________。

3. 费用及支付方式：________________________________。

第二十条 违约责任

1. 甲方违约责任。

(1)甲方迟延支付研究开发经费，造成研究开发工作停滞、延误的，乙方不承担责任。甲方应当支付数额为投资总额________%的违约金。逾期一定期限不支付研究开发经费或者报酬的，乙方有权解除合同，甲方应当返还技术资料或者有关技术成果，补交应付的报酬，支付数额为项目投资总额________%的违约金。

(2)甲方未按照合同约定提供技术资料、原始数据和协作事项或者所提供的技术资料、原始数据和协作事项有重大缺陷，导致研究开发工作停滞、延迟、失败的，甲方应当承担责任，但乙方发现甲方所提供的资料和数据有明显错误而没有通知甲方复核更正和补充的，应当承担相应的责任。甲方逾期两个月不提供技术资料、原始数据和协作事项的，乙方有权解除合同，甲方应当支付数额为项目投资总额________%的违约金。

(3)甲方逾期两个月不接受工作成果的，乙方有权向合同外第三方转让或变卖工作成果。

2. 乙方违约责任。

(1)乙方未按计划实施研究开发工作的,甲方有权要求其实施研究开发计划并采取补救措施。乙方逾期两个月不实施研究开发计划的,甲方有权解除合同。乙方应当支付数额为项目投资总额________%的违约金。

(2)乙方将研究开发经费用于履行合同以外的目的,甲方有权制止并要求其退还相应的经费用于研究开发工作。因此造成研究开发工作停滞、延误或者失败的,乙方应当支付数额为项目投资总额________%的违约金并赔偿损失费。甲方催告后,逾期两个月未退还经费用于研究开发工作的,甲方有权解除合同。乙方应当支付违约金或者赔偿因此给委托方所造成的损失。

(3)研究开发成果部分或者全部不符合合同约定条件的,乙方应当返还部分或者全部研究开发经费,支付数额为项目投资总额________%的违约金。

第二十一条 双方确定,甲方有权利用乙方按照本合同约定提供的研究开发成果,进行后续改进。由此产生的具有实质性或创造性技术进步特征的新的技术成果及其权利归属,由________(甲、乙、双)方享有。具体相关利益的分配办法如下:____。

乙方有权在完成本合同约定的研究开发工作后,利用该项研究开发成果进行后续改进。由此产生的具有实质性或创造性技术进步特征的新的技术成果,归________(甲、乙、双)方所有。具体相关利益的分配办法如下:____。

第二十二条 双方确定,在本合同有效期内,甲方指定________为甲方项目联系人,乙方指定________为乙方项目联系人。项目联系人承担以下责任:____。

一方变更项目联系人的,应当及时以书面形式通知另一方。未及时通知并影响本合同履行或造成损失的,应承担相应的责任。

第二十三条 双方确定,出现下列情形,致使本合同的履行成为不必要或不可能的,一方可以通知另一方解除本合同:

1. 因发生不可抗力或技术风险。

2. ____。

3. ____。

第二十四条 双方因履行本合同而发生的争议，应协商、调解解决。协商、调解不成的，确定按以下第________种方式处理：

1. 提交________仲裁委员会仲裁。

2. 依法向人民法院起诉。

第二十五条 双方确定：本合同及相关附件中所涉及的有关名词和技术术语，其定义和解释如下：____。

第二十六条 与履行本合同有关的下列技术文件，经双方以________方式确认后，为本合同的组成部分：

1. 技术背景资料：____。

2. 可行性论证报告：____。

3. 技术评价报告：____。

4. 技术标准和规范：____。

5. 原始设计和工艺文件：____。

6. 其他：____。

第二十七条 双方约定本合同其他相关事项为：________。

第二十八条 本合同一式________份，具有同等法律效力。

第二十九条 本合同经双方签字盖章后生效。合同有效期限为________年________月________日始至________年________月________日止。

甲方：________　　乙方：________

法定代表人（签字）：________　　法定代表人（签字）：________

电话：________　　电话：________

签订地点：________　　签订地点：________

签约日期：____年____月____日　　签约日期：____年____月____日

【范例2】技术服务合同

技术服务合同

项目名称：________

合同编号：________

甲方（委托方）：________　　乙方（服务方）：________

法定代表人:________　　　　法定代表人:________
职务:________　　　　职务:________
地址:________　　　　地址:________
邮政编码:________　　　　邮政编码:________
电话:________　　　　电话:________
开户银行:________　　　　开户银行:________
账号:________　　　　账号:________

依据《中华人民共和国合同法》的规定,甲乙双方就________项目的技术服务,经协商一致,签订本合同。

第一条　服务内容,方式和要求:________________________________。

第二条　工作条件和协作事项:________________________________。

第三条　履行期限、地点和方式:________________________________。

第四条　验收标准和方式:

技术服务或者技术培训按________标准,采用________方式验收。由________方出具服务或者培训项目验收证明。

本合同服务项目的保证期为________。在保证期内发现服务质量缺陷的,服务方应当负责返工或者采取补救措施。但因委托方使用、保管不当引起的问题除外。

第五条　报酬及其支付方式:

1. 本项目的报酬(服务费或培训费)为________元。服务方完成专业技术工作、解决技术问题需要的经费,由________方负担。

2. 本项目中介方活动经费为________元,由________方负担。中介方的报酬为________元,由________方支付。

3. 支付方式(按以下第________种方式执行):

(1)一次总付:________元,时间:________。

(2)分期支付:________元,时间:________。________元,时间:________。

(3)其他方式:________________________________。

第六条　违约金或损失赔偿额的计算方法:

1. 技术服务违反本合同约定,违约方应当按________规定承担违约责任。

2. 技术培训违反本合同约定，违约方应当按________规定承担违约责任。

3. 技术中介违反本合同约定，违约方应当按________规定承担违约责任。

（1）违反本合同第________条约定，________方应承担违约责任，承担方式和违约金额如下：____。

（2）违反本合同第________条约定，________方应承担违约责任。承担方式和违约金额如下：____。

第七条 争议解决方法：

在合同履行过程中发生争议，双方应协商解决，也可以请求________进行调解。

当事人不愿协商、调解解决或者协商、调解不成的，双方商定，采用以下第________种方式解决：

1. 因本合同所发生的任何争议，申请________仲裁委员会仲裁。

2. 向________人民法院起诉。

第八条 其他约定：________________________________。

第九条 本合同有效期限：________年________月________日至________年________月________日。

甲方（签章）：________　　　　乙方（签章）：________

代表人：________　　　　代表人：________

____年____月____日　　　　____年____月____日

【范例3】技术引进合同

技术引进合同

甲方（转让方）：________　　　　乙方（受让方）：________

法定代表人：________　　　　法定代表人：________

职务：________　　　　职务：________

地址：________　　　　地址：________

邮政编码:________ 邮政编码:________
电话:________ 电话:________
户名:________ 户名:________
开户银行:________ 开户银行:________
账号:________ 账号:________

甲乙双方就甲方转让技术给乙方,协商一致达成协议如下:

第一条 转让技术的内容

1. 技术范围包括:________________________________。

2. 技术指标包括:________________________________。

第二条 技术转让方式

技术转让方式为如下第________种:

1. 独家转让。

2. 普通许可。

第三条 价格及支付

转让价格为乙方向甲方支付________元,支付方式为________。

第四条 技术验收

技术验收包括技术资料的验收和产品考核验收。

验收的时间、地点、次数、人员标准和费用分别约定为:________。

第五条 技术及其权利保证

1. 甲方承诺该技术的各种指标和先进程度为:________。

2. 甲方对涉及专利权等技术权利做出承诺,确保引进的技术不发生权益纠纷。如产生纠纷,由甲方承担全部责任,与乙方无关。

第六条 技术培训和技术服务

甲方对乙方进行技术培训,技术培训的时间、期限和内容分别约定为________。

第七条 技术保密

双方都应当对合同内容和技术内容保密。保密期限为________年。

第八条 受让方权利

1. 乙方享受对该技术的使用权,使用范围包括但不限于________。

2. 乙方享有对该技术的制造权、销售权及出口的权利,具体权利行使的范围和条件约定为:________。

第九条 不可抗力事件及免责条件

由于自然原因引起的不可抗力和社会原因引起的不可抗力而导致合同无法履行或者一方违约的，不承担责任。

第十条 其他约定

1. 乙方应当按照规定的时间和方式给付甲方费用，延迟给付的，需按照________%合同标的偿付滞纳金。

2. 甲方应当按照合同要求的标准对乙方进行技术培训，如果甲方培训未达到约定标准，乙方可以少付或者延迟给付费用。

3. 乙方对技术使用的范围不得超出本合同约定范围。

第十一条 争议解决及法律适用

凡因执行本合同所发生的或与本合同有关的一切争议，双方应通过友好协商解决；如果协商不能解决，应提交________仲裁委员会，根据该会的仲裁程序暂行规则进行仲裁。仲裁裁决是终局裁决，对双方都有约束力。

第十二条 合同生效期限和终止

本合同自________年________月________日起生效。因____________________终止。

第十三条 合同文本使用中文和英文（其他文字亦可）两种文本书写。内容如有争议，以中文为准。

第十四条 本合同未尽事宜，双方协商签订补充协议。补充协议与本合同具有同等效力。

甲方（签章）：________　　　　乙方（签章）：________

代表人：________　　　　代表人：________

____年____月____日　　　　____年____月____日

【范例4】技术转让合同

技术转让合同

甲方（受让方）：____________________

乙方（转让方）：____________________

依据《中华人民共和国合同法》的规定，合同双方就________转让（该项目属计划），经协商一致，签订本合同。

第一条　非专利技术的内容、要求和工业化开发程序：________。

第二条　技术情报和资料及其提交期限、地点和方式：

乙方自合同生效之日起________天内，在________（地点），以________方式，向甲方提供下列技术资料：________。

第三条　本项目技术秘密的范围和保密期限：________。

第四条　使用非专利技术的范围：________。

甲方：________；乙方：________。

第五条　验收标准和方法：________。

甲方使用该项技术，试生产________后，达到了本合同第一条所列技术指标，按________标准，采用________方式验收，由________方出具技术项目验收证明。

第六条　经费及其支付方式：

1. 成交总额：________元。

其中技术交易额（技术使用费）：________元。

2. 支付方式（采用以下第________种方式）：

(1)一次总付：________元，时间：________。

(2)分期支付：________元，时间：________；________元，时间：________。

(3)按利润________%提成，期限：____。

(4)按销售额________%提成，期限：____。

(5)其他方式：____。

第七条　违约金或者损失赔偿额的计算方法：

违反本合同约定，违约方应当按《中华人民共和国合同法》第三百五十一条、第三百五十二条规定承担违约责任。

(1)违反本合同第________条规定，________方应当承担违约责任，承担方式和违约金额如下：____。

(2)违反本合同第________条规定，________方应当承担违约责任，承担方式和违约金额下：________。

(3)____。

第八条 技术指导的内容(含地点、方式及费用):________。

第九条 后续改进的提供与分享:

本合同所称的后续改进,是指在本合同有效期内,任何一方或者双方对合同标的技术成果所做的革新和改进。双方约定,本合同标的技术成果后续改进由________方完成,后续改进成果属于________方。

第十条 合同争议的解决方式:

本合同在履行过程中发生的争议,由双方当事人协商解决;协商不成的,按下列第________种方式解决:

1. 提交________仲裁委员会仲裁;
2. 依法向人民法院起诉。

第十一条 名词和术语的解释:________________________________。

第十二条 其他(含中介人的权利、义务、服务费及其支付方式、定金、财产抵押、担保等上述条款未尽事宜):________________________________。

甲方(盖章):________	乙方(盖章):________
代表人(盖章):________	代表人(盖章):________
电话:________	电话:________

签订地点:________________________________

签约日期:______年______月______日

写作要领

一、技术合同概述

技术合同是指当事人之间就技术开发、技术转让、技术咨询或者服务所订立的确立相互之间权利和义务的合同的总称。

二、技术合同的特点

1. 技术合同是双务、有偿合同。技术合同的标的是技术成果。

2. 技术合同的法律调整具有多样性。技术合同应当遵循民法中关于债的一般规定。同时,由于技术合同是基于技术的开发、转让、服务或者咨询而产生的合同关系,因而其在许多方面,尤其是技术成果所有权方面,要受知识产权法律的调整。

3. 技术合同的主体一般具有特定性。技术合同当事人通常至少一方是能够利用自己的技术力量从事技术开发、技术转让、技术服务或咨询的法人、自然人和其他组织。因此说,技术合同的主体一方具有特定性。

三、技术合同的分类

1. 技术开发合同。技术开发合同是指当事人之间就新技术、新产品、新工艺和新材料及其系统的研究开发所订立的合同。分为委托开发合同与合作开发合同两种。

2. 技术转让合同。技术转让合同是指当事人就专利权转让、专利申请权转让,技术秘密转让和专利实施许可所订立的合同。技术转让合同的特征包括:

(1)技术转让合同的标的是现有的技术成果。这是技术转让合同和技术开发合同的区别。

(2)技术转让合同为双务合同、有偿合同、诺成合同和要式合同。

(3)技术转让合同所转移的是技术的使用权或所有权。

四、技术合同的漏洞

技术合同由于具有较高的专业性和技术性,容易出现欺诈及漏洞,一般来说,有如下几种情况。

1. 利用技术转让合同中的包销条款对技术受让方进行欺诈。包销条款是指技术持有人,将技术转让或许可给受让方后,为增加技术转让的吸引力,减少受让方对投资风险的畏惧,承诺全部承销技术受让方根据该技术生产的产品,这种承诺性条款就是包销条款。包销条款对技术受让方或被许可方产生极大的诱惑力,认为这种合同没有任何风险,合同实施后稳赚不赔,从而对合同标的不进行认真的可行性分析就与技术持有人签订合同,为合同欺诈埋下伏笔。技术合同欺诈中的包销条款一般都是很原则的条款,通常都必须另定补充协议才能实现。因此即使有包销条款,包销条款也很难履行,并且很难追究欺诈人的法律责任。欺诈人往往利用包销条款虚夸产品的销售量,诱使对方支付较高的技术转让费,甚至提供市场可行性报告、技术实施计划等材料，而在实际履行中往往以种种借口拒绝包销产品，或以极低的价格回购，使生产方最终放弃包销而改为自销。

2. 技术转让合同签订后，以提供技术实施设备等条件为名，不平等获得受让方财产。技术合同的标的不是一般的物品，而是一种无形的知识或技术。因此在技术转让过程中，技术持有方一般都要向受让方提供相关条件和进行具体的实施指导。在技术转让合同欺诈中，欺诈人往往要求受让方必须使用技术持有方提供的技术设备，否则便不保证产品的质量，而受让方由于受专业知识的影响未能对该设备的技术先进性进行考察，盲目地接受该设备，而一旦发现该技术不具有先进性、生产出的产品没有市场时已无法退回该设备，而技术转让方实际则达成了销售该设备的目的并从中获得了利润。另外，有的欺诈人则以代受让方定购设备为名，从中获取高额利润，受让方以为设备如不由技术持有者组织定购会影响技术实施而同意该约定，事实上该设备往往是市场上很普遍的设备，欺诈人便从中获取了高额利润。

3. 技术合同欺诈人将不成熟的或不可实施的技术当作可实施的技术转让给受让方。在技术合同欺诈中，欺诈人经常使用的另一种手段是将不成熟的或者根本不可实施的技术当作可实施的技术转让给受对方。由于我国法律没有将技术的成熟程度作为交付标的的一个前提，所以经常出现将尚不成熟的技术当作成熟的技术、非专用产品当作专利产品进行转让。还有的是将尚处于试验阶段的技术成果作为已成为商品的技术成果进行转让，从而使受让方承担更高的费用继续进行试制、提高、完善、成型，结果往往得不偿失。

4. 技术合同中因为条款不完备易出现的漏洞。技术合同中包含技术咨询合同、技术服务合同，技术转让合同、技术开发合同等不同类型。每一类合同都有其自身不同的特点，在技术咨询合同中，双方当事人应对所涉及技术问题、咨询报告的内容、期限、质量进行详细约定，尤其对咨询报告可能出现的虚假、延误问题应当明确违约责任。在技术服务合同中，应对工作条件、工作成果等技术事项明确约定。在技术转让合同中，当事人应当约定使用该技术的范围，技术持有人应当保证该技术的实用性、可行性。在技术开发合同中，易出现的漏洞经常是对所开发出的技术的所有权约定不明确，对技术成果的后续改进成果的分享方法约定不明确等。

五、技术合同的风险防范

1. 注意防范各种技术合同条款容易出现的漏洞。技术合同有各种分类，包含技术咨询合同、技术服务合同、技术转让合同、技术开发合同等不同类型，每一类合同都有其自身不同的特点，需要注意合同的相关条款。

（1）技术咨询合同中双方当事人应对所涉及技术问题、咨询报告的内容、期限、质量进行详细约定，尤其应对咨询报告可能出现的虚假、延误问题明确违约责任。

（2）技术服务合同应对工作条件、工作成果等技术事项明确约定。

（3）技术转让合同中当事人应当约定使用该技术的范围，技术持有人应当保证该技术的实用性、可行性。同时警惕合同中的包销条款。包销条款是指技术持有人将技术转让或许可给受让方后，为增加技术转让的吸引力，减少受让方对投资风险的畏惧，承诺全部承销技术受让方根据该技术生产的产品，这种承诺性条款就是包销条款。技术合同中的包销条款一般都是很有原则的条款，通常必须另签订补充协议才能实现。

（4）技术开发合同中易出现的漏洞是对所开发出的技术的所有权约定不明确，对技术成果的后续改进成果的分享方法约定不明确等。

2. 应对合同中的技术标的进行严格的科学审查。由于我国法律没有将技术的成熟程度作为交付标的的一个前提，所以在实践中经常出现将尚不成熟的技术当作成熟的技术、将非专利产品当作专利产品进行转让的情况。还有的是将尚处于试验阶段的技术成果作为已成为商品的技术成果进行转让，从而使受让方承担更高的费用继续进行试制、提高、完善、成型，往往得不偿失。因此一定要对转让的技术进行仔细考察。由于技术合同中的技术标的一般具有先进性，当事人并不能凭自身的知识了解，但是技术成果不可能违反科学常规和规律，因此可以在签订合同前向有关部门或技术人员咨询、鉴定该技术的可行性。对技术标的的考察还应了解该技术实施后可能创造的经济效益、市场范围、是否已实施、实施范围，从而对付出的成本有所衡量。

3. 对技术标的来源和技术持有人进行考察。对技术标的的来源和技术持有人进行考察是预防合同欺诈的有效手段，创造技术成果的单位或个人的技术水平决定了技术成果的水平，通过对技术来源和对技术持有人的考察会对技术成果的可信度有所判断。但这只能作为参考，对技术成果的技术指标还是应当由专家进行鉴定。另外在技术转让合同中，受让方应当对技术成果的所有权归属进行考察，以免与非所有权人订立合同而产生纠纷。

4. 费用支付方式、违约责任要约定明确。技术合同欺诈的发生一般都以技术使用费、技术转让费为目标。关于技术合同中费用的支付，对受让人来说，不先支付费用，而是在合同实施后，根据产品的销售按比例提成，或盈利后给对方分配一定的利润，应当是风险最小的一种支付方式。合同欺诈人一般只接受一次性支付，如果对方宁可以极低价格转让也不接受其他方式的支付，受让方就应当提高警惕，以免上当。另外，技术合同中的违约责任应当制订得明确详细，以保护当事人的权利。

第七节　劳动合同

参考范文

【范例1】员工劳动合同书

劳动合同书

根据《中华人民共和国劳动法》《中华人民共和国劳动合同法》和有关法律、法规，甲乙双方经平等自愿、协商一致签订本合同，共同遵守本合同所列条款。

第一条　劳动合同双方当事人基本情况

1. 甲方________

法定代表人（主要负责人）或委托代理人________

注册地址：________

经营地址：________

2. 乙方________　　性别________

户籍类型（非农业、农业）________

居民身份证号码________

其他有效证件名称________ 证件号码________

在甲方工作起始时间________年________月________日

家庭住址________ 邮政编码________

现居住地址________ 邮政编码________

户口所在地________省(市)________区(县)________街道(乡镇)

第二条 劳动合同期限

本合同为固定期限劳动合同。

本合同于______年______月________日生效,其中试用期至________年________月________日止。本合同于________年________月________日终止。

第三条 工作内容和工作地点

乙方同意根据甲方工作需要,担任________岗位(工种)工作。

1. 根据甲方的岗位(工种)作业特点,乙方的工作区域或工作地点为________。

2. 乙方工作应达到________标准。

第四条 工作时间和休息休假

1. 甲方安排乙方执行________工时制度。

执行标准工时制度的,乙方每天工作时间不超过8小时,每周工作不超过40小时。每周休息日为________。甲方安排乙方执行综合计算工时工作制度或者不定时工作制度的,应当事先取得劳动行政部门特殊工时制度的行政许可决定。

2. 甲方对乙方实行的休假制度有:________。

第五条 劳动报酬

1. 甲方每月________日前以货币形式支付乙方工资,月工资为________元或按________执行。

乙方在试用期期间的工资为________元。

甲乙双方对工资的其他约定:________。

2. 甲方生产工作任务不足使乙方待工的,甲方支付乙方的月生活费为________元或按________执行。

第六条 社会保险及其他保险福利待遇

1. 甲乙双方按国家和××市的规定参加社会保险。甲方为乙方办理有关社会保险手续,并承担相应社会保险义务。

2. 乙方患病或非因工负伤的医疗待遇按国家、××市有关规定执行。甲方按________支付乙方病假工资。

3. 乙方患职业病或因工负伤的待遇按国家和××市的有关规定执行。

4. 甲方为乙方提供以下福利待遇________。

第七条 劳动保护、劳动条件和职业危害防护

1. 甲方根据生产岗位的需要,按照国家有关劳动安全、卫生的规定为乙方配备必要的安全防护措施;发放必要的劳动保护用品。

2. 甲方根据国家有关法律、法规,建立安全生产制度;乙方应当严格遵守甲方的劳动安全制度,严禁违章作业,防止劳动过程中的事故,减少职业危害。

3. 甲方应当建立健全职业病防治责任制度,加强对职业病防治的管理,提高职业病防治水平。

第八条 劳动合同的解除、终止和经济补偿

1. 甲乙双方解除、终止、续订劳动合同应当依照《中华人民共和国劳动合同法》和国家及××市有关规定执行。

2. 甲方应当在解除或者终止本合同时,为乙方出具解除或者终止劳动合同的证明,并在十五日内为乙方办理档案和社会保险关系转移手续。

3. 乙方应当按照双方约定,办理工作交接。应当支付经济补偿的,在办结工作交接时支付。

第九条 当事人约定的其他内容

甲乙双方约定本合同增加以下内容:________。

第十条 劳动争议处理及其他

1. 双方因履行本合同发生争议,当事人可以向甲方劳动争议调解委员会申请调解;调解不成的,可以向劳动争议仲裁委员会申请仲裁。

当事人一方也可以直接向劳动争议仲裁委员会申请仲裁。

2. 本合同的附件如下:________。

3. 本合同未尽事宜或与国家、××市有关规定相悖的,按有关规定执行。

4. 本合同一式两份,甲乙双方各执一份。

甲方(公章):________　　　　　　　　乙方(签字或盖章):________

法定代表人(主要负责人):________

或委托代理人(签字或盖章):________

签订日期:______年______月______日

【范例2】临时工聘用劳动协议

临时用工协议

甲方:________________(以下简称甲方)

乙方:________________(以下简称乙方)

根据《中华人民共和国劳动法》及其他相关法律、法规,甲乙双方在自愿、平等的基础上,经双方协商一致,签订本临时用工协议。

第一条 用工期限________年,自________年________月________日起至________年________月________日止。用工期满,本协议终止。

第二条 工作内容

1. 乙方的工作岗位________________

2. 乙方的工作任务________________

第三条 劳动报酬

1. 基本工资:乙方在工作期间内的工资标准,经双方商定基本工资为________元/月。

2. 周末加班补贴________元/月。

甲方依据国家有关工资支付的规定,于每月________日左右发放薪资(逢节假日可顺延)。

第四条 社会保险和福利

因乙方与其原单位仍保留正式劳动关系(原用工合同已注明乙方自愿离岗),按照国家相关规定,乙方的社会养老保险等由乙方与其原单位缴纳,甲方不再为乙方缴纳社会养老保险等。

第五条 教育、培训与劳动保护

1. 甲方对乙方有进行职业道德、安全生产和安排上岗前培训及职业技术培训的义务,如需乙方从事特种作业,应经过专门培训持证上岗。

2. 按国家规定的作息时间乙方未休息的，甲方应给与乙方补休或支付额外工资。并保证乙方每周不少于一天的休息时间。

3. 根据行业特点，甲方可灵活安排乙方的工作时间。

第六条 劳动纪律与违约责任

1. 甲方对乙方加强劳动纪律教育，向乙方宣传劳动纪律、法规和本单位的规章制度。

2. 乙方必须服从甲方的领导、管理和教育，自觉执行和维护本单位的规章制度，遵守劳动纪律。

3. 如乙方违反法律或公司相关制度，甲方可依法或依照本公司的规定给予批评教育或纪律处分。如情节严重造成法律后果的，一切法律责任及赔偿责任由乙方全部承担，且甲方有权将乙方交由司法处理。

4. 乙方与甲方签订本协议之前，确保已与原单位办理内退（或离职）手续，并保证不因原单位事宜影响乙方在甲方的工作，与乙方原单位发生的纠纷或造成的损失均由乙方自行承担。

第七条 解除、终止劳动协议的条件

1. 经甲、乙双方协商同意可以依法变更、修改、解除、终止本用工协议。

2. 有下列情形之一的，甲方可以随时解除本协议：

（1）乙方在工作期间被证明不符合甲方临时用工条件的。

（2）乙方严重违反劳动纪律或用人单位规章制度的；或乙方严重失职，营私舞弊，对甲方利益造成重大损害的。

（3）乙方被依法追究刑事责任的；法律、法规规定的其他情形。

3. 乙方离职必须提前一个月书面申请，经甲方同意并办妥离职手续后方可离开公司。

4. 用工期满，本协议自行终止。

第八条 双方约定事项

1. 安全责任：乙方外出应遵守交通规则，保障自身、公司财产安全；由乙方个人因素及管理失误造成的损失由乙方承担。

2. 甲、乙双方在签订本协议时，双方均具有完全行为能力，对各自的权利、义务清楚、明白，并愿意按规定处罚违反本协议的一方，违约的一方愿意接受。

3. 本协议书写与印刷文字均具有同等效力。

4. 乙方与其原单位签订的用工合同作为本协议的附件，以证明甲、乙双方的临时用工关系。

第九条 本协议未尽事宜，甲乙双方协商解决；本协议一式两份，甲、乙双方各执一份；本协议经双方签字盖章后生效。

甲方（盖章）：________　　乙方姓名：________

法定代表人：________　　身份证号码：________________

委托代理人（签字、盖章）：________　　户口住址：________________

______年______月______日　　家庭电话：________

手机：________　　手机：________

______年______月______日　　______年______月______日

【范例3】员工培训协议

员工培训合同

甲方________因工作（生产）需要（或根据乙方________的个人申请），同意乙方参加________培训。现根据劳动法及本单位的有关规定，经双方协商，一致同意：

第一条 参加培训的时间从________年________月________日起，至________年________月________日止。

第二条 培训形式：________________

1. 全脱产学习。

2. 半脱产学习。

3. 非脱产学习。

第三条 培训费支付。

培训费共计________元。由甲方负责承担________%，人民币________元；由乙方负责承担________%，人民币________元。培训所需的交通费用由乙方负责。

第四条 乙方在培训期间，其基本工资发________%；岗位工资发________%或不计发；其他工资奖金补贴发________%或不计发。

第五条 乙方通过培训后，未取得合格成绩者，培训费用全部由乙方承担。

第六条 由甲方提供经费、时间的培训，乙方必须为甲方继续服务________年。

第七条 乙方违反劳动合同或提前解除劳动合同，以及培训后为甲方的服务年限不满，乙方需赔偿甲方，赔偿金包括：由甲方为乙方支付的培训费、脱产期间发的工资奖金。

第八条 其他约定：____

第九条 本合同一式两份，双方各持一份，具有同等法律效力，本合同由双方签字盖章后生效。

甲方（法）负责人签名（盖印）：________　　乙方签名（盖印）：________
法定地址或住所：________　　法定地址或住所：________
____年____月____日　　____年____月____日

【范例4】员工保密合同

保密协议

甲方：____________　　乙方：____________
法定代表人：____________　　身份证号码：____________
注册地址：____________　　户籍地址：____________
邮编：____________　　通信地址：____________
联系电话：____________　　邮编：____________
　　联系电话：____________

为保护甲方商业秘密，防止恶性竞争的发生，甲、乙双方本着平等自愿、协商一致的原则，依据《中华人民共和国劳动法》《中华人民共和国劳动合同法》《中华人民共和国反不正当竞争法》及其他法律、法规的规定，签订本保密协议。

第一条 工作成果归属

1. 双方确认，乙方在甲方任职期间，因履行职务或者主要是利用甲方的物质技术条件、业务信息等产生的发明创造、作品、计算机软件、技术秘密或其他商业秘密信息，有关的知识产权均属于甲方享有。甲方可以在其业务范围内充分自由地利用这些发明创造、作品、计算机软件、技术秘密或其他商业秘密信息，进行生产、经营或者向第三方转让。乙方应当依甲方的要求，提供一切必要的信息和采取一切必要的行动，包括申请、注册、登记等，协助甲方取得和行使有关的知识产权。

2. 乙方在甲方任职期间所完成的、与甲方业务相关的发明创造、作品、计算机软件、技术秘密或其他商业秘密信息，乙方主张由其本人享有知识产权的，应当及时向甲方申明。经甲方核实，认为确属于非职务成果的，由乙方享有知识产权。

3. 乙方没有申明的，推定其属于职务成果，甲方可以使用这些成果进行生产、经营或者向第三方转让。即使日后证明实际上是非职务成果的，乙方亦不得要求甲方承担任何经济责任。

4. 乙方申明后，甲方对成果的权属有异议的，可以通过协商解决；协商不成的，通过诉讼途径解决。甲方对成果的权属无异议的，如甲方提出使用要求，乙方同意无条件授予甲方该成果法定最长期限的独占使用许可权。甲方应当给予乙方合理的补偿。

第二条 保密的内容与范围

1. 技术信息。指甲方研制开发或以其他合法方式掌握的、未公开的、能给甲方带来经济利益或竞争优势的实用性信息，包括但不限于：核心技术、技术方案、技术指标、技术改良、技术发明、技术报告和文档、许可证、设计需求、服务范围和内容、实现方法、运作流程、运行环境、软件系统、软件产品源程序/代码、目标代码、软件可执行程序、数据库、研究开发记录、测试报告、测试结果、测试方法、实验数据、试验结果、图画、图像、图形、图纸、用户手册、操作手册、涉及技术转让、技术入股、技术合作、技术引进或者其他合法途径获得技术秘密的业务函电和内部文件资料等。

2. 经营信息。指与甲方经营发展战略相关的信息，包括但不限于经营战略、市场营销计划和战略、产品信息、现有客户、潜在客户、供应商、合作伙伴信息、商务机会、经营数据、服务网络、需求信息、采购资料、定价政策、业务计划、进货渠道、产销策略、招投标中的标底/标书内容、备忘录、协议书、费用预算、设备资源、人力资源、财务报表、利润指标及不公开的财务数据等。

3. 其他。

(1) 乙方因业务往来或其他任何方式所知悉的甲方所属集团其他成员

企业的商业秘密，以及甲方依照法律规定（如在缔约过程中知悉的对方当事人的秘密）或有关协议的约定（如技术合同、合作协议等）对外承担保密义务的事项等。

(2)甲方依照法律规定和有关协议的约定要求乙方承担保密义务的其他事项。

第三条 甲方的权利与义务

1. 对技术秘密或其他商业秘密的有效使用、转移等采取合理、有效的措施和控制系统。

2. 保证技术秘密或其他商业秘密符合国家法律、法规、国家及社会的公共利益。

3. 对技术秘密或其他商业秘密的科研、办公、生产车间等场所，按保密的程度确定不同的等级并采取防范措施，确保不泄露技术秘密。

4. 若甲方技术秘密或其他商业秘密已为公众所知悉，或者已不能为本单位带来经济利益或竞争优势，则保密条款自行终止。

第四条 乙方的权利与义务

1. 乙方在甲方任职期间，必须遵守甲方规定的任何成文或不成文的保密规章、制度，履行与其工作岗位相应的保密职责。甲方的保密规章、制度没有规定或者规定不明确之处，乙方亦应本着谨慎、诚实的态度，采取任何必要、合理的措施，维护其于任职期间知悉或者持有的任何属于甲方或者虽属于第三方但甲方承诺有保密义务的技术秘密或其他商业秘密信息，以保持其机密性。

2. 除了履行职务的需要之外，乙方承诺，未经甲方同意，不得以泄露、告知、公布、发布、出版、传授、转让或者其他任何方式使任何第三方（包括按照保密制度的规定不得知悉该项秘密的甲方其他职员）知悉属于甲方或者虽属于他人但甲方承诺有保密义务的技术秘密或其他商业秘密信息，也不得在履行职务之外使用这些秘密信息。

3. 乙方承诺，在为甲方履行职务时，不得擅自使用任何属于他人的技术秘密或其他商业秘密信息，亦不得擅自实施可能侵犯他人知识产权的行为。若乙方违反上述承诺而导致甲方遭受第三方的指控时，乙方应当承担甲方为应诉而支付的一切费用；甲方因此而承担侵权赔偿责任的，有权向乙方追偿。上述应诉费用和侵权赔偿可以从乙方的工资报酬中扣除。

4. 乙方承诺，其在甲方任职期间，非经甲方事先同意，不在与甲方生产、经营同类产品或提供同类服务的其他企业、事业单位、社会团体内担任任何职务，包括股东、合伙人、董事、监事、经理、职员、代理人、顾问等。

5. 乙方因职务上的需要所持有或保管的一切记录着甲方秘密信息的文件、资料、图表、笔记、报告、信件、传真、磁带、磁盘、仪器以及其他任何形式的载体，均归甲方所有，而无论这些秘密信息有无商业上的价值。若记录着秘密信息的载体是由乙方自备的，则视为乙方已同意将这些载体物的所有权转让给甲方。甲方应当在乙方返还这些载体时，给予乙方相当于载体本身价值的经济补偿。

6. 乙方应当于离职时，或者于甲方提出请求时，返还全部属于甲方的财物，包括记载着乙方秘密信息的一切载体。但当记录着秘密信息的载体是由乙方自备的，且秘密信息可以从载体上消除或复制出来时，可以由甲方将秘密信息复制到甲方享有所有权的其他载体上，并把原载体上的秘密信息消除。此种情况乙方无须将载体返还，甲方也无须给予乙方经济补偿。

7. 不得刺探或以其他不正当手段（包括利用计算机进行检索、浏览和复制、采用磁盘、胶片和电子邮件等）获取与本职工作无关的甲方的技术秘密或其他商业秘密。

8. 不允许（包括出借、赠予、出租、转让等行为）或协助任何第三方使用甲方已掌握和使用的技术秘密或其他商业秘密。

9. 应主动采取加密措施对职务所涉及的技术秘密或其他商业秘密进行保护，防止被第三者知悉及使用；如发现因为自己主观或客观过失而造成甲方的技术秘密或其他商业秘密泄露，应及时向甲方陈述其过程并采取应急措施。

10. 乙方无论是否仍在甲方任职，若甲方认为有必要，乙方应协助甲方在其他国家或地区获得、维护、保护与这些创造发明有关的法律权益。

11. 未经甲方书面同意，不得擅自带任何人或团体参观甲方工作场所。

第五条　保密的期限

1. 乙方任职期限内，其保密期限与甲、乙双方签订的劳动合同期限一致。

2. 乙方离职之后仍对共在甲方任职期间接触、知悉的属于甲方或者虽属于第三方但甲方承诺有保密义务的技术秘密和其他商业秘密信息，承担如同任职期间一样的保密义务和不擅自使用有关秘密信息的义务，而无论乙方因何种原因离职。乙方离职后承担保密义务的期限依据相关法规或双方约定来界定保密期限的终止日期。若离职时没有书面明确规定的，则保密期限直到本文中涉及的所有技术信息和经营信息公开发布为止。

3. 若因工作需要，甲方委派乙方到国外或国内进行与工作内容相关的培训、考察、参观或展览会等，获悉的内容及资料涉及甲方的技术秘密或其他商业秘密，其保密期限以最新的培训服务协议和劳动合同为依据，保密期限以新规定的期限为依据。

第六条 违约责任

1. 乙方的违约行为造成甲方的直接或间接经济损失或严重后果的，乙方应当承担违约责任，具体规定如下：

(1) 损失赔偿额为甲方因乙方的违约行为所受到的实际经济损失以及可举证之期待利益损失。

(2) 如果甲方的损失难以计算，损失赔偿额为不低于乙方因违约行为所获得的全部利润的合理数额，或者不低于甲方商业秘密许可使用费的合理数额。

(3) 甲方因调查和追究乙方的违约行为而支付的合理费用，以及因此导致劳动合同解除而给甲方造成的人员录用费、培训费等的损失也应当包含在损失赔偿额之内。

(4) 因乙方的违约行为同时侵犯了甲方的商业秘密权利的，甲方可以选择根据本协议要求乙方承担违约责任，或者根据国家有关法律、法规要求乙方承担侵权责任。

2. 乙方离开公司后不遵守双方签订的竞业限制或竞业禁止协议等相关规定，给甲方造成直接或间接经济损失，经通知、规劝仍不改正或情节严重引发恶意竞争，除支付合同所约定的赔偿金外，另外应对所造成的其他经济损失做出赔偿。

第七条 争议

因履行本协议发生争议的，双方本着友好协商的方式予以解决，若协商、调解不成或者一方不愿意协商、调解的，任何一方都有权由向甲方所在地的劳动仲裁机构申请仲裁。对仲裁裁决不服的，可以向人民法院提起诉讼。

第八条　效力和变更

1. 本协议自双方签字之日起生效。

2. 本协议的任何修改必须经过双方的书面同意。

3. 协议未尽事宜由双方协商解决，协商不成，可向甲方所在地的劳动仲裁机构申请仲裁或诉诸法律解决。

第九条　其他

本合同列明的通信地址、电话、电子邮箱或其他联系方式均为本合同下的通知送达方式。一方如迁址或者其他联系方式变更，应当及时书面通知对方。否则，如因联系方式变更导致有关事项通知或者文件送达延误的不利后果，应由自行变更方负责。

第十条　本协议一式两份。甲、乙双方各执一份。每份具有同等的法律效力。

甲方：（签章）________　　　　乙方：（签名）________

公司代表人：（签字）________　　　　身份证号码：________

____年____月____日　　　　____年____月____日

签约地点：________________

写作要领

一、劳动合同概述

劳动合同是劳动者与用人单位确立劳动关系、明确双方权利和义务的协议。其条款主要包括用人单位的名称、住所和法定代表人或者主要负责人，劳动者的姓名、住址和居民身份证或者其他有效身份证件号码，劳动合同期限、工作内容和工作地点、工作时间和休息休假、劳动报酬、社会保险，劳动保护、劳动条件和职业危害防护，以及法律、法规规定应当纳入劳动合同的其他事项。订立和变更劳动合同，应当遵循平等自愿、协商一致的原则，不得违反法律、法规。

二、劳动合同的特点

1. 合法性。劳动合同必须依法以书面形式订立，做到主体合法、内容合法、形式合法、程序合法。只有合法的劳动合同才能产生相应的法律效力，任何一方面不合法的劳动合同，都是无效合同，不受法律承认和保护。

2. 协商一致性。在合法的前提下，劳动合同的订立必须是劳动者与用人单位双方协商一致的结果，是双方“合意”的表现，不能是单方意思表示的结果。

3. 合同主体地位平等。在劳动合同的订立过程中，当事人双方的法律地位是平等的。劳动者与用人单位不因为各自性质的不同而处于不平等地位，任何一方不得对他方进行胁迫或强制命令，严禁用人单位对劳动者横加限制或强迫命令的情况。只有真正做到地位平等，才能使所订立的劳动合同具有公正性。

4. 等价有偿。劳动合同明确双方在劳动关系中的地位作用，劳动合同是一种双务有偿合同，劳动者承担和完成用人单位分配的劳动任务，用人单位付给劳动者一定的报酬，并负责劳动者的保险金额。

三、劳动合同的陷阱与风险防范

1. 签订劳动合同时，劳动者必须先交纳押金是不合理的要求。劳动法规定用人单位在与劳动者订立劳动合同时，不得以任何形式向劳动者收取定金、保证金（物）或抵押金（物）。但是，目前绝大多数用人单位无视国家法律法规和规定，在订立劳动合同时以种种理由向劳动者收取押金或变相收取培训费、服装费、集资款、风险抵押金等，并规定劳动者因病因事请假、辞职时，收取劳动者的这些费用概不退还。这些做法，严重违反了国家法律法规和规定，损害了劳动者的合法权益。

遇到这一问题，劳动者一方面可以向用人单位提出交涉，拒绝交纳各种押金；另一方面可以向劳动保障监察机构进行举报或投诉，依法维护自己的合法权益。

2. 解除劳动关系后不给付经济补偿金是不合理的。劳动部《违反和解除劳动合同的经济补偿办法》第五条、第六条、第七条、第八条、第九条规定了劳动者应当得到经济补偿的几种情形，主要有：第一，经劳动合同当事人协商一致，由用人单位解除劳动合同的，用人单位应根据劳动者在本单位工作年限，每满一年发给相当于一个月工资的经济补偿，最多不超过十二个月。第二，劳动者患病或者非因工负伤，经劳动鉴定委员会确认不能从事原工作,也不能从事用人单位另行安排的工作而解除劳动合同的,用人单位应按其在本单位的工作年限每满一年发给相当于一个月工资的经济补偿金,同时还应发给不低于六个月工资的医疗费。第三,劳动者不能胜任工作,经过培训或者调整工作岗位仍不能胜任工作,由用人单位解除劳动合同的,应当发给经济补偿金。第四,劳动合同无法履行,经协商不能就变更劳动合同达成协议,由用人单位解除劳动合同的,应当发给经济补偿金。第五,用人单位裁减人员的,必须发给经济补偿金。目前,有的用人单位在解除劳动合同时,往往寻找各种借口,设置陷阱,利用强势地位,不给劳动者发放经济补偿金。

劳动者在遇到这一问题时,往往由于不了解法律、法规的规定,而不知道该怎么办,以致丧失了维权的最佳时机。这种情况下维权的途径有两条:一是根据《中华人民共和国劳动保障监察条例》的规定,劳动者可以向劳动保障监察机构举报;二是根据《劳动争议处理条例》向有管辖权的劳动争议仲裁委员会依法申请仲裁。对仲裁裁决结果不服的,可以向人民法院提起诉讼。

3. 发生工伤亡事故概不负责是不合理的。《工伤保险条例》(中华人民共和国国务院令第375号)第2条规定:“中华人民共和国境内的各类企业、有雇工的个体工商户(以下简称用人单位)应当依照本条例规定参加工伤保险,为本单位全部职工或者雇工缴纳工伤保险费。中华人民共和国境内的各类企业的职工和个体工商户的雇工,均有依照本条例的规定享受工伤保险待遇的权利”。第十七条规定:“职工发生事故伤害或者按照职业病防治法规定被诊断、鉴定为职业病,所在单位应当自事故伤害发生之日或者被诊断、鉴定为职业病之日起30日内,向统筹地区劳动保障行政部门提出工伤认定申请。遇有特殊情况,经劳动保障行政部门同意,申请时限可以适当延长。用人单位未按前款规定提出工伤认定申请的,工伤职工或其直系亲属、工会组织在事故伤害发生之日或者被诊断、鉴定为职业病之日起1年内,可以直接向用人单位所在地统筹地区劳动保障行政部门提出工伤认定申请。”但是,有的用人单位无视法律、法规的规定,在签订劳动合同时,利用强势地位,将发生工伤亡事故概不负责的条款写入合同中,强迫职工认可,并拒不参加工伤保险,拒不履行法定义务。当职工发生伤亡事故时,用人单位又想方设法逃避应负的责任,阻拦受伤害职工申请工伤认定和进行劳动能力鉴定,致使受事故伤害职工的合法权益得不到及时有效的保护。

当伤害事故发生后,用人单位和职工就该事故是否属于工伤而发生了争议,用人单位认为劳动者不是工伤的,用人单位负有举证的责任。职工本人或者其直系亲属可按照上述规定自行进行申请工伤认定。提出工伤认定申请应当提交下列材料:第一,工伤认定申请表(应当包括事故发生的时间、地点、原因以及职工伤害程度等基本情况);第二,与用人单位存在劳动关系(包括事实劳动关系)的证明材料;第三,医疗诊断证明或者职业病诊断证明书(或者职业病诊断鉴定书)。在工伤认定之后,要在规定的时效内申请劳动能力鉴定。在完成以上步骤后,如果用人单位不支付工伤待遇,劳动者可按照《劳动争议处理条例》的规定依法申请劳动争议仲裁。对仲裁裁决不服的,可以依法提起诉讼。

4. 工伤待遇不按规定的标准计算是不合理的。《工伤保险条例》第五章规定了工伤职工或患职业病所应享受的待遇项目和工伤待遇计算的办法和标准以及工伤职工停止享受工伤保险待遇的条件。第八章附则对《工伤保险条例》中所称职工的解释为:与用人单位存在劳动关系(包括事实劳动关系)的各种用工形式、各种用工期限的劳动者。对"本人工资"所做的解释是:用人单位直接支付给本单位全部职工的劳动报酬总额。并明确规定如果用人单位没有按照《工伤保险条例》依法参加工伤保险,发生事故伤害职工的保险待遇由用人单位负担。但是,有的用人单位不依法参加工伤保险,在发生工伤事故后,想方设法逃避责任,利用强势地位,强迫工伤职工放弃享受工伤待遇,签订霸王协议;或在计算工伤待遇时,不按国家规定的工资组成部分计算,只将基本工资作为计算的依据,严重损害工伤职工的合法权益。

劳动者应当明确工资的组成部分有哪些。根据国务院批准、国家统计局发布的《关于工资总额组成的规定》和《关于工资组成的若干具体范围的解释》下列六种工资形式组成企业的工资总额:计时工资、计件工资、加班加点工资、特殊情况下支付的工资、奖金和津贴、补贴。特殊情况下的工资,是指在法律规定的特殊的情况和合同约定情况下,按照有关规定和约定,而不是按劳动者提供劳动的数量和支付给劳动者的工资。它包括:第一,履行国家和社会义务期间的工资;第二,婚丧等事假工资;第三,探亲假工资;第四,停工期间的待遇;第五,职工半脱产学习期间的工资;第六,伤病产假工资;第七,年休假工资;第八,附加工资和保留工资。特殊情况下的工资按计时工资或计件工资标准或计时工资、计件工资标准的一定比例支付。

5. 不按规定支付工资或不执行最低工资标准是不合理的。根据《劳动法》《工资支付暂行规定》的有关规定，工资应当以货币形式支付。用人单位在一般情况下，应当用货币支付劳动者工资，特定用人单位如外资企业可以用外币支付。除法律规定或集体合同规定的情况外，不得用实物及有价证券代替货币支付。但是，有的用人单位在经营困难时，想方设法用本单位生产的产品折价顶替工资，致使劳动者因领不到工资生活发生困难。《最低工资规定》（劳动和社会保障部令第 21 号）规定最低工资标准："是指劳动者在法定工作时间或依法签订的劳动合同约定的工作时间内提供了正常劳动的前提下，用人单位依法支付的最低劳动报酬。"最低工资的具体标准由省、自治区、直辖市人民政府确定。有的用人单位认为，单位为劳动者免费提供了食宿，这些费用再加上支付的工资已经超过最低工资标准。其实，这样做严重违反了法律、法规，侵犯了劳动者的合法权益。免费食宿是单位的福利待遇，不是工资，当然更不能列入最低工资标准。虽然加上食宿的费用，用人单位实际支出的费用可能已经超过最低工资标准，但用人单位如果直接支付的货币低于最低工资标准，应当承担违法后果。

《劳动法》第 50 条规定：工资应当以货币形式按月支付给劳动者本人。不得克扣或者无故拖欠劳动者的工资。可见，按时支付劳动者的工资是用人单位的法定义务。《劳动法》第 48 条规定：用人单位支付劳动者的工资不得低于当地最低工资标准。因此，最低工资规定是国家的强制性规定，只要劳动者在法定工作时间内提供了正常劳动，单位就应支付不低于当地最低工资标准的工资报酬，即使在劳动合同使用期内也不能例外。劳动者在遇到用人单位用实物代替工资或不按最低工资标准发放工资时，劳动者可以拒绝领取并提出用货币支付工资的要求。如果用人单位不遵守法律法规规定，劳动者可根据有关规定向劳动保障部门进行举报投诉。

6. 不为劳动者参加社会保险并缴纳保险费是不合理的。《劳动法》第 72 条规定："用人单位和劳动者必须依法参加社会保险，缴纳社会保险费。"第 73 条规定："劳动者在下列情形下，依法享受社会保险待遇：第一，退休；第二，患病、负伤；第三，因工伤残或者患职业病；第四，失业；第五，生育。劳动者死亡后，其遗属依法享受遗属津贴。劳动者享受社会保险待遇的条件和标准法律、法规规定。劳动者享受的社会保险必须按时足额支付"。但是，有个别用人单位在和劳动者签订劳动合同时约定：单位不为劳动者参加社会保险，缴纳社会保险费。由劳动者个人参加并缴纳各项社会保险费。这些“霸王条款”既严重损害了劳动者依法享受社会保险待遇的权利，也不利于和谐社会的构建。

社会保险是国家通过立法强制征集的专门资金，用于保障劳动者在暂时或永久丧失劳动能力时或在工作中断期间基本生活需求的一种物质帮助制度。依法为劳动者参加社会保险是用人单位的法定义务。因此，劳动者在签订劳动合同时应特别注意，如果用人单位利用强势地位，逼迫劳动者放弃应享有的社会保险权利，劳动者有权予以拒绝，并向劳动保障行政部门举报，劳动保障行政部门可依法进行查处。

第八节　租赁合同

参考范文

【范例1】写字楼租赁合同

写字楼租赁协议书

甲方（出租方）：____________

乙方（承租方）：____________

甲方为支持乙方开展业务，甲方愿意将管理权属于自己的房屋出租给乙方使用，根据《中华人民共和国合同法》及有关规定，经双方协商一致，特订立如下条款，以便共同遵守。

第一条　出租房屋坐落地址：____________________________________。

第二条　房屋面积

使用面积（按建筑面积计，下同）________平方米，内含厨房________间，卫生间________间；房内设备有：电表________个，检漏开关________

个,电话线________条,电话机________台(号码:________________),洗手盆________个,抽水马桶________个,淋浴器________个,光管________支,插座________个。

第三条 租用期限

乙方租用期为________年,即从________年________月________日起至________年________月________日止。

第四条 费用及交纳期限

1. 乙方每月向甲方交纳房租人民币________拾________万________仟________佰________拾________元(小写:________元),在当月十五日前交清,交纳地点在甲方财务部。

2. 甲方向乙方提供电话使用(不代办查阅电话费用明细账)、供水、供电、电梯、保安,公共设施的管理、维修及公共场所清洁卫生等综合服务,甲方向乙方收取综合服务费,按每平方米________元/月的标准收取,即每月收取综合服务费________仟________佰________拾________元(小写:________元)。乙方必须在当月十五日前交清,交纳地点在甲方财务部。

3. 乙方使用工作用房期间,其水电费、电话费由乙方负担,乙方当月的水电费和电话费按水电及电信部门收取的金额在下一个月十五日前由甲方代收,收费地点在甲方财务部。

第五条 甲方的责任

1. 甲方负责对工作用房的维修(如属乙方使用不当造成需维修的项目,其发生的费用由乙方负责),确保工作用房的使用安全。

2. 甲方为乙方提供电话通信设备(TEL),TEL的所有权归甲方,乙方只有使用权。

3. 本协议期满,甲方在乙方已办妥退房手续,并交齐所有有偿费用,按时迁出后,将本协议规定的保证金退还乙方(不计利息)。

4. 在本协议有效期限内甲方向乙方收取的租金及保证金、综合服务费的标准不变。

5. 甲方不承担因乙方对工作用房进行装修拆改,或因不可抗力的原因导致毁损工作用房和造成乙方财产、人身安全等损失的责任。

第六条 乙方的责任

1. 本协议在甲乙双方签字后生效。乙方在本协议生效后五天内向甲方交付履约保证金________拾________万________仟________佰________拾________元(小写:________元);电话及通话保证金________万________仟________佰________拾________元(小写:________________)(国际长途:××元/部;国内长途:××元/部;市内:××元/部)。乙方若中途退房,保证金归甲方所有。

2. 乙方依约交付租金、综合服务费、水电费、电话费,逾期不交者须缴交滞纳金,即乙方每逾期一天应按应交费用总金额的××%向甲方缴交滞纳金。

3. 乙方使用的工作用房,只准用于开办独立核算的企业,不得将其转让、转租、擅自改变使用用途。

4. 乙方不得私自拆改工作用房。若需对房间装修的,乙方须按《________市________________综合管理规定》执行,到甲方综合管理部办理填报《申请表》等手续,经甲方批准后方可组织施工。否则,乙方装修视作违约,应自行拆除,恢复原状;同时一切费用由乙方支付。本协议终止后,其墙面(含门、窗)、天花、灯具、地板、招牌、防盗网等不动产均无偿归甲方,乙方不得自行拆除。否则,乙方必须在将其所使用的工作用房恢复原状后,方可取回保证金。房间的建筑和各种设施若因乙方装修拆改,或使用不当,或人为损坏,或下水道堵塞所造成的损失,均由乙方赔偿。

5. 乙方不得私自拆装电话,或转让、转租给他方使用。否则,甲方有权收回乙方的电话机,并按电信局有关规定处以罚款。若乙方对电话有任何损坏,均由乙方负责维修和赔偿。

6. 乙方在使用期内必须自觉遵守国家有关法律、法令,依法经营。注意防火安全、计划生育、治安管理,乙方若违反上述条例应承担一切经济法律责任。

7. 乙方拖欠甲方的租金、综合服务费达×个月,则作乙方自行终止协议处理。乙方应在接到甲方通知三天内自行迁出,并补交所欠甲方的一切费用。若乙方不按时迁出,则从协议终止日起计收逾期金,每逾期一天按本协议所定的日租金、综合服务费金额的两倍计收。

8. 乙方在本协议期满后续签新协议时,交费标准按新协议执行,且须在本协议终止前一个月到甲方办理续签(新协议)手续,逾期作不续签处理。乙方如无意续签,则应在本协议终止前一个月内,到甲方办理退房手续,并于本协议终止后×天内迁出。如未及时迁出,保证金归甲方,并由甲方向乙方收取违约金,每逾期一天按本协议所定的日租金额和综合服务费的两倍计收。

9. 本协议期满或乙方需中途退房,应按规定办妥退房手续,乙方须到甲方综合管理部填写《退房验收情况登记表》,在甲方验收合格后,乙方才能搬出甲方写字楼,否则甲方不予放行。

10. 乙方需办理进驻甲方工作用房的手续,程序按《________市高新技术创业服务中心综合管理规定》办理,乙方应如实填写《进驻企业人员登记表》,并向甲方提交有关资料。

第七条 其他:____。

第八条 本协议书与甲方《________综合管理规定》同时使用,具有同等法律效力。

第九条 本协议书未尽事宜,一律按《中华人民共和国合同法》有关规定执行。经双方协商后签订补充协议,与本协议有同等效力。

第十条 本协议在执行过程中若发生争议,双方应协商解决;协商不成的,可通过人民法院解决。

第十一条 以上条款若与国家新颁的法令有抵触之处,即按国家法令的新规定执行。

第十二条 本协议书一式四份,经双方法定代表人签字盖章后生效,甲乙双方各执两份。

甲方(签章):________　　乙方(签章):________

电话:________　　电话:________

签约日期:____年____月____日　　签约日期:____年____月____日

【范例2】房屋租赁合同

房屋租赁合同

出租方(甲方):______________

承租方(乙方):______________

依据《中华人民共和国合同法》及有关法律、法规的规定，甲乙双方在平等、自愿的基础上，就房屋租赁的有关事宜达成协议如下：

第一条 房屋基本情况

该房屋坐落于北京市________区（县）________。该房屋为：楼房____室________厅________卫，平房________间，建筑面积________平方米，使用面积________平方米，装修状况________，其他条件为________________。

第二条 房屋权属状况

该房屋权属状况为第________种。

1. 甲方对该房屋享有所有权的，甲方或其代理人应向乙方出示房屋所有权证，证书编号为：________。

2. 甲方对该房屋享有转租权的，甲方或其代理人应向乙方出示房屋所有权人允许甲方转租该房屋的书面凭证，该凭证为：________。

第三条 房屋用途

该房屋用途为：________。乙方保证，在租赁期内未征得甲方书面同意以及按规定经有关部门审核批准前，不擅自改变该房屋的用途。

第四条 交验身份

1. 甲方应向乙方出示（□身份证/□营业执照）及________等真实有效的身份证明。

2. 乙方应向甲方出示（□身份证/□营业执照）及________等真实有效的身份证明。

第五条 房屋改善

1. 甲方应在本合同签订后________日内对该房屋做如下改善：________，改善房屋的费用由（□甲方/□乙方）承担。

2. 甲方（□是/□否）允许乙方对该房屋进行装修、装饰或添置新物。装修、装饰或添置新物的范围是：________。双方也可另行书面约定。

第六条 租赁期限

1. 房屋租赁期自________年________月________日至________年____月________日，共计________年________个月。（期限超过××年的，超过部分无效。）

2. 租赁期满，甲方有权收回该房屋。乙方有意继续承租的，应提前____

____日向甲方提出(□书面/□口头)续租要求。征得同意后甲乙双方重新签订房屋租赁合同。如乙方继续使用租赁房屋甲方未提出异议的,本合同继续有效,租赁期限为不定期,双方均有权随时解除合同,但应提前________日(□书面/□口头)通知对方。

第七条　租金

1. 租金标准:________元/(□月/□季/□半年/□年),租金总计:________元(大写:________元)。该房屋租金________(□年/□月)不变,自第________(□年/□月)起,双方可协商对租金进行调整。有关调整事宜由双方另行约定。

2. 租金支付时间:________________________________。

3. 租金支付方式:________________________________。

(□甲方直接收取/□甲方代理人直接收取/□甲方代理人为房地产经纪机构的,乙方应在________银行开立账户,通过该账户支付租金,房地产经纪机构不得直接向乙方收取租金,但乙方未按期到________银行支付租金的除外。房地产经纪机构应于本合同签订之日起×个工作日内应将其中一份合同送交银行。)

4. 甲方或其代理人收取租金后,应向乙方开具收款凭证。

第八条　房屋租赁保证金

1. 甲方交付该房屋时,乙方(□是/□否)向甲方支付房屋租赁保证金,具体金额为:________元(大写:________元)。

2. 租赁期满或合同解除后,房屋租赁保证金除抵扣应由乙方承担的费用、租金以及乙方应承担的违约赔偿责任外,剩余部分应如数返还乙方。

第九条　其他费用

租赁期内,与该房屋有关各项费用的承担方式为:

1. 乙方承担(□水费/□电费/□电话费/□电视收视费/□供暖费/□燃气费/□物业管理费/□________)等费用。乙方应保存并向甲方出示相关缴费凭据。

2. 房屋租赁税费以及本合同中未列明的其他费用均由甲方承担。

第十条　房屋的交付及返还

1. 交付:甲方应于________年________月________日前将房屋按约定条件交付给乙方。《房屋附属设施、设备清单》经双方交验签字盖章并移交房门钥匙及________后视为交付完成。

2. 返还：租赁期满或合同解除后，乙方应返还该房屋及其附属设施。甲乙双方验收认可后在《房屋附属设施、设备清单》上签字盖章。甲乙双方应结清各自应当承担的费用。

乙方添置的新物品可由其自行收回，而对于乙方装饰、装修的部分，具体处理方法为（□乙方恢复原状/□乙方向甲方支付恢复原状所需费用/□乙方放弃收回/□归甲方所有但甲方折价补偿）。

返还后对于该房屋内乙方未经甲方同意遗留的物品，甲方有权自行处置。

第十一条 房屋及附属设施的维护

1. 租赁期内，甲方应保障该房屋及其附属设施处于适用和安全的状态。乙方发现该房屋及其附属设施有损坏或故障时，应及时通知甲方修复。甲方应在接到乙方通知后的________日内进行维修。逾期不维修的，乙方可代为维修，费用由甲方承担。因维修房屋影响乙方使用的，应相应减少租金或延长租赁期限。

2. 对于乙方的装修、改善和增设的他物甲方不承担维修的义务。

3. 乙方应合理使用并爱护该房屋及其附属设施。因乙方保管不当或不合理使用，致使该房屋及其附属设施发生损坏或故障的，乙方应负责维修或承担赔偿责任。如乙方拒不维修或拒不承担赔偿责任的，甲方可代为维修或购置新物，费用由乙方承担。

4. 对于该房屋及其附属设施因自然属性或合理使用而导致的损耗，乙方不承担责任。

第十二条 转租

1. 除甲乙双方另有约定以外，乙方需事先征得甲方书面同意，方可在租赁期内将该房屋部分或全部转租给他人。

2. 乙方转租该房屋，应按规定与接受转租方订立书面转租合同，并向房屋租赁管理行政机关办理房屋租赁合同登记备案手续。

3. 接受转租方对该房屋及其附属设施造成损坏的，应由乙方向甲方承担赔偿责任。

第十三条 所有权变动

1. 租赁期内甲方转让该房屋的，甲方应当提前________日书面通知乙方,乙方在同等条件下享有优先于第三人购买的权利。

2. 租赁期内该房屋所有权发生变动的,本合同在乙方与新所有权人之间具有法律效力。

第十四条 合同的解除

1. 经甲乙双方协商一致,可以解除本合同。

2. 有下列情形之一的,本合同终止,甲乙双方互不承担违约责任:

(1)该房屋因城市建设需要被依法列入房屋拆迁范围的。

(2)因地震、火灾等不可抗力致使房屋毁损、灭失或造成其他损失的。

(3)甲方有下列情形之一的,乙方有权单方解除合同:

1)未按约定时间交付该房屋达________日的。

2)交付的房屋不符合合同约定严重影响乙方使用的。

3)不承担约定的维修义务致使乙方无法正常使用该房屋的。

4)交付的房屋危及乙方安全或者健康的。

5)其他:________。

(4)乙方有下列情形之一的,甲方有权单方解除合同,收回该房屋:

1)不支付或者不按照约定支付租金达________日的。

2)欠缴各项费用达________元的。

3)擅自改变该房屋用途的。

4)擅自拆改变动或损坏房屋主体结构的。

5)擅自将该房屋转租给第三人的。

6)利用该房屋从事违法活动的。

7)其他:________________________。

第十五条 违约责任

1. 甲方有本合同第十四条第二点第三项约定的情形之一的,应按月租金的________%向乙方支付违约金。

2. 因甲方未按约定履行维修义务造成乙方人身、财产损失的,甲方应承担赔偿责任。

3. 租赁期内,甲方需提前收回该房屋的,应提前________日通知乙方,将已收取的租金余额退还乙方并按月租金的________%支付违约金。

4. 乙方有本合同第十四条第二点第四项约定的情形之一的,应按月租金的________%向甲方支付违约金。

5. 乙方擅自对该房屋进行装修、装饰或添置新物的，甲方可以要求乙方恢复原状或者赔偿损失。

6. 租赁期内，乙方需提前退租的，应提前________日通知甲方，并按月租金的________%支付违约金。

7. 甲方未按约定时间交付该房屋或者乙方不按约定支付租金但未达到解除合同条件的，以及乙方未按约定时间返还房屋的，应按________标准支付违约金。

8. 其他：____________________________________。

第十六条 无权代理

由甲方代理人代为签订本合同并办理相关事宜的，甲方代理人和乙方应在甲方开具的授权委托书或出租代理合同的授权范围内确定本合同具体条款，甲方代理人超越代理权或代理权终止后的代理行为，未经甲方书面追认的，对甲方不发生法律效力。

第十七条 合同争议的解决办法

本合同项下发生的争议，由双方当事人协商解决或申请调解解决；协商或调解不成的，依法向________人民法院起诉，或按照另行达成的仲裁条款或仲裁协议申请仲裁。

第十八条 其他约定事项

本合同经甲乙双方签字盖章后生效。本合同（及附件）一式________份，其中甲方执________份，乙方执________份，房屋租赁管理行政机关备案一份。本合同生效后，双方对合同内容的变更或补充应采取书面形式，作为本合同的附件。附件与本合同具有同等的法律效力。

出租方（甲方）签章：________	承租方（乙方）签章：________
住所：________	住所：________
证照号码：________	证照号码：________
法定代表人：________	法定代表人：________
电话：________	电话：________
出租方代理人（签章）：________	委托代理人：________
住所：________	电话：________

签约时间：________年________月________日

签约地点：____________________________________

【范例3】门面房租赁合同

门面房租赁合同

出租方(以下简称甲方):__________

承租方(以下简称乙方):__________

根据《中华人民共和国合同法》及相关法律法规的规定,甲、乙双方在平等、自愿的基础上,就甲方将房屋出租给乙方使用,乙方承租甲方房屋事宜,为明确双方权利义务,经协商一致,订立本合同。

第一条 甲方保证所出租的房屋符合国家对租赁房屋的有关规定。

第二条 房屋的坐落、面积、装修、设施情况:

1. 甲方出租给乙方的房屋位于(省、市)________(区、县)________,门牌号为________。

2. 出租房屋面积共________________平方米(建筑面积/使用面积/套内面积)。

3. 该房屋现有装修及设施、设备情况详见合同附件。

该附件作为甲方按照本合同约定交付乙方使用和乙方在本合同租赁期满交还该房屋时的验收依据。

第三条 甲方应提供房产证(或具有出租权的有效证明)、身份证明(营业执照)等文件,乙方应提供身份证明文件。双方验证后可复印对方文件备存。所有复印件仅供本次租赁使用。

第四条 租赁期限、用途

1. 该房屋租赁期共________个月。自________年________月________日起至________年________月________日止。

2. 乙方向甲方承诺,租赁该房屋仅作为________________使用。

3. 租赁期满,甲方有权收回出租房屋,乙方应如期交还。

乙方如要求续租,则必须在租赁期满________个月之前书面通知甲方,经甲方同意后。重新签订租赁合同。

第五条 租金及支付方式

1. 该房屋每月租金为________元(大写________万________仟________

佰________拾________元整)。

租金总额为________元(大写________万________仟________佰________拾________元整)。

2. 房屋租金支付方式如下:____。

甲方收款后应提供给乙方有效的收款凭证。

第六条 租赁期间相关费用及税金

1. 甲方应承担的费用:

(1)租赁期间,房屋和土地的产权税由甲方依法缴纳。如果发生政府有关部门征收本合同中未列出项目但与该房屋有关的费用,应由甲方负担。

(2)____。

2. 乙方交纳以下费用:

(1)____。

(2)____。

乙方应按时交纳自行负担的费用。

甲方不得擅自增加本合同未明确由乙方交纳的费用。

第七条 房屋修缮与使用

1. 在租赁期内,甲方应保证出租房屋的使用安全。该房屋及所属设施的维修责任除双方在本合同及补充条款中约定外,均由甲方负责(乙方使用不当除外)。

甲方提出进行维修须提前________日书面通知乙方,乙方应积极协助配合。

乙方向甲方提出维修请求后,甲方应及时提供维修服务。

对乙方的装修装饰部分甲方不负有修缮的义务。

2. 乙方应合理使用其所承租的房屋及其附属设施。如因使用不当造成房屋及设施损坏的,乙方应立即负责修复或经济赔偿。

乙方如改变房屋的内部结构、装修或设置对房屋结构有影响的设备,设计规模、范围、工艺、用料等方案均须事先征得甲方的书面同意后方可施工。租赁期满后或因乙方责任导致退租的,除双方另有约定外,甲方有权选择以下权利中的一种:

(1)依附于房屋的装修归甲方所有。

(2)要求乙方恢复原状。

(3)向乙方收取恢复工程实际发生的费用。

第八条 房屋的转让与转租

1. 租赁期间,甲方有权依照法定程序转让该出租的房屋,转让后,本合同对新的房屋所有人和乙方继续有效。

2. 未经甲方同意,乙方不得转租、转借承租房屋。

3. 甲方出售房屋,须在________个月前书面通知乙方,在同等条件下,乙方有优先购买权。

第九条 合同的变更、解除与终止

1. 双方可以协商变更或终止本合同。

2. 甲方有以下行为之一的,乙方有权解除合同:

(1)不能提供房屋或所提供房屋不符合约定条件,严重影响居住。

(2)甲方未尽房屋修缮义务,严重影响居住的。

3. 房屋租赁期间,乙方有下列行为之一的,甲方有权解除合同,收回出租房屋:

(1)未经甲方书面同意,转租、转借承租房屋。

(2)未经甲方书面同意,拆改变动房屋结构。

(3)损坏承租房屋,在甲方提出的合理期限内仍未修复的。

(4)未经甲方书面同意,改变本合同约定的房屋租赁用途。

(5)利用承租房屋存放危险物品或进行违法活动。

(6)逾期未交纳按约定应当由乙方交纳的各项费用,已经给甲方造成严重损害的。

(7)拖欠房租累计________个月以上。

4. 租赁期满前,乙方要继续租赁的,应当在租赁期满________个月前书面通知甲方。如甲方在租期届满后仍要对外出租的,在同等条件下,乙方享有优先承租权。

出租方(甲方)签章:________　　承租方(乙方)签章:________

住所:________　　住所:________

证照号码:________　　证照号码:________

法定代表人:________　　法定代表人:________

电话:________　　电话:________

出租方代理人(签章):________　　委托代理人:________
住所:________　　电话:________
签约时间:______年______月______日
签约地点:____________

写作要领

一、租赁合同概述

租赁合同是出租人将租赁物交付给承租人使用、收益，承租人支付租金的合同。提供物的使用或收益权的一方为出租人；对租赁物有使用或收益权的一方为承租人。租赁物必须是法律允许流通的动产和不动产。

二、租赁合同的特点

1. 租赁合同是转移租赁物使用收益权的合同。

在租赁合同中，承租人是为了取得租赁物的使用收益权，出租人也是只转让租赁物的使用收益权，而不转让其所有权；租赁合同终止时，承租人须向出租人返还租赁物。

2. 租赁合同是双务、有偿的合同。

3. 租赁合同是诺成合同。

租赁合同的成立并不以租赁物的交付为生效要件，当事人只要依法达成协议，租赁合同即告成立。

三、租赁合同的漏洞风险防范

1. 对当事人的主体资格要审查。出租人必须是所有权或者使用权人。如果租赁物是共有的，要经过共有人的书面同意。若是使用权人出租，必须有租赁合同和允许转租的书面证明。

2. 是否转租要有约定。出租人是否允许承租人转租，应在租赁合同中加以明确。若承租人未经出租人同意转租的，出租人有权解除合同。

3. 不能超过法律规定的租赁期限。根据《合同法》第 214 条的规定，租赁期限不得超过 20 年，超过 20 年的，超过部分无效。

第九节　加盟连锁合同

参考范文

【范例1】特许加盟合同

特许加盟合同

甲方：________________（以下简称甲方）

乙方：________________（以下简称乙方）

兹因甲方经营销售业务，乙方愿提供店面成立连锁店，双方同意订立本合同，以兹共同遵守。

第一条　特许店信息

1. 基本资料

店名：________________（以下简称该店）

负责人：________

地址：__________________________

电话：________

营业执照注册号：________

建筑面积：________平方米；

营业面积：________平方米；

员工数：________　　正职：________员；计时工：________员

2. 营业时间：

当日上午________点到下午________点。

3. 商圈范围：

东：______________________________________

西：______________________________________

南：____

北：____

4. 非经甲方书面同意，乙方无权变更特许经营店的营业所在地。但在授权期限内，若因租约终止致该店无法于该地继续营运，乙方应于该租约终止前一个月另觅甲方认可的地点让该店继续营运。

5. 门店内的营业天数、每日的营业时间及营业项目，依总公司规定办理。除不可抗力外，非经甲方同意，乙方不得自行变更或暂停营业。

第二条 合同期间

自________年________月________日起至________年________月________日，共计________年。

第三条 合同继续与延长期间

1. 合同届满前________个月，如无任何一方书面通知他方终止合同，本合同期间自动延长一年。

2. 合同继续延长期间届满前________个月，任何一方如无书面通知他方终止合同者，本合同再延长期间________年，之后依次类推延长期间________年。

3. 所有自动延长期间内双方的权利义务，遵守本合同规定执行。

第四条 名词定义

除本合同内另有规定外，本合同内的名词或用语，以本公司特许经营管理制度内所写为准，如为上面规章所未定义的名词或用语，双方发生分歧时，则以甲方的解释为准。

第五条 合同范围

1. 双方同意由乙方提供资金，甲方提供商品服务、经营技术辅导等并由乙方提供管理及服务，以从事本业的经营。

2. 双方为执行前项合同事宜，乙方应于________年________月________日之前，依有关法令的规定办理公司设立登记并取得营业执照。

3. 乙方应于签订本合同后一个月内提供坐落于________的房屋作为特许经营店店面及营业场所，非经甲方书面同意，乙方不得任意变更地址，如擅自变更地址，以违约论，甲方有权终止本合同，并没收签约金，乙方不得有异议。

第六条 履约保证金

如乙方有积欠款项(包括贷款、违约性惩罚金时),甲方可从履约保证金中直接抵扣。

第七条 特许经营权利金、管理费及广告费

1. 乙方应于合同当日交付甲方人民币________万元整,作为特许经营权利金,合同届满、终止或解除时,甲方无须退还。

2. 乙方每月现金支付甲方人民币________元整为管理月费,及人民币________元整为整体广告促销费用。

3. 乙方不得以任何理由要求返还上述费用。

第八条 授权使用

1. 甲方授权乙方于本商圈内以甲方的商标、技术经营该店。

2. 乙方取得甲方指定的经营权是基于甲方为委托人,乙方为受委托人的法律关系。

3. 乙方经甲方授权取得甲方商标的使用权,但如果本合同届期,不再续约或乙方违反本合同规定,或被撤销授权,或发生乙方擅自转让本合同规定事宜,乙方使用商标的权利立即终止。

4. 乙方不得就甲方所授权使用的商标、服务标记、生财设备、器具转授权他人使用。

5. 乙方不得就甲方授权使用的标的物与其他企业合并或延伸使用。

6. 有关该店的经营及服务,乙方同意接受甲方的指导并遵照公司特许经营店管理规章、附件及本合同的约束。

第九条 开店筹备事项

1. 该店开店的一切装潢、材质、水电工程的设计,均由甲方统一规划、验收。

2. 乙方提供的店面应具备装修完整的招牌、天花板、墙壁、地板、安全玻璃门、棚、周边设备等,费用由乙方负担。

3. 甲方应于营业处所设置招牌予乙方使用,所有权归乙方,合同到期、终止时,乙方即不得继续使用该招牌并自行拆除,若乙方不拆除时甲方可拆除,发生的费用由乙方支付,乙方不得有异议。

4. 乙方应于该店开幕前到甲方所指定的银行开设账户。

5. 甲方需提供给乙方的协助包括:

(1)完整的企业识别系统。

(2)完成的管理经营经验。

(3)人员招收、训练的协助。

(4)店头装潢、设备、商品、陈设等营运技术的协助。

(5)招牌、桌椅、冰箱、设备、电脑、电脑软件、其他设备等的统一采购。

(6)促销、广告的规划、执行；商品采购事项的联系；营业管理事项的规划、辅导。

6. 乙方需要与甲方配合的事项：

(1)营业卖场的地点。

(2)门店装潢硬件、设备的提供，招牌、天花板、地板(含走廊)、仓库、桌椅、柜式冰箱设备、电脑硬件、电话机、其他设备等。

(3)促销、广告的执行、费用分摊，遵照本合同相关条例的规定。

(4)商品进货、销售、盘点事项的执行依本合同第十条及相关条例的规定。

(5)提供销售的商品成本。

(6)商店经营管理事项的执行，含人力资源运作、促销、广告、财务管理，遵照本合同相关条例的规定。

第十条　经营管理

1. 有关乙方经营的一切规划、管理、营销、广告等事项甲方全权负责，乙方不得干涉。甲方有权确定营业分店的名称。

2. 乙方开业后，应按甲方所订立的价格作为收费标准(经甲方核准者不在此限)，并配合甲方的季节性促销运作。

3. 乙方必须依照甲方所订立的门店作业与后场调理标准处理业务。

4. 双方同意不因本合同的签订或执行而解释成一方为他方的代理人或合伙人。一方应自负营业盈亏的责任。

5. 乙方于开业前，应按甲方的规定，参加为期一周的职前训练，由甲方安排课程。开业后，乙方应按甲方规定，参加其店长研习会议一次，如有违者，每次应交付甲方人民币________元作为惩罚性违约金，于每月结算时一并付清。

6. 乙方门店作业必须依照甲方所订立作业标准来处理，如有违者每项每次应交付给甲方人民币________元作为惩罚性违约金，于每月结算时一并付清。

7. 订货与退货处理：

(1)乙方订购货品时,应在订货单上将所需商品、规格、数量与预定出货日等填妥,传真给甲方,甲方营业单位应斟酌实际情形配合出货。

(2)货品寄发后,乙方非经甲方同意,不得任意拒收或退回。

(3)已由乙方公司盖章或由负责人盖章签字的送货单,作为甲方日后收款的凭据。

(4)退货时必须以传真通知总公司由配送单位统筹安排处理。

第十一条 权利转让

1. 合同期间如因重大事故或不可抗力的原因,致无法经营,经甲方书面同意后,由乙方指定或法定继承人继承,继承人除须至总公司接受为期一周的职前训练外,双方必须重新订立合同。

2. 乙方不得私下转移经营权给第三者,如擅自转移,甲方将没收履约保证金,并可不经乙方同意而终止合同,乙方不得有异议。

第十二条 费用支付

1. 经营该门店所需的房租、门店人员薪资、退休金、年终奖金、税金、水电费、管理费用、门店用品和消耗品、商品成本、运费、商誉月费和其他设备的维修费用、门店一切营销费用均由乙方负担。

2. 单店的开业、个别促销费用由乙方支付。

3. 公司连锁整体促销广告费用由甲方负担,但乙方的要求超过甲方的配额时,超出部分由乙方自行负担。

第十三条 合计结算

1. 乙方应于每月月底结算往来账,乙方凭往来账单,于每月十五日前将该金额支付甲方。

2. 双方如逾期支付前述结算金于对方时,任一方应按该期金额加计月息百分之二十给另一方,作为违约金。

第十四条 危险负担

因不可抗力的因素,包括天灾、地震、人祸及政府法令变更或其他不可归责于双方的事由所产生的事故,其因此所造成的损害由乙方负担。

第十五条 违约责任

1. 因任何一方的责任造成合同事项无法执行(包括但不限于不及时结算金额及其他产生的应该付的款项,不执行合同中的规定,不提供收支明细表)，经他方定期15日的期限催告仍未改善或补正时，他方有权解除或终止合同。

2. 因前项情形而解除或终止本合同时，未违约的一方有权请求本合同事项的一切权利归属自己。如仍有损害，可以提出赔偿。

3. 乙方如拖欠款项(或违约金)，甲方可以自履约保证金中扣除，且有权终止本合同。

第十六条 遵守国家法令、法规

1. 乙方需取得执照并经甲方授权，方可以经营甲方所指定的店，并须遵守国家一切法令、法规。

2. 乙方如因漏税而被查获，造成连锁经营困难及名誉影响时，乙方除应依第十五条约定负违约责任外，并应无条件赔偿甲方的一切损失。

第十七条 同行竞争的禁止及保密的义务

1. 乙方及乙方受雇人及直系亲属、非直系亲属在本合同期间内，或合同期满双方同意终止、解除后________年内，不得在该商圈内投资、参与、教导、受雇、从事或合伙经营类似的商店，如有违反，乙方须将其(含投资人)所得的利益，交付或归甲方所有，甲方并可要求乙方赔偿人民币________元整。

2. 乙方或乙方投资人不得泄露商业机密。否则甲方除可要求乙方赔偿人民币________元整，还可根据所受的损害程度再要求乙方做出赔偿，乙方不得有异议。

3. 本条的规定，于本合同关系结束后三年内仍具约束乙方的法律效力。

第十八条 非代理关系

1. 除本合同规定外，乙方或乙方受雇人不得以甲方代理人、甲方代表的名义或甲方的授权人、受雇人的身份对外发生任何法律行为，乙方不得以甲方的名义雇佣职员或对外承担、承诺债务或提供担保等事宜。

2. 乙方或乙方的受雇人对外的一切法律行为，除按照合同规定、运作或经甲方另以书面同意或授权外，都属乙方的独立作为，乙方应自行负责，与甲方无关。

3. 就木合同的履行及各项义务的遵守，乙方的受雇人、使用人、履行辅助人如有故意或过失，均视为乙方的行为。

4. 如属于乙方或乙方受雇人的故意或过失，违法或侵害他人权利者，乙方须自行承担其法律责任，与甲方无关，如因此损害甲方的任何利益，乙方须对甲方负全部赔偿责任。

第十九条　移交及结束处理

1. 本合同期满或经甲方解除或终止时，乙方应立即：

(1) 无条件将该店所属乙方授权的标的物交还甲方，包括属甲方的生财设备、器具、商品、有关文件及手册、规章及其他企业识别系统等，不得迟延。

(2) 乙方须负担停业处理过程中实际所发生费用，并以现金支付甲方。

(3) 结算后甲乙双方汇寄付清应付款项。

(4) 自解约当月最后一天起________天内，甲方须交付乙方往来明细表。

(5) 在交付报表给乙方时，乙方应付甲方的款项须一次以现金付清给甲方。

2. 本条约规定，虽双方合同关系结束，仍具有约束双方的效力，不因合同终止或解除而受影响。

第二十条　重大违约事由

1. 乙方如有下列情况之一者，视为重大违约：

(1) 乙方未按本合同规定经营或擅售甲方未核准的商品或提供服务者。

(2) 乙方未按本合同规定，私自增设分店、店内设备或违法竞业限制者。

(3) 乙方未按本合同的规定，擅自将该店的服务技术、商品、设备移往他处营业或使用者。

(4) 乙方有损甲方形象、商誉者。

(5) 乙方违反本合同第二十条的规定或未依规定营业时间营业者。

(6) 乙方未依公司规定使用公司的企业识别系统、制作物等。

(7) 乙方的会计记录不实或妨碍甲方的盘点、财务监察、稽核或怠于依约给付债务、交付文件、财务记录者。

(8) 乙方依法进行重整、清算，依破产法和解、宣告破产，受强制执行或其他任何司法上、行政上的处分，停止营业；买方的负责人隐匿、逃逸或买方所签或背书、承兑、保证的票据等发生停止支付者。

(9) 乙方擅自以甲方代理人或代表名义与第三人订约，或从事私人行为致甲方权利受损者。

2. 乙方如有上述重大违约事由之一，甲方可以不通知乙方，立即解除或终止本合同，并追究乙方的损害赔偿责任。

3. 乙方有其他违背本合同规定的行为，经甲方认为重大违约并经甲方通告限期改正仍不改正者。

4. 乙方解除或终止合同的效力并不影响解约前及按本合同第十九条及本合同其他规定属乙方所应负义务的履行。

第二十一条 通知条款

1. 一方向他方通知时，依下列规定的地址及负责人通知：

甲方：________________

乙方：以该店为通知地址。

负责人：________________

2. 如一方向他方送达书面通知，而他方拒收者，视为已送达（以递送收据为凭）。

第二十二条 连带保证人

乙方连带保证人承认上述所有条款的法律效力，并愿意负所有乙方违约时的连带保证责任。

第二十三条 合意管辖

甲乙双方均同意如本合同涉讼时，以甲方公司所在地的地方法院为第一审管辖法院。

乙方：____________

法定代表人：____________

邮编：____________

地址：____________

电话：____________

连带保证人：____________

邮编：____________

地址：____________

电话：____________

日期：______年______月______日

【范例2】连锁店加盟合同

连锁店加盟合同

特许加盟总部：________________（甲方）
地址：________________________
电话：____________
传真：____________
特许加盟店：________________（乙方）
地址：______________________
电话：____________
身份证号码：____________________

双方在平等的基础上同意签订如下条款：

第一条 本合同使用的有关文字定义

“公司经营技术资产”：是指由总部开发、完善成型，用于________产业经营及________用品经营的具有统一性的独自经营技术，是总部的注册商号、商标、标志和服务标志、模式、样式、店铺管理方式、商品陈列技术、营运系统、专业教育研修程序及有关营运不可分的统一系统。

“公司商标”是指为公司的商标和服务标志及表示公司的标记、记号、招牌、标签、样式及其他的一切营业象征。

“公司形象”加盟店因使用公司经营技术资产和商标，而使其统一性被公众广泛认识，获得了信誉，并在定型的统一形象下营运。

第二条 独立的当事者

1. 本合同当事双方为各自独立的事业者，双方之间不存在任何共同投资、代理、雇佣、承包关系。加盟店不具有代行总部或为总部而发生任何行为的权力。加盟店职工不是总部的员工，也不是总部的代理人。总部对其劳动关系及员工行为不承担任何责任。

2. 加盟店铺的经营由加盟店自立、独立承担责任，经营决策是加盟店自行判断，自主经营、自负盈亏的行为。

第三条 加盟店的资格

1. 只有具备下列条件者才有资格成为公司连锁加盟店。

(1)没有受过刑事处罚者。

(2)受过总部规定的训练,并按要求完成训练内容,被总部认可的合格者。

(3)经与总部协商,被认定可以经营公司加盟店的特定店铺经营者。

2. 如加盟店是法人组织,则前项资格条件中,第一项的对象是法人代表,第二项对象是法人代表指定的职工。

第四条 特许的给予

在本合同执行期间,总部给予加盟店使用总部开发、完善的经营技术——公司经营技术资产,在规定的地区开设、经营公司加盟店的权力。

第五条 商标的使用承诺

1. 总部承诺在本合同执行期间,加盟店可以使用公司商标、服务标志及表示这些标志、记号、样式、标签和招牌。

2. 加盟店不得在公司加盟店以外使用本合同中总部同意加盟店使用的商标。

3. 本合同终止或解除后,加盟店不得以任何理由再使用公司商标。

第六条 使用范围和使用方法

1. 加盟店只能按总部承诺的范围和方法使用商标及经营技术资产,同时必须以公司经营技术资产为基础,按统一形象经营店铺。

2. 加盟店使用公司商标和经营技术资产时,不得有以下行为:

(1)降低公司形象,损害公司商标和经营技术资产的行为。

(2)除为加盟店经营而向加盟店员工传授公司经营技术资产及总部有特别指示外,向第三者泄密、传递公司经营技术资产。

(3)加盟店为第三者模仿公司商标和经营技术资产,或帮助第三者模仿。

第七条 店址的选择

1. 加盟店店铺设在乙方处。

2. 总部依据地理条件和区域性商业结构状况,在所设加盟店地区另设加盟店时,保证不会发生相互竞争关系。

第八条 店址的变更

1. 因地理环境变化和其他原因,加盟店希望变更规定区域内的店铺时,可以向总部提出变更申请。

2. 总部认为变更要求的理由可以成立,应即刻做出答复,并须对选择新店址进行调查等必要的帮助。

3. 加盟店应支付总部进行上述所列调查等的费用。

第九条 追加建店

1. 加盟店除了开设的第一家店铺外,还可另新建加盟店,必须与总部另签订该增加建店事项为对象的公司特许连锁合同。

2. 如总部认为增加店要求符合经济、人才条件,也符合公司连锁总体利益,总部就必须同意,但总部不承认________家以上的追加建店。

3. 加盟店在签订了以该追加建店为对象的公司特许合同后,应即刻向总部支付加盟金。

第十条 公司商标及经营技术资产

1. 加盟店承认公司经营技术资产是只属于总部的具有特定价值的经营技术资产,受法律保护。

2. 加盟店承认公司商标为公司连锁统一的营业象征,属总部所有。

3. 总部须适应社会经济形势变化,对现有经营技术资产进行不断地研究、完善和积累。

第十一条 经营指导及帮助

1. 为使加盟店能维持经营,在开业前及本合同执行期间,总部必须向加盟店传授必需的知识和经营技术。

2. 加盟店开业前必须派遣店主和可以代行承担责任的员工参加总部规定的教育研修,获得经营店铺必需的知识和技术,加盟店承担培训所需的一切费用。

3. 开业后,如总部有研修指示,加盟店也必须按指示要求派遣人员参加总部规定的进修教育,获得必需的知识和技术,费用由加盟店自己承担。

4. 加盟店必须参加一年一次至二次的定期总会和一些临时经营者会议。总部应提前三周通知开会时间。

5. 除经营者会议外,总部定期或不定期向加盟店派遣营运部人员进行指导。

6. 加盟店在接受总部营运指导时期,经营者或店长同意,允许总部派遣的人员进入店堂内检查加盟店的全部经营情况。

7. 加盟店在接受总部营运指导时期，允许总部的代理人及总部人员检查与加盟店的商品库存、店铺经营、现金流量、原始票据等有关的各种资料。公司总部将加盟店经营情况作绝密资料保存，不得向外泄露。

8. 总部根据教育计划，随时培训、教育加盟店的店长和员工。

第十二条 店铺开发相关事项

1. 为维护公司形象的统一性，加盟店的店铺结构、内外装饰要符合总部规定的标准。

2. 为维护公司形象的统一性，加盟店同意店铺的设备、装置、用具、招牌等的规格符合总部规定的样式。

3. 对于营运必需的辅助材料、发票、提货袋、标签、收据及其他附属材料、消耗品，加盟店同意使用指定的产品，同意从总部指定处购买。

4. 确认本条所列各项的购买资金全部由加盟店负担。

第十三条 促销

1. 总部要计划和实施，以维护公司连锁全体利益为目的的宣传、广告等促销活动。

2. 各加盟店所产生的各项活动费用，由各加盟店独立承担。

第十四条 协助销售

1. 总部对加盟店的销售进行以下帮助：

(1) 推荐进货渠道。

(2) 推荐进货品种、品目。

(3) 对设定标准零售价格提出建议。

(4) 从总部配送的商品，保障供货，保证供货质量。

(5) 提供总部和进货单位收集的有关销售情报。

(6) 提供有关促销的各种资料。

2. 加盟店通过总部推荐的进货渠道自行自主进货外，同意保证________%以上的商品由总部配送。由总部配送的商品可实行换货，供、换货的具体办法为：

(1) 有保质期的产品，乙方保证换货商品保质有效期在________个月以上，并保证所有的产品包装、外观完好无损。

(2) 服饰类商品，从进货之日起，不能超过________天。

(3) 换货过程中所发生的所有相关费用均由乙方承担。

(4)加盟店需供货的货量应提前________天通知总部,并附上货物确认清单。

第十五条 进销价格的设定

1. 加盟店要努力做到按总部推荐的商品进货,按总部建议的零售价格销售。

2. 如总部建议的零售价格与本地区实际不符,加盟店要向总部告明情况。总部应根据公司形象的统一性要求和加盟店所在地区的实际情况综合考虑,向加盟店提出与其实际相符的价格建议。

第十六条 特许金

1. 加盟店于签订合同的同时向总部支付加盟金。

2. 规定的接受教育、研修的费用为________,用于为加盟店开业而接受总部经营技术资产、商标使用权等特许连锁费价格及支付总部用于为加盟店开业而进行的调查、开业指导的费用。

3. 不论是本合同期满,还是中途解约或其他理由,都不归还以上两项费用。

第十七条 保证金

1. 作为合同签订后总部与加盟店之间发生债务及加盟店之间的执行合同的担保,加盟店须在本合同签约时向总部预交保证金。

2. 总部可以用此保证金的全部或一部分,充抵加盟店拖欠的债务。加盟店在接到总部的充抵通知后,须马上向总部支付与被充抵数额相同的现金,补充保证金。

3. 保证金不计息,具体金额为________元人民币。

4. 除用于充抵总部债务外,加盟店不得对保证金做其他任何处理。

5. 不论加盟店在法律上或本合同上有无解约权、解除权,如果其退出合同等行为,而导致事实上本合同无法继续执行及因加盟店不履行本合同义务而被解约时,总部具有要求赔偿损失的权力,可以没收加盟店________%的保证金充抵违约金。余下的________%的保证金,按第十七条第六款执行。

6. 合同期满或解除合同后,在加盟店撤除公司的全部招牌、工作物品等其他营业象征两个月后,总部归还加盟店应有该退还的保证金。

第十八条 特许金

在本合同执行期间，作为使用公司商标、经营技术资产和接受总部帮助、指导的价格，加盟店须向总部支付每天________元人民币的特许金，支付方式为每一个合同年度开始的第一天一次性付清一年。其中开始加盟的第一个年度免收特许金额。

第十九条 拖欠损失金

加盟店未在规定期限内支付总部规定的加盟金、加盟保证金、特许金等债务时，按每超过一天加付________%的比例向总部支付拖欠损失金，直至付清为止。

第二十条 商品、服务的质量管理

1. 维护加盟店售出商品质量和服务的统一性，提高公司形象，加盟店的营业方法必须遵守总部提供的经营手册规定的要求和标准。

2. 总部要定期和不定期地以书面和其他方法帮助加盟店进行进货管理、销售管理、商品管理、商品知识、卫生管理、职工管理、会计处理、店铺经营管理等各方面的指导，提供有关信息，帮助加盟店实施标准化管理。

第二十一条 账簿等的制作

1. 为使加盟店和总部双方准确地把握加盟店的经营情况，加盟店要按总部指定的格式制作和保留以下文本：

(1)传票(或进货的原始票据)。

(2)营业报告书(每天制作)。

(3)客户资料表和会员资料表(每天制作)。

2. 加盟店每月向总部递交一次当月的营业报告书和当月的客户资料、会员资料表，递交的时间为每月的最后一天。

第二十二条 专心营业义务

1. 加盟店在本合同执行期间，必须全力以赴提高该店的营业成绩。

2. 除非得到总部书面同意，加盟店不得从事其他营业。

第二十三条 守密义务

1. 除法律规定必须公开的以外，总部不得向第三者展示加盟店递交的营业报告书及其他有关资料和有损于加盟店利益的情报。

2. 加盟店不得向第三者泄露总部按本合同规定提供给加盟店的经营技术资产秘密及有损总部利益的情报。

3. 加盟店有责任保证其职工不向第三者泄露前项秘密。

4. 加盟店的保密义务在本合同期满后________个月内仍然有效。

5. 总部按本合同规定提供给加盟店的经营技术手册和其文件归总部所有，出借给加盟店，加盟店须负责保存，合同终止后即刻归还总部。且均不得保留复印件。

6. 加盟店对守密义务有违约行为，同意按照侵犯总部知识产权论处。

第二十四条　禁止毁誉义务

加盟店不得损害总部和公司其他连锁店的声誉、信誉，不得妨碍总部和其他加盟的业务。

第二十五条　纠纷报告义务

1. 加盟店营运中发生诉讼、争执或其他纠纷，须及时报告总部。

2. 如加盟店营运中发生纠纷，总部以维护公司事业为目的，可随时指示加盟店付诸法院，或采取其他措施。加盟店应遵从总部决定。

第二十六条　合同期限

1. 本合同的期限从________起至________止。

2. 合同期满前________个月，经总部同加盟店双方同意，可以更新合同。

3. 前款的合同更新，在本合同期满前经总部和加盟店同意，签订总部规定的特许连锁合同后成立。更新合同为本合同期满终止后接续成立的新合同。但加盟店无须支付特许连锁合同书规定的加盟金，本合同的保证金可充作更新合同的保证金。此种情况下，加盟店不得要求总部归还保证金。

第二十七条　合同的解除

1. 加盟店发生如下各项中任何一项行为，总部可以对加盟店规定期限，以书面形式劝告加盟店终止或改正其行为。超过指定期限无改善，总部可单方面解除合同。

(1)加盟店没有忠实地实施总部为改善营业而提出的劝告指导。

(2)加盟店按本合同规定向总部递交的营业报告书以及总部要求的其他报告书等不真实。

(3)加盟店拖欠需交总部的特许金和预付金及其他债务。

(4)加盟店不履行本合同规定的义务或其他违约行为。

2. 加盟店发生以下各项中的任何一项行为，总部可不作预告而解除合同。

(1)加盟店受到临时查封、临时处分、拍卖处分、滞纳税处分、破产、审查等处分,使接受合同更新申请的总部同提出申请的加盟店之间的经济信赖关系破裂,或加盟店自己宣布破产、协议出卖或整顿店铺、特别清算与申请新的其他行业的营业店铺。

(2)债权者开始受理资产、负债的全面管理和整顿。

(3)加盟店未得到总部的事先书面同意而私自出让营业权。

(4)加盟店未得到总部事先书面同意而私自出让本合同规定的全部或部分权利,或设立担保权或对店铺进行其他处置。

(5)加盟店向其他人泄露公司的经营秘密,或让他人使用或向他人提供信息手册资料。

(6)加盟店损害了总部、公司连锁店的名誉、信誉,妨碍了总部或其他加盟店的业务。

(7)发生加盟店店主死亡、店铺解散、营业终止、与他人合并或其他对营业权产生影响的情况变动等,而使加盟店同总部间的经济信赖关系破裂。

(8)向债权人出让全部或重要的部分财产,或把店铺财产用作让渡担保。

(9)加盟店店主或加盟店代表被宣告为禁业者或准禁业者。

(10)加盟店退出公司事业者或将其营业委托他人,从全部经营或实际重要部分退出或放弃店铺经营超过________天以上。

(11)加盟店店铺建筑丧失。

(12)加盟店店铺使用权丧失。

(13)执法机关政令要求加盟店终止营业。

(14)加盟店在签订本合同________天以后仍未开业。

3. 发生如下各项中的任何一项事由,加盟店可不作预告单方面终止合同。

(1)总部申请破产、特别清算、清算,或法院宣布破产、特别清算和清算。

(2)总部损害了加盟店名誉、信誉,或妨碍加盟店的事业开展。

(3)总部退出公司特许连锁事业的地位,或放弃该事业。

(4)总部违反本合同或不履行规定的义务。

(5)法令、政令规定总部废止连锁事业。

(6)加盟店店铺建筑丧失。

(7)加盟店店铺使用权丧失。

(8)执法机关政令规定加盟店终止营业。

第二十八条 协商解约、中途解约

1. 只要加盟店和总部双方协商达成书面协议,可随时终止本合同。此时总部收取一半的保证金,剩余一半在加盟店撤除所有表示公司的招牌、物品和其他营业象征两个月后归还。

2. 加盟店提前________个月通知总部解约,并同时付清了一切债务,明确放弃归还保证金的要求时,本合同在加盟店预告期满后便告终止。这里加盟店不能用保证金充抵代由总部负担的债务。

3. 有第二十八条第一、二款中的任何一款事由的加盟店,不能行使前项解约权。

第二十九条 招牌、商标等的撤除

1. 无论合同期满还是中途解约,本合同一旦终止,加盟店就失去了公司商标和经营技术资产的使用权。

2. 本合同解除后,加盟店必须自行撤除公司招牌,从建筑物和其他设备、用品上消除公司商标、服务标志和特定名称等一切营业象征。

3. 如加盟店不主动撤除,总部或总部代理人可以自行进行撤除作业,并要求加盟店负担为之产生的一切费用。

第三十条 禁止竞争

1. 加盟店保证,如遇前条第一款情况,不再使用相同的或类似的,或容易引起混同的商标、服务标识、特定名称等营业象征和公司技术资产,不发生有损于公司其他加盟店利益及会造成营业混乱给总部带来麻烦的行为。

2. 当总部发现并通知了加盟店有前项所列的违约行为时,加盟店须立即终止该行为。

第三十一条 物件的归还和债务清算

1. 不论任何理由,本合同终止时,加盟店均须放弃使用总部授予的物品使用权,并及时将物品归还总部。

2. 本合同终止时,除本合同特别规定者外,当事者双方均须及时结清所欠对方的一切债务。

第三十二条 营业的让渡和承继

1. 加盟店未事先征得总部同意,不得将本合同规定的任何权利、店铺营业的全部或一部分转让给第三者，不得将此用作担保和其他处置。

2. 如加盟店认为已不能再继续营业，或因明显的困难而有可能发生营业中断时，为保持加盟店的运营，加盟店经总部同意后，可以将加盟店转让给第三者，此时总部有优先接受的权力。

第三十三条 名义责任

1. 加盟店使用公司的商号、商标、服务标识，因自己的经营而损害了第三者利益时，由加盟店承担赔偿损失的责任，总部不承担名义责任。

2. 总部因加盟店的行为而被索赔责任时，总部被追索的赔偿金必须由加盟店承担。

第三十四条 遇不可抗力的免责

本合同的任何一方均不向对方承诺因罢工等其他劳资纠纷和暴动、天灾人祸、行政机关的措施及其他超越合理控制限度的原因造成的损失负担。

第三十五条 损害赔偿

1. 总部违约给加盟店造成损害时，不论本合同存在与否，须向加盟店赔偿损失。

2. 加盟店违约，总部因此而解除合同时，加盟店须向总部支付特许金额两倍的损失赔偿金。

3. 加盟店违反合同给总部造成损害而总部不解除合同的场合，加盟店亦须向总部赔偿损失。

第三十六条 合同的变更

经双方当事者协商同意可以变更合同。

第三十七条 确认事项

在签订本合同前，总部要向加盟店详细说明加盟店开展经营事业成功的可能性及合同内容，要获得加盟店的充分理解。

加盟店应理解和同意以下事实：在总部说明中所展示的各种资料只是说明成功的可能性，并不是对加盟店经营事业的获利承诺。

第三十八条 协商

对本合同规定的及未规定的事项如有疑问，由当事者双方本着发展事业的愿望，坦诚地协商解决。未尽事宜，双方协商签订补充合同，与本合同具有同等法律效力。

第三十九条 违约责任

双方同意本合同全部条款，严守本合同条款之内容是双方的承诺；任何一方向外泄露本合同之内容，均属于违约行为。如有违约，按国家有关法律程序执行，仲裁和诉讼地点为总部所在地法院。

第四十条 本合同双方签字之日起生效，本合同及附件具同等法律效力。一式两份，均为正本，双方各执一份。

甲方代表:________ 乙方代表:________

签字:(盖章)________ 签字:(盖章)________

合同签订日期:____________________

【范例3】加盟合作合同

加盟合作合同

甲方:____________ 乙方:____________

法定代表:____________ 法定代表:____________

地址:________________ 地址:________________

电话:____________ 电话:____________

为了能够更快更好地扩展市场和顺利地共同发展和获利并达到互通信息网，信息资源共享，经甲方研究讨论，同意乙方加盟甲方经营体系。为甲方在________省(自治区、直辖市)________市(地级、县级市)________镇(街道、路)开设分部(连锁店)。为了能使甲乙双方顺利开展工作，按甲方委托范围帮助甲方推销产品或为甲方顾客提供优质、有效、快速的服务，为维护甲、乙双方的共同利益，经甲乙双方协商，依据有关法律规定，定出如下条款，共同遵守。

一、保证条款

1. 甲方保证其为依法存在，有权签定本合同的法人组织和合法服务机构，保证依照本合同及________规定应向乙方发放有关奖金及兑现对应的奖励。

2. 乙方保证其是对本部及所经营服务范围有深入了解和良好认识的人员，属自愿加盟本部和长期按本部要求合法开展甲方服务范围内的业务。

乙方保证其已是年满18周岁，其资格条件符合国家法律法规规定可专职从事经营本部业务的合法中国公民，并非全日制学生和国家规定不得从事兼职或经营活动的人员，并保证其所提供的资料真实可靠。乙方保证能遵守国家的法律法规及甲方的劳动规定和接受甲方监督，服从甲方管理，保证按时缴交管理费及各项应缴的费用。

二、设立分部（连锁店）的条件及名称

1. 有临街门面________平方米以上的铺面，并具有直拨电话。

2. 分部（连锁店）经营场所内外装潢及办公用品等，其所需费用则由乙方承担。

3. 加盟连锁店名称：____________________

三、加盟合作经营方式

1. 甲方授权乙方使用甲方的商标，由甲方统一领导、统一管理、统一价格开票、收款，统一培训、统一工作服、统一门面装修等，实行由乙方独立经营，具体地址由乙方选定，并负责开发及拓展市场，合同签订后________天内，乙方须向甲方交纳使用甲方商号作合法经营之加盟金人民币（大写）________元，以收款收据为准。乙方同意从________年________月起每个月向甲方上缴管理费人民币（大写）________元，于每月________日前付清。

2. 乙方人员属甲方管理，乙方如需要聘职员，要按照规定办理用工手续，经营合同期满，乙方招入的人员自行终止合同，甲方不安排工作。乙方对营业人员负全部责任，承担一切经济责任，按时发放工资补贴。

3. 甲方所牵涉的债权债务与乙方无关。

4. 乙方所牵涉的债权、债务、经济纠纷等，乙方人员必须负全部责任，与甲方无关。

5. 宣传资料的印刷及报纸广告等费用按数平均分摊支付。

6. 各连锁店、加盟店之间合作产生的盈利分成计算。

四、双方的权利和义务

甲方的权利和义务：

1. 甲方须协助乙方办理乙方姓名的营业执照并负责帮乙方设计统一的装修模式。

2. 甲方有权对乙方的经营活动进行检查监督。

3. 甲方有责任保护乙方人员合法权益，落实经营自主权，支持经营者行使职权，抵制各种乱摊派、乱收费等。

4. 甲方在职责范围内努力帮助，协调解决乙方业务经营过程中遇到的困难，积极为乙方顺利经营创造条件。甲方同意提供乙方经营所需的经营理念及各种辅导，但其中的商业秘密、经营技术、知识产权等，乙方必须保密，不得提供乙方以外任何第三者使用或参照，否则将按违约处理。

5. 甲方负责提供一整套完善的经营方法以及对乙方的营业员进行专业的业务培训并派人员指导和协助乙方开展业务及拓展市场。

6. 甲方负责定期组织乙方工作人员进行培训和业务技能考核。

7. 甲方负责营造良好企业氛围，打造优良品牌，建立诚信经营的口碑。

8. 甲方负责将各分店、加盟店的信息互通和统一收集分类整理及发布。

9. 甲方负责对乙方及其他各分店、加盟店以及连锁店网点进行辅导、扶助、检查、监督、管理和协调。

10. 甲方负责对分店、加盟店及连锁网点反馈的市场信息及时做出一切符合实际的区域性运作，调整方案和新的经营方向、方式、内容。并不断完善内部经营策划机制、管理机制、培训机制、跟踪服务机制。

乙方的权利和义务：

1. 乙方享有国家法律、法规、政策和经营合同规定的经营管理自主权。

2. 乙方必须认真贯彻党的方针、政策、严格遵守国家法律、法规、自觉接受甲方检查监督、服从甲方管理、遵守甲方制定的________守则及甲方公布的营运细则等。

3. 乙方应按时缴交各项应缴的税款、工商费、公司管理费等。

4. 按甲方顾客的要求，送货到户或上门提供服务，与甲方顾客保持密切联系。

5. 帮助甲方的忠实顾客申请成为公司优惠顾客（会员），并定时跟进服务这些顾客。

6. 向甲方反映顾客的要求和意见：帮助甲方进行市场调查、搜集有关资料以使甲方及时了解市场动态以完善经营项目及改善提高服务质量和调整经营策略等。

7. 向甲方反映顾客等方面的经验，提供给甲方参考使用，以达到同业分享的目的。

8. 协助甲方建立并提高企业信誉。

9. 乙方要求维护甲方利益，不得以甲方的名义做任何决定或签署任何条约，如的确需要，必须经甲方同意批准或授权。

10. 加强安全保卫工作，以确保能正常开展业务活动，如发生因工伤亡、火灾、盗窃和其他事故所造成的损失由乙方人员负责。

11. 乙方需经常对连锁网点进行组织、管理、培训、辅助、激励并及时地向总部汇报他们的业务开展情况、存在问题等，并及时帮助他们解决所遇到的问题难题。

五、业绩分成奖励及分红方法

1. 由甲、乙方共同合作产生的营业利润如招生、租房、人才推荐家居清洁、搬家等为五五分成，买卖房、请保姆、婚姻介绍等为各收各方的。

2. 其他新代理业务的利润分成双方协商另定，其他新增经营服务业务的分成按总部最新公布的为准。其他奖励见________奖励计划。

3. 按多劳多得的原则，乙方帮甲方成功发展加盟商按总部规定其所交加盟费的百分之四十提成。

4. 根据加盟商的级别可获得其间接发展加盟商提成，按加盟店每月所交管理费的____%～____%的提成（具体按总部所定并公布的________奖励计划为准，如有变动按总部最新公布的为准执行）。

5. 到达一定级别的加盟商（见《________奖励计划》）可参与总部年度分红。

六、合同期限及其变更、解除

1. 本合同期限为：自双方签订约之日起________年，如本约期满后双方仍需要继续合作，同等条件下，乙方可优先，并在本合同期满前一个月内另行签订新合同。逾期________个月未续约的合同自动解除。

2. 甲方对在合作过程中不按规定违法违规经营或不服从甲方管理，不遵守甲方守则及营运细则或故意拖交拒交管理费以及破坏甲方企事业信誉并造成严重的负面后果者，经查实后甲方有权随时解除本合同。

3. 本合同未尽事宜，甲乙双方再进行协商，其达成的条款具有同等法律效力。

4. 本合同终止或解除时，甲方随即取消乙方分部（连锁店）内所有的甲方企事业标识和取回产品样板等，并登报声明取消乙方分部（连锁店）的经营资格及业绩分红奖励等。

5. 乙方欲提前终止本合同时，甲方应予以允许，但乙方要与甲方结清因履行本合同而产生的债务，交回甲方的营业执照及经营资料等。

七、违约责任

1. 乙方违约的责任：

乙方必须与甲方做好配合并在当地建立良好的公共关系，并依法经营，服从总部的安排和领导，明确职责，了解总部的指导思想和精神，彻底熟悉本部的经营范围及所提供的服务项目，否则所引起的一切责任均由乙方承担，如有触犯法律，一切责任由乙方当事人承担，甲方有权终止合约。

(1) 如乙方发生非法经营，或在经营中有违法行为的情况下，甲方有权要求解除合约，并保留向乙方追诉的权利。

(2) 如乙方泄露甲方的经营技术、知识产权等商业机密，给甲方造成损失的，乙方应给予甲方十万元以上的经济赔偿，并要承担以上的法律责任。

(3) 乙方在合同期间要按时上缴管理费给甲方，如超过一个月不上缴管理费，则要加罚交纳金________%，依此类推，如超过半年不上缴管理费的，甲方有权终止合同，取消乙方的经营资格，并扣除其有关的奖励金及年度分红等。

(4) 乙方在自主经营的情况下，不得与无“三证”的集体、个体、私人联营，不得为以上人员提供证明证件经营，一旦发现，甲方有权终止合同并追究乙方人员经济责任，直至刑事责任。

(5) 乙方不得销售、陈列、代理任何违反法规的商品，不得采取不正当手段开展业务和做出有损甲方声誉的事情，如有违反、视其情节轻重，乙方必须给予甲方________元人民币的赔偿，并要承担其法律责任。

(6) 乙方不得将甲方商标授权给他人或转卖给他人，否则追究乙方的侵权行为，并依法给予甲方________元人民币的赔偿。

2. 甲方违约的责任：

甲方若不按合同规定对乙方进行业务培训和经营指导或不按《________奖励计划》支付乙方应得奖金及兑现对应的奖励。乙方有权向有关主管部门投诉和向甲方追偿投资损失及应得的收入的双倍赔偿。

八、本合同一经签订，即具有法律效力，双方必须严格遵守，不得违反，乙方如有违约，甲方有权撤销授权，并按照以上条约加以追究及处罚。

九、诉讼管辖如因履行本合约发生争议，甲乙双方应通过友好协商解决，如确实不能协商解决的，双方同意由本合约签订当地人民法院管辖和受理。

十、本合同正本一式两份，自双方签字起即生效，甲、乙双方各执一份为凭，涂改无效。

甲方：________　　乙方：________
甲方代表签字(盖章)：________　　乙方代表签字(盖章)：________
签订地址：____________________　　(附身份证复印件略)
________年________月________日
(附身份证复印件略)

写作要领

一、加盟连锁概述

“连锁加盟”是指加盟总公司和加盟者缔结契约，加盟总公司将商标、商品、经营技术授权于加盟者。而加盟者在得到上述权利之时，相对必须支付一定金额给加盟总公司，并根据加盟总公司的指导、培训及协助，使用相同商标，全部或部分使用相同商品、服务和经营技术，行使专业分工、集中管理的经营团队。同时，加盟店设立，所需资金大部分(或全部)由加盟者负责，加盟店所需人员原则上由加盟者负责。

二、加盟连锁的特点

加盟连锁具备“十个统一”的特征：即统一领导、统一商号、统一进货、统一价格、统一服饰装饰、统一广告宣传、统一经营形式、统一仓储运输、统一售后服务、统一管理体系。

第七章 经济诉讼类法律文书写作

第一节　经济纠纷上诉状

参考范文

【范例1】返还贷款纠纷上诉状

经济纠纷上诉状

上诉人：××省××县××银行信用社

地址：××省××县××街××号

法定代表：×××主任

被上诉人：××省××县××银行

地址：××省××县××路××号

法定代表：××行长

上诉人因××县银行所诉返还贷款一案，不服××地区中级人民法院20××年××月××日××字第××号经济纠纷判决，现提出上诉。

上诉请求：

1. 要求撤销一审法院判决，重新查清事实，保护我方的合法权益。

2. 要求判令被上诉人承担相应的经济责任。

上诉理由：

1. 一审法院判决确认，我方采取胁迫手段清贷，致使个体户于某不得不到××县骗取贷款。我方认为，银行有权对逾期贷款进行催要，必要时可以采取强制措施收贷。如果银行对拖欠贷款的借贷者催收紧迫，就被认为是“胁迫”，那么银行就无法如期收贷，银行合法的收贷权就得不到保障。况且，我方催收贷款与于某到××县骗取贷款没有因果关系。我方既没有明示也没有暗示于某到××县××银行去骗取贷款。所以，我方认为一审法院在这方面认定事实不清，证据不充分，要求二审法院进行重新认定。

2. 我方在收贷时,没有查问借贷者的款项是如何筹措来的。借债还钱,天经地义,只要借贷者如数归还贷款,我方就理应如数收贷。这是××银行信贷规章制度所承认的。

3. 个体户于某在我县搞不法经营被查封,我方正督促他收贷时,××县却把于某视为经营管理的“大能人”加以聘用,既不去了解于某的资信程度,也不要求借贷方提供担保人,又不去监督于某在××县所办公司的经营,就盲目地放贷,因此,××县××银行贷款××万元,是不符合法律规定的。

为此,特向你法院上诉,请求依法撤销原判决,以实现上诉请求。

此致

××省高级人民法院

附件:本上诉状副本一份

一审判决书

上诉人:××省××县××银行信用社(盖章)

20××年×月×日

【范例2】赔偿经济损失纠纷上诉状

上诉状

上诉人:刘××,男,××岁,×族,××市人,××市×厂工人,住本市××街××号

被上诉人:王××,男,××岁,×族,××市人,个体户,住本市××街××号

上诉人因王××诉刘××赔偿经济损失一案,不服××市××区人民法院20××年×月×日××经字第××号判决,现提出上诉,上诉的请求和理由如下:

(一)原判决认定我是共同被告人是无事实和法律依据的。根据《民事诉讼法(试行)》第四十七条第一款之规定:“当事人一方或双方,其诉讼标的是共同的,或者诉讼标的是同一种类,人民法院认为可以合并审理的为共同诉讼。”而在王××与张××的合同纠纷中,我并不是当事人。因为,王××、张××二人订立成衣供销合同时,我并未参加,只是他们订立合同后,张×

×因时间紧迫，怕到期拿不出成衣，才叫我帮忙为他做××件成衣。而我当时也是当着王××、张××二人的面声称，只是帮王一个忙而已。这些，王××、张××二人也承认，只要审阅我递交给××法院的答辩状及有关证明材料就一目了然。因此，我认为，原审人民法院将我列为被告是不符合事实的。

（二）原判决我赔偿王××经济损失××元也是不符合事实和没有法律根据的。第一，我没有参与合同的订立，不是合同的当事人；第二，我当初答应帮忙，帮助张××做成衣××件，××天交货，第××天我就将××件成衣交给了张××，我履行了我自己的义务。原审人民法院却忽视了这一点，判我赔偿王××经济损失是违背事实和法律的。

（三）原审程序不合法。原审的合议庭组成人员之一，审判员李××是王××的妻弟，属于民诉法第二十三条第二项规定的情况。李××本应提出回避，但李没有。审理前，我多次提出申请要李××回避，但没有被合议庭采纳。这明显地违反了《民事诉讼法》的规定，影响了案件的公正处理。

综上所述，原判决在认定事实和适用法律上均有不当之处，因此，特上诉你院，请求依法办事，撤销原判，给予公正判决，以维护上诉人的合法权益。

此致

××市中级人民法院

具上诉状人：刘××

20××年×月×日

附件：本上诉状副本×份。（略）

【范例3】借贷纠纷上诉状

民事上诉状

上诉人（原审原告）：张××，性别×，××族，19××年×月×日出生

身份证号：××××××××××××××××××

住所：××县××镇××村××号

电话：××××××××

被上诉人（原审被告一）：赵××，性别×，××族，19××年×月×日

出生

身份证号:××××××××××××××××××

住所:××县××镇××村××号,是×××之女

被上诉人(原审被告二):赵××,性别×,××族,19××年×月×日出生

身份证号:××××××××××××××××××

住所:××县××镇××村××号,是×××之子

上诉人因民间借贷纠纷一案,不服××县人民法院(××××)××民初字第××号判决书第二项判决,现提出上诉。

上诉请求:

1. 请求撤销原审判决,依法驳回被上诉人的诉讼请求。

2. 判令由被上诉人承担本案全部诉讼费用。

上诉理由:

20××年×月×日上诉人向赵××借了××元钱,给赵××写了一张欠条。20××年×月×日一次性归还给了赵××。赵××于20××年×月因突发疾病死亡,系两位被上诉人之父,两位被上诉人是赵××的法定继承人。两位被上诉人起诉上诉人,让归还欠赵××的钱,一审法院判决认定的事实错误。

1. 原审判决认定上诉人欠被上诉人借款本金×××元及利息缺乏事实和法律依据。

上诉人向赵××借钱属实,但不是借了×××元,而是只借了××元,并且已经于20××年×月×日全部归还。一审中,上诉人提交了赵××于20××年×月×日向上诉人出具的收据一份,证明上诉人已在借款到期时如数归还了赵××的借款本息,而且上诉人还提交了证人王××的证言,证明上诉人还款时,要求归还给赵××打的借条,但赵××当时借条找不到了,给上诉人出具了一张收条的事实。因此,上诉人并不欠赵××任何款项。

2. 两位被上诉人所持借条是其涂改形成的,不能作为定案依据。

赵××于20××年×月×日因突发疾病死亡,两位被上诉人作为赵××的法定继承人,找到了赵××当时所收的借条,借条属实,但是借款数额系两位被上诉人篡改后的。上诉人只向赵××借款××元,而且出具的也是

“××元”的借条，两位被上诉人所持的“×××元”借条是其涂改后形成的，后面的“0”是两位被上诉人后加上的，不是上诉人的笔迹。根据法律规定，涂改后的证据不具备证据“真实性”的特性，不能作为定案依据。

基于上述事实和理由，一审法院不顾事实，在上诉人有足够证据能证明其从赵××处借款仅为××元，且已全部归还的情况下，对上诉人的辩解不予支持，而对两位被上诉人提交的涂改过的“借据”予以采纳，严重侵害了上诉人的合法权益。为此，上诉人根据《中华人民共和国民事诉讼法》的相关规定，特向贵院提起上诉，请求二审法院在查明事实的基础下，撤销原审判决，依法驳回被上诉人的诉讼请求。

此致

××市中级人民法院

上诉人：张××

20××年×月×日

附件：本上诉状副本×份（略）

写作要领

一、经济纠纷上诉状概述

经济纠纷上诉状是指经济纠纷诉讼当事人或其法定代理人不服人民法院的第一审判决或裁定，向上一级人民法院提起上诉，请求撤销、变更原审裁判，或重新审判而提出的诉状。

经济纠纷上诉状是第二审法院受理案件，并进行审理的依据。第二审法院可以通过上诉状了解上诉人不服第一审裁判的理由。因此，经济纠纷上诉状对于第二审法院全面了解案情，审理案件，保护当事人的合法权益，提高办案质量，具有重要的作用。

二、经济纠纷上诉状的特点

1. 提起上诉的直接性。有权提出经济纠纷上诉状的必须是当事人或其诉讼权利承担人、法定代表人、特别授权委托代理人。

2. 针对性。经济纠纷上诉状是针对法院第一审判决和裁定而写的，因此要直接指出原判认定事实的错误、原判理由的不充足或适用法律的错误，并有针对性地写出不服一审判决意见、看法以及自己的请求。

3. 时限性。上诉有时间限制,上诉人必须在法院规定的有效时间内进行上诉,超过了规定时间则会被视作服从一审判决。

三、经济纠纷上诉状的写作格式

经济纠纷上诉状由首部、正文、尾部和附项四个部分组成。

1. 首部。应依次写明下列各项:

(1)文书名称(或称标题)。在第一行正中写明"(经济纠纷)上诉状"即可。

(2)当事人的身份事项。经济纠纷上诉状与经济纠纷起诉状的写法基本相同,只需在上诉人与被上诉人之后,用括号注明是原审原告,还是原审被告。如"上诉人(原审原告),被上诉人(原审被告)"。

2. 正文。正文是经济纠纷上诉状的核心部分,包括如下内容:

(1)提起上诉的案由。写上诉人因何案、不服人民法院于何时、以何字号(×字第×号)发出的判决或裁定而提出上诉的。

(2)上诉请求。即请求第二审人民法院撤销或变更原审的判决或裁定,或者请求重新审理。

(3)上诉理由。这是上诉状最重要的部分。上诉理由可从以下三个方面提出:

1)在认定事实方面,上诉人对于原审裁判所认定的事实,如果认为不实、不清、不准确,甚至无中生有,可以提出纠正或否定的事实和证据。

2)在适用法律方面,如果原判所适用的法律有不当之处,理由不充足,上诉人可以提出自己的理由和应当适用的法律根据。

3)在运用程序方面,上诉人如认为原审的诉讼程序不合法,也可作为上诉理由提出来。

3. 尾部。经济纠纷上诉状的尾部包括:

(1)所提交的人民法院名称。

(2)上诉人签名(单位名称或个人姓名)并盖章、具状时间(年、月、日)。

4. 附项。应写明随上诉状向人民法院提交的副本多少份、书证及物证多少份(件)等。

四、经济纠纷上诉状的写作要点

1. 针对性要强，要有的放矢。

2. 语言要明晰、简洁，做到条理清楚、逻辑性强。

3. 在限期内将上诉状送交上级法院。经济纠纷判决的上诉期限为15日，逾期上诉无效。

第二节　经济纠纷申诉状

参考范文

【范例1】经济合同纠纷申诉状

申　诉　状

申诉人：××市××食品商店
地址：××市××路××号
法定代表人：马××
职务：××
被申诉人：××市××贸易公司
地址：××市××路××号
法定代表人：李××
职务：××

申诉人因经济合同纠纷一案，不服××市××区人民法院20××年×月×日法经字(××××)第××号判决，特依法提出申诉。

申诉请求：

请求××市人民法院依法受理申诉人诉××市××贸易公司因经济合同纠纷致使申诉人遭受经济损失一案，要求撤销原判，重新审理，做出合法、合理之判决。

申诉事实和理由：

申诉人与被申诉人之间因经济合同纠纷一案，经××市××区人民法院审理，该院于20××年×月×日给当事人送达了××法经字(××××)第××号民事调解书，该调解书裁定如下：

1. 原告(本案被申诉人)××市×××贸易公司，将××千克的工业奶粉退还给被告(本案申诉人)××市××食品商店；被告于20××年××月××日前，将×××元货款返还原告。

2. 被告赔偿原告差旅费×××元、鉴定费××元的经济损失(与上项同时给付)。诉讼费××元由被告全部负担。

申诉人认为，以上裁定是有悖于事理的，是不公正的。因为上述调解书中载有这样一段关键的事实："原告在拿到被告提供的化验单后，又经××市卫生防疫部门的检验允许，将此工业奶粉售给××饮品厂。"调解书中这段记载与一审原告提出的"经济起诉状"记载完全相同。由此可见，本案中申诉人发到被申诉人处的工业奶粉是经过××市卫生防疫站检验认定为"作为工业奶粉可以使用"的合格奶粉，而不是不合格奶粉。据被申诉人自称：被申诉人收到发货的时间是20××年××月××日(见起诉状第×页第×行)，于同年××月××日(见起诉状第×页第×行)送样品到××市卫生防疫站检验，检验结果："作为工业奶粉可以使用"(见起诉状第×页第×行)。以上事实充分证明，申诉方售给被申诉方的工业奶粉是完全合格的。

20××年××月，被申诉方则根据××市卫生防疫站提供的检验报告单，以检验合格为证据，又将这一批工业奶粉顺利转售给××冷饮厂。但是，当该冷饮厂将此工业奶粉用于加工生产冷饮食品并且在已经使用××千克后，于20××年××月××日再次送样于××市卫生防疫站进行检验，此次的检验结果却为"不合格"。于是，××市××贸易公司便于20××年××月××日起诉于××市××区人民法院。

对此，申诉人认为，我方售出的同样商品，经过同一检验单位(××市卫生防疫站)的科学检验，前两次的检验结果都是合格奶粉。但转入××冷饮厂并且已经使用了部分奶粉之后再行检验，却成了不合格奶粉。其中造成这一批工业奶粉出现质量问题的责任方究竟是谁，岂不是不言而自明？更何况我方售出的工业奶粉是20××年××月，在此期间被申诉人取样进行检验，结果证明是合格奶粉，被申诉人才将这一批工业奶粉转售给××冷饮厂。至于转到××冷饮厂之后出现什么问题，这与申诉方又有什么关系呢？

因此，申诉人特要求人民法院在查明事实真相的情况下，撤销原判，对本案重新审理，做出公正的裁决。并要求通过人民法院追回××市××贸易公司无理纠缠给我方带来的一切经济损失。

此致

××市人民法院

申诉人：××市××食品商店（公章）

法定代表人：马××（签章）

20××年×月×日

附件：

1. 本申诉状副本×份（略）

2. 原审民事调解书复印件×份（略）

3. 书证×份（略）

【范例2】货款纠纷申诉状

经济纠纷申诉状

申诉人（原审被告）：××市××百货商店

法定代表人：×××，该店经理

委托代理人：×××

男，××岁，××族

原籍××市，现在××市××区××街××号

该店副经理

被申诉人（原审原告）：××市××厂

法定代理人：×××

该厂厂长委托代理人：×××，该厂副厂长

申诉人因货款纠纷一案不服××人民法院（20××）法经裁字××号民事裁定书，认为该裁定书事实不准，裁定不公正，特提起申诉，请求改判，其事实与理由如下：

申诉人和被申诉人于20××年×月×日签订购销合同两份：一份是申诉人向被申诉人订购××男型×凉皮鞋××双；另一份是订购各式男女皮夹克××件。因这些商品具有很强的季节性，双方协议确定：必须于20××年×月×日前，将上述商品发至××市，以应市场需求。

可是，被申诉人未按协议约定将上述商品按时发至××市。其中，皮夹克于20××年×月×日才到达，拖期达一个半月之久，大大错过了××市市场的销售旺季，致使这些商品积压于仓库，严重影响了申诉人的资金周转，至今尚有男凉皮鞋××双，各式皮夹克××件卖不出去，共折合××万余元人民币。

尽管如此，为照顾彼此之间的商业信誉，申诉人曾于20××年×月×日出具《××问题答辩书》，说明了拖欠货款的原因，主动提出偿还货款的计划。不料，贵院在未进行调查研究的情况下，公然判令"……依法采取诉讼保全措施……冻结××百货商店在××市××区××路信用社的银行存款××万元"。这是不公允的。申诉人重申：仍然按照20××年×月×日提出的还款计划执行。对于目前库存积压的商品，积极采取削价处理措施，将实收货款付给被申诉人，或将积压的商品退回给被申诉人，退回中发生的运杂费，可由申诉人负担。

此致

××人民法院

申诉人：××市××百货商店

法定代表人：×××

20××年×月×日

写作要领

一、经济纠纷申诉状概述

经济纠纷申诉状是指经济纠纷诉讼当事人、被害人及其家属或其他公民认为已经发生法律效力的判决、裁决或决定，在认定事实或适用法律上确有错误，而向人民法院或人民检察院提出的要求复查纠正的书状。

二、经济纠纷申诉状的特点

1. 不受限制性。申诉人无论裁判是否经过上诉，也无论这些裁判是否已执行完毕，都可以不受时间限制而提交申诉状。提交申诉状不影响判决、裁定的执行。

2. 效应难测性。申诉状只能被视作决定是否引起重新审判程序的参考材料，其不一定就能引发重新审判程序的发生。

三、经济纠纷申诉状的写作格式

1. 首部。

（1）标题。以“民事申诉状”或以“申诉状”作为标题。

（2）民事申诉人和对方当事人的基本情况。写清民事申诉人与对方当事人的姓名、性别、年龄、民族、籍贯、职业、住址等。法人或其他组织应写明单位名称、地址、法人代表姓名及职务。

（3）案件来源。写明申诉人不服的判决或裁定的案件来源。例如，“申诉人因（案由）纠纷一案，不服××人民法院于20××年×月×日做出的（××）××字第××号民事判决（裁定），现提出申诉”。

2. 申诉请求。申诉请求要求明确、具体。主要写明请求法院重新审理。

3. 申诉理由。这是申诉状中的核心部分，要求在说明事实真相的基础上，充分阐述提出申诉的理由，实际上是对原生效的裁判提出反驳。但必须做到事实有据可证，无可辩驳，理由有法可依，无懈可击。通常从原判决或裁定认定的事实、引用法律和诉讼程序是否合法等方面进行辩驳，并写明请求再审的法律依据。

4. 尾部及附项。写明提交机关和转送机关如“此致××人民法院（或者××人民检察院）”，申诉人署名或者盖章；具状的年、月、日。附项写明“本状副本××份、物证××件、书证××件”。

四、经济纠纷申诉状的写作要点

1. 对申诉的事实求全、求实、求准。在事实上求全，是指所申诉的事实应是全面的，主要事实情节俱全，次要事实对原裁判有影响的也应列出，以使受理的法院对案情事实有全面了解。在事实上求实，也就是实事求是，原裁判认定恰当之处，应承认其恰当而不应反驳；原裁判事实确实不恰当，应用事实来说明。在事实上求准，是指所申诉的事实在内容和文字上准确无误。

2. 应列示证据。为说明申诉事实的确实,申诉人应把与请求目的相符的人证、物证、书证明确列出,具体说明。

3. 应说明法律适用情况。在申诉状中对法律适用情况可作两方面说明:一是如果原裁判适用法律不当,应在申诉状中阐明正确适用法律和应当援引的法律条、款、项;二是如果原裁判严重违反诉讼程序,申诉人应在申诉状中阐明正确执行诉讼程序的意见。

4. 理由要充分。这是指概括申诉的事实要准确精要,推理的前提应是真实的,理由和结论(请求目的)在推理时要有内在必然联系,不应是孤立和脱节的。

第三节　经济纠纷反诉状

参考范文

【范例1】购销合同反诉状

民事反诉状

反诉人(本诉被告):××市××厂,地址:××市××区××大街××号

法定代表人:赵××,职务:××

委托代表人:何××,××律师事务所律师

被反诉人(本诉原告):××省××县××风机厂,地址:××省××县××大街××号

法定代表人:吴××,职务:××

反诉人就被反诉人诉反诉人购销合同纠纷一案,对被反诉人提起反诉。

反诉请求:

1. 驳回被反诉人给付货款之诉。

2. 判令被反诉人拉回冷却水塔,并赔偿反诉人的经济损失。

3. 被反诉人承担本案的全部诉讼费用。

事实与理由：

20××年××月××日，反诉人与被反诉人订立购销合同。合同规定：被反诉人向反诉人供应××型冷却水塔，并负责于20××年××月××日前安装调试完毕，反诉人于20××年××月××日前支付定金××万元，在安装调试后正常使用的×个月内，将剩余货款××万元给付被反诉人。合同订立后，反诉人当即将定金交付被反诉人。然而，该××安装后经使用，发现存在设计不合格、冷却效果差、运转不正常等多方面的质量问题，后经反诉人多次交涉，被反诉人派人前来修复并多次更换零部件，仍然不能达到正常使用的要求，由此给反诉人造成重大经济损失。

20××年××月，反诉人将该××拆卸存放，并于当月××日函告被反诉人速派人前来协商处理相关事宜，但被反诉人除×日来电话答复派人来外，一直无人露面。接贵院应诉通知后，反诉人甚感意外，认为本纠纷的责任应由被反诉人承担。对此，特向你院提出反诉请求，请查明本案事实，依法公正判决。

证据和证据来源、证人姓名和住所：

1. ××购销合同（双方共同订立）。

2. ××使用说明书（被反诉人提供）。

3. ××使用资料（我厂技术设备科技术人员提供）。

4. ××使用说明书中数据与使用资料记载数据对表（我厂技术设备科技术人员提供）。

5. ××修理记录及零配件购置单据（我厂技术设备科技术人员提供）。

6. 双方往来函件。

此致

××市××区人民法院

反诉人：××市××厂（公章）

20××年××月××日

附件：

1. 本反诉状副本×份（略）

2. 证据材料×份（略）

【范例2】合同欺骗反诉状

经济反诉状

原告:××县××编织厂

地址:××县××路××号

法人代表:×××,厂长

代理人:×××,副厂长

×××,××县法律顾问处律师

被告:××棉纺织厂

地址:××县××路××号

法人代表:×××,厂长

请求事项:被告采取欺骗手段,以试制品、次品冒充国家正式合格产品出售,给我厂造成重大经济损失,特提起反诉:①判决原货退回,被告应付保管费×××元;②被告立即偿还违约金××万元,赔偿金×××元。

事实和理由:20××年××月××日,我厂供销科刘××去被告处联系业务,第二天,被告到我厂驻××办事处推销中长纱,刘不想要,谁知被告早已将合同写好,并替刘签上名,拿过桌上的合同章盖好就走了。我厂将××吨中长纱拉回后,发现质量有问题,当即去电话要求被告方来人看货,被告置之不理。隔了几天,我厂刘××又特地去被告处,要求来人看货,被告又置之不理。隔了几天,我厂刘××再次去被告处,要求来人看货,被告还是置之不理,本来约好,被告在货到×周后派车来拉管子,他们也不敢来了。我厂见此只好将货保管好,通知银行拒付货款。谁知没有几天,被告突然向法院起诉,声称我方拒付货款违约。我方则以质量问题起诉,经省产品质量检验所检验,五项送验指标有三项不合格,质量确实存在严重问题。这时被告才承认,中长纱是该厂试制品,没有经有关部门检验过,无产品合格证书,该纱不能织布,只能织围巾。

鉴于上述事实,被告采取欺骗手段签订合同,以次充好,推销既无产品合格证书,又不能织布的试制品,当时又没说明产品的性能,而且价格高于国家规定的价格,违反《经济合同法》第4条、第5条,《工矿产品购销合同条例》第14条和《标准化管理条例》第21条规定,为此,特向你院反诉,望依法判决。

此致

××市中级人民法院

具状人：××县××编织厂

法人代表：×××（签章）

20××年××月××日

附件：

1. 本状副本×份（略）

2. 证物×件（略）

3. 书证×件（略）

【范例3】违约责任反诉状

民事反诉状

反诉人（本诉被告）：××省××市××食品厂

地址：××市××街××号

法定代表人：×××，男，××岁，×族，××省××市人，××食品厂经理

被反诉人（本诉原告）：××省××市×××食品有限公司

地址：××省××市××街××号

法定代表人：×××，男，××岁，××族，×××食品有限公司经理

反诉请求：

1. 被反诉人应承担本合同纠纷的违约责任，处以违约金×××元。

2. 被反诉人应承担其调走货物由反诉人支付的保管费、运输费、卸车费共计××元。

事实与理由：

反诉人与被反诉人于20××年××月××日、××月××日分别签订了两份食品购销合同。合同约定：由被反诉人向反诉人提供××公斤××系列的食品添加剂，货款共计××万元。收到货物后，反诉人发现所运货物与合同中约定的类型不符，包装标准也不符合合同规定；在对部分货物进行化验后，发现浑浊体严重，并有强烈异味，纯属伪劣产品，基于此，反诉人20××年××月××日与被反诉人交涉，双方达成了由×××食品有限公

司将全部货物的××%自行调走,反诉人承付已售出的××%货物贷款的协议。

20××年××月××日×××食品有限公司委派销售员×××来催要货款,反诉人方法人代表×××当即表示,货款一定偿付,但是由于暂时资金紧张,想宽容几天,当场还认定货款额为×××元,其实这已远远超过了售出××%货物的款额。可是没过多长时间,被反诉人却又突然起诉,要求返还拖欠款×××元,致使本应自行协商解决的问题更复杂了。

反诉人认为:购销合同合法有效,合同约定反诉人有给付货款的义务,但上述货款未能及时兑付的原因却是由被反诉人先行违约造成的,货物种类与合同约定不符,包装标准也与合同规定不符,加之质量低劣,已属严重违约。

为了顾全大局,反诉人始终未采用法律手段,但被反诉人却径先起诉。基于上述事实,特依照《中华人民共和国民事诉讼法》第×条的规定,提出反诉,请法院依法公正判决,以维护反诉人的合法权益。

此致

×××区人民法院

反诉人:××市××食品厂

20××年××月××日

附件:本反诉状副本×份(略)

写作要领

一、民事反诉状概述

民事反诉状是指被告人为了维护自身的合法权益,以与本诉直接相关的事实、理由和请求,向同一人民法院对本诉的原告或刑事自诉案件的自诉人提起"反起诉"的法律文书。

反诉状是一种形似"应诉"而实为"起诉"的法律文书,古今中外皆有应用。根据我国有关民事诉讼法和刑事诉讼法的有关规定,反诉只适用于民事案件和刑事自诉案件,而不适用行政案件和刑事公诉案件,并且反诉只适用于一审民事案件和某些一审刑事自诉案件。

二、民事反诉状的写作格式

1. 首部。要用“民事反诉状”或“反诉状”作为标题。

写清反诉人和被反诉人的基本资料，包括姓名、性别、年龄、民族、籍贯、职业及住址，如果反诉人如属法人或其他组织，则应写明单位全称和所在地址及邮政编码，法人代表的姓名、职务和电话号码。

2. 反诉请求。简明扼要地写明反诉的目的和要求。如民事反诉状可写成“现反诉本诉原告赔偿反诉人财物修理费××元，请求依法与本诉合并处理”；或如“请求法院判决被反诉人（原审原告）赔偿我××元的经济损失”等。

3. 事实和理由。提出反诉所依据的事实，特别要注意提出与本诉所据事实相反的事实。

4. 提出证明反诉事实的证据。要使反诉成立，必须有充分的事实根据，并且要从证据的客观性、关联性及合法性几个方面充分论证反诉方所述证据的价值及其可信程度，以达到本方的反诉目的。

5. 尾部及附项。

（1）写明致送的人民法院的名称。

（2）写明反诉人的姓名以及提出反诉的时间。

（3）列明材料的内容以及份数，并标号分项。份数根据被反诉人的人数提交，被反诉人的人数为几人就提交几份反诉状副本。

（4）如果反诉人是法人或其他组织的，要写明法人或其他组织的全称并加盖单位公章。

三、民事反诉状的写作要点

民事反诉状的基本写作方法与民事起诉状相似。但是，由于反诉状是“后起诉”的诉状，有自身的特点，写作时需要特别注意以下几个问题：

1. 应写明反诉缘由。可以在首部当事人之后另起一段概括说明。如“被反诉人起诉反诉人（或采用第一人称‘我’）……（案由名称）一案，因其……（概括起诉状的主要错误，如‘不合事实’‘证据不实’等）现提出反诉如下：……（反诉要求）”

2. 反诉请求应当明确、具体。如“请依法判决被反诉人（本诉原告）偿还拖欠反诉人货款×万元，以抵消反诉人欠其相应货物的数额”。

3. 先摆事实后论理由。叙述事实，应把握争议的焦点，重在写明事实真相，叙述案情的来龙去脉要简明清晰（起因、时间、地点、经过、被侵权结果情况）。不妨夹叙夹议，也可边叙边举出证据，使之具有驳辩色彩。

4. 列写有关证据。证据必须确凿，名称规范。证据内容包括物证、书证（尽量提供原件或其公证资料），证人证言及证人姓名、住址。在当事人不能通过合法途径取得证据的情况下，可以请求法院采取证据保全措施。

5. 应注意言辞文明，使用法定语言，语意要明确，以事以理服人。同时，由于反诉是因为本诉所引起，反诉人更要注意克制情感，力求平实陈述，切忌气盛刻薄，强词夺理。

第四节　经济纠纷起诉状

参考范文

【范例1】货款拖欠起诉状

起诉状

原告：××市××区×××公司

地址：××市××区××路××号

法人代表：×××，公司经理

被告人：××市××区××商店

地址：××市××区××大街××号

法人代表：×××，商店经理

案由：追索货款，赔偿损失

诉讼请求：

1. 责令被告偿还原告货款××万元。

2. 责令被告赔偿拖欠原告货款×个月的利息损失。

3. 责令被告赔偿原告提起诉讼而产生的一切损失，包括诉讼费、请律师费等。

诉讼事实和理由：

原告和被告20××年×月×日商定，被告从原告处购进××酒××箱，价值××万元人民币。原告于当年×月×日将××箱××酒用车送至被告处，被告立即开出××万元的转账支票交付原告，原告在收到支票的第二天去银行转账时，被告开户银行告知原告，被告账户上存款只有×万余元，不足清偿货款。由于被告透支，支票被银行退回。当原告再次找被告索要货款时，被告无理拒付。后来原告多次找被告交涉，均被被告以经理不在为由拒之门外。

根据《中华人民共和国民法通则》第106条第1款和第134条第1款第7项的规定，被告应当承担民事责任，原告有权要求被告偿付货款，并赔偿由于被告拖欠贷款而给原告带来的一切经济损失。

证据和证据来源：

1. 被告收到货后签收的收条×份。

2. 银行退回的被告方开具的支票×张。

3. 法院和律师事务所的收费收据×张。

此致

××区人民法院

起诉人：××市××区××公司（公章）

20××年×月×日

附件：

1. 本状副本×份（略）

2. 书证×份（略）

【范例2】经济合同纠纷起诉状

起　诉　状

原告：××工业研究院

地址：××市××西路××号

法定代表人:许××,院长

委托代理人:秦××,开发处处长

被告:××市第×制药厂

地址:××市××区××路××号

法定代表人:张××,厂长

案由:经济合同纠纷

诉讼请求:

一、被告应履行合同,交付原告实验技术转让费用××万元。

二、按照《合同法》第×条的规定,被告应承担违约责任,赔偿原告的经济损失。

三、诉讼费用由被告承担。

事实和理由:

××工业研究院(以下简称原告)与××市第×制药厂(以下简称被告)于20××年×月×日就"×××"实验室技术成果转让达成协议,并于同年×月×日在××市正式签订科技转让合同。按照合同规定,被告应向原告支付实验室技术转让费用××万元。协议生效后,被告先付原告×万元。小试验开始时支付原告×万元,试验结束后,给原告×万元。以后每个月支付×万元,×个月内付清。合同生效后,被告依照规定支付了××万元。原告也依照规定,交给被告技术资料和"×××"实验室技术。后来,被告来原告处进行小试验复核,按照规定应交付××万元,但被告未交。当时,原告顾及双方的友好关系,未提出先交钱后实验的要求。被告方派人进入实验,连续进行了三次小实验验收工作。三次实验结果超过合同规定的要求,被告方经办人员张××对此表示满意,并函谢。可是被告方实验开始不付钱,实验结束后按规定应交的××万元也未交付,还提出了合同未曾列入的要求,进而指责原告方未执行合同,以此达到不履行合同的目的。为妥善解决问题,原告方特派有关处、室负责人赴被告方磋商,希望双方良好关系不要因此而受到伤害。要求被告按照合同办事,其结果未得到解决。之后,原告方委托××法律顾问处致函被告,要求其法定代表人或有关人员前来××协商解决,而被告毫无诚意,采取拖延搪塞的方法。为此,原告不得不向人民法院起诉,要求维护合法权益,望依法裁决。

此致

××人民法院

具状人：××××工业研究院（盖章）

法定代表人：许××（盖章）

20××年×月×日

附件：

1. 起诉状副本×份（略）

2. 书证×份（略）

【范例3】房产继承起诉状

民事起诉状

原告：×××，男，××岁，××族，××省××县人，××市××店员工，住××省××市××街××号，联系电话：×××××××××

被告：×××，男，××岁，××族，××省××县人，××市××厂工人，住××省××市××街××号，联系电话：×××××××××

诉讼请求：

1. 请求法院依法判决，将被告出卖父母遗产的×间砖房所得房款××万元由原、被告平均继承。

2. 请求法院判决由被告承担本案的一切诉讼费用。

事实和理由：

被告与我是同胞兄弟，无其他兄弟姐妹。20××年×月，被告和我先后自立家庭，同父母分居。20××年×月×日，父母在××市××街××号自盖×间砖房居住。20××年×月被告一家因住房倒塌缘故，同时也为了方便照顾老人，就搬到父母那里一起生活，直到20××年×月二老相继去世。当时考虑到被告一家的实际困难，我就没好意思提出分割父母遗产的问题。

可是，20××年×月，被告×××在没有征求我同意的情况下，竟擅自把父母遗留下的四间砖房给卖了，共卖得房款××万元，全部据为己有。对于这一剥夺我继承权的行为，我决定向被告提出交涉，可是被告一口咬定他比我尽的义务要多，不但负担了老人的生活费，还在生活上侍候老人，并且还维修过房屋，因此拒绝与我共同继承父母遗产。

被告的行为很过分，我认为他独占遗产的理由是完全不成立的，可以说我和被告对老人所尽的赡养义务是大体相当的。

1. 关于负担老人生活费问题。从20××年×月到20××年×月父母去世这段时间里，我在外地坚持每月寄×××元生活费供养二老。这一事实，父母的邻居×××可以证明。根据当时××市居民的一般生活水平，父母每月需要生活费×××元左右，我每月寄去×××元，再加上父母的一些零星收入，被告每月也不过负担××元左右。再说，二老去世时，我和被告共同承担了安葬费。这一事实，××市××街××组的组长×××能够为我证明。

2. 关于侍候老人问题。首先，被告一家在生活上侍候老人，这是事实，可是二老在世时一直帮助被告操持家务，这也是事实。况且，我在外地工作，无法直接照料老人，因此，被告对老人尽一些侍候的义务是理所当然的。其次，关于维修房屋的问题。父母去世后，被告长期占用着父母遗留下的×间房子，这实际上是长期无偿地占用了其中应由我继承的那一份遗产，因此，被告对住房进行维修是完全应该的。

综上所述，被告×××不顾事实，不念手足之情，独吞父母遗产，既悖常理，又违法律。我国《婚姻法》第二十四条第二款规定："父母和子女有相互继承遗产的权利。"我国《继承法》第十三条第一款规定："同一顺序继承人继承遗产的份额，一般应当均等。"第二十五条第一款规定："继承开始后，继承人放弃继承的，应当在遗产处理前，做出放弃继承的表示。没有表示的，视为接受继承。"

根据上述事实和法律，我认为自己不但有权利继承父母遗产，而且有权利与被告平均继承父母遗产，即应得房款××万元。请法院秉公而断，保护我的合法权益不受侵犯。

此致

××市××人民法院

起诉人：×××

20××年×月×日

附件：

1. 民事起诉状副本×份（略）

2. 书证×份（略）

写作要领

一、经济纠纷起诉状概述

经济纠纷是指法人之间、法人与公民个人之间或公民个人之间，发生在经济方面的权利与义务之争。起诉状（诉状），俗称“状子”，诉状分为民事诉状和刑事诉状。本节所要讲的经济诉讼起诉状属于民事诉状。

经济纠纷起诉状，又称经济诉状，是经济纠纷案件的原告认为自己的权益受到侵犯而向法院陈述纠纷事实、阐明起诉理由、提出诉讼请求的书状。

二、经济纠纷起诉状的特点

1. 请求诉讼性。任何国家机关、社会团体、企事业单位和公民个人或其法定代理人向人民法院递交经济纠纷起诉状便是提出了诉讼请求。

2. 适用范围的特定性。经济纠纷起诉状针对的是归人民法院管辖而未被审理过的案件。

3. 处理案件的参证性。诉状本身就是一种处理案件时的证据。

三、经济纠纷起诉状的写作格式

经济纠纷起诉状一般由以下七部分内容构成：

1. 标题。标题要标明“经济纠纷起诉状”或“起诉状”。

2. 状头，即当事人的基本情况。包括原告人和被告人，要写明当事人的情况，或单位的全称、性质、所在地，法定代表人姓名、职务、开户银行及账号；有诉讼代理人时，应写明代理人的姓名和所在单位、代理权限和其他情况。

3. 案由或事由。即概括写明因何事起诉。

4. 诉讼请求。即概括写请求人民法院依法裁决的具体事项，或诉讼要达到的最终目的。

5. 事实和理由。这部分是起诉状的核心部分，它关系到人民法院是否受理此案。内容主要包括事实经过、证据、理由和法律依据。

6. 结尾。结尾内容要求按信函格式写：“此致”“×××人民法院”；起诉人签名或盖章；写明年、月、日。

7. 附项。起诉状最后一页的左下角写附项。包括本状副本份数、物证件数、书证件数等。

四、经济纠纷起诉状的写作要点

1. 真实、准确、合法。所谓真实是指在起诉状的写作中,必须重视事实真相和全过程,不允许伪造或推测。所谓准确是指起诉状中所涉及的证据、数据要做到精确可靠,万无一失,经得起核实、查对。所谓合法包括两层含义:一是指所援引的法律、政策根据要恰当,而不是牵强附会;二是指起诉状的书写要按规定的格式要求表述内容,不能随心所欲。

2. 条理清楚。起诉状中重要的一项是要阐明起诉的理由和法律依据,要求在写作时做到条理清楚、线索分明,以利于法院工作和自己的诉讼。其条理性表现在以下三个方面:

(1)按照规定的程式结构依序写作,该是哪项就写入哪项,不能串换错位。

(2)表述要讲究逻辑性,通常是按时间、空间、矛盾冲突的线索进行。如果是叙述多件事,则应照顾彼此的关系分类进行,或依事实的重轻分量一次写明。事实与理由同请求事项之间要有因果关系,或说明与被说明的关系。

(3)层次、段落要明晰,要有逻辑联系。每项都有文字标志,成为相对独立的层次,内容纷繁的层次还要分段书写,每段说明一个内容,使人一目了然。

3. 书写工整。起诉状应用钢笔或毛笔书写在16开纸上,字迹要清楚、端正,卷面要干净、无误;如果条件允许,最好将手稿转为打印件。

第五节　经济纠纷答辩状

参考范文

【范例1】财产继承纠纷答辩状

民事答辩状

答辩人:李××,男,××岁,××族,住××县××镇××街××号

因原告李××诉我继承纠纷一案,现提出答辩如下:

答辩理由:

1. 原告李××与被继承人李××之间无收养关系。原告自称其过继给李××做养子,无任何书面凭证,而法律也不承认新中国成立前嗣子的合法性。原告虽然于20××年×月李××去世时自称为养子并参加了葬礼,但事实上,××多年来,原告未与被继承人共同生活过,且李××晚年时,李××也未尽过任何赡养义务,被继承人也不承认有这个养子。

2. 被告是唯一合法的继承人,理应继承李××的全部遗产。被告是被继承人依法经公证收养的养子,××年来一直承担着对被继承人的赡养义务。被继承人父母早已去世,又终生未娶,被继承人没有其他合法继承人,其遗产应该由被告全部继承。

请人民法院依据案件事实,并根据我国继承法律的有关规定,对我的继承权加以确认和保护,并驳回原告的无理要求。

此致

×××人民法院

答辩人:李××

20××年×月×日

附件:

1. 本诉状副本×份(略)

2. 李甲收养李××的公证书及附协议书复印件×份(略)

【范例2】拖欠货款答辩状

经济纠纷答辩状

答辩人:×××实业公司

地址:××市××街××号

法定代表人:夏××,男,××岁,经理

对原告××省××市××贸易公司上诉的占用拖欠货款及第三人高××麻袋货款一案答辩如下:

一、对××省××市××贸易公司诉告我方拖欠货款问题的答辩

1. 20××年×月×日××贸易公司的吴××和韩××来我公司,要求一次性购买麻袋××万条。原因是他们与××省××县××贸易货栈签订

了麻袋购销合同，在合同行将到期的情况下，拿不出货物，请我们帮助解决燃眉之急。我方答应了对方的要求，对方汇给我方人民币××万元整。除去××万条麻袋款××万元整之外，尚剩余×万元整。当时我方要求将余款退回，但对方的吴××和韩××一再要求我方不要退款，要用这笔余款办理麻袋发运和其他业务。并请我方出具介绍信、公章等，为其向××铁路分局装卸公司办理了×万元的发运杂费汇款手续，将麻袋顺利发往目的地。一直到××月末这一段很长的时间内，吴、韩等人几次往返于我市，都没有提起结算退款之事，我方多次提出结算问题，他们都以同对方发生合同纠纷和铁路装卸公司收费不合理为由，拒绝同我方结算。由此可见，对方诉我方拖欠货款是毫无根据的，也是缺乏起码的职业道德的。

2. 从一审法院的卷宗里可以查到，吴××和韩××在调查记录中承认：准备用这笔余款在我市搞业务活动，直到20××年×月×日之前的调查中，他们都直言不讳，说准备在我市使用这笔钱办理其他事宜。因此，对方在上诉状中云“早已要求退款”和“占用拖欠款”等，纯属编造出来的假话。

从上述事实可以看出，我方与对方的经济往来，属于正常业务交往，而且我方为对方的业务活动提供了诸多方便条件，对方这种以怨报德的行为是令人气愤的，所以，我方根本不存在“占用拖欠”对方货款问题。一审法院判处我方支付余款，我们同意，但基于上述情况，我方不同意支付余款银行利息。

3. 原告违反国务院[××××]××号文件精神，利用经济合同买空卖空，应予以取缔。

从表面上看，××贸易公司买××实业公司的麻袋。××实业公司欠××贸易公司的剩余款，××贸易公司催要款项是正确的；而实质上，××贸易公司从根本上违背了国务院[××××]××号文件精神，利用经济合同买空。据××贸易货栈张××提供，在麻袋这笔生意上，××贸易公司一无资金，二无货源。××贸易公司向××贸易货栈大吹有麻袋现货××万条，导致××贸易货栈上门订货，于20××年×月×日双方签订了麻袋一号合同。数量为××万条，总额××万元，执行日期是×月×日前完成，××贸易货栈付给××贸易公司××万元预付款。××贸易公司拿着××货栈的预付款大买麻袋。随即又签订二号合同××万条，三号合同××万条。开始给××市××批发部××万元买麻袋未成，后又拿××万元给我方，买了××万条麻袋，仅就一号合同而言，只买了××万条麻袋，其余××万条全部落空，造成了××贸易公司同××贸易货栈的合同纠纷，而在本案一审判决时，××贸易公司却隐瞒了××县经济合同仲裁调解书，提供了假证，致使一审判决我方“支付从20××年×月×日起到付款日止的银行存款利息”。根据张××提供的确凿证据，此××万元是××贸易货栈的预付款，而不是××贸易公司的款。××贸易货栈不要求付息，而××贸易公司要求付息是没有道理的。

以上事实可见，我方不但不应付给对方所谓银行贷款利息，而且认为对方违反国务院文件精神应予取缔。

二、对第三人高××的答辩

高××原系我公司工作人员，此案发生时已调出。××贸易公司从我公司购买的××万条麻袋，经××铁路分局装卸公司运送×车皮之后，剩余麻袋存放在装卸公司，而高××不经原告同意，将剩余麻袋发往西安××公司。在本案运输麻袋短缺纠纷中，一审判决第三人高××返还原告麻袋××条，而高××在一审法院的庭前调查及开庭中均一口咬定：在给××公司发麻袋时曾多发××条，并说我公司欠高××××条麻袋，以此××条麻袋顶款。事实上我公司与高××从未发生过买卖关系，也不存在麻袋顶款问题。据了解高××是20××年×月×日将××条麻袋发往西安的，而事隔两个月之后，高××于20××年×月×日，骗拉我公司库内的××条麻袋，被我方发现后及时追回，此事纯属我公司内部事务，与××贸易公司麻袋事件毫不相干，高××硬把两件不相干的事情搅在一起，其目的是想把水搅浑，从中捞一把，请二审法庭详查。

此致

××市中级人民法院

具状人：×××实业公司（盖章）

法定代表人：×××（签章）

20××年×月×日

写作要领

一、经济纠纷答辩状概述

经济纠纷答辩状是指被告人或被上诉人，在诉讼活动中提出的一种诉讼文书。经济纠纷答辩状是被告人或者被上诉人，对原告人或者上诉人，向人民法院提出的起诉理由或上诉理由的答复和辩驳。

二、经济纠纷答辩状的写作格式

1. 首部。

(1)标题。标题为“民事答辩状”,不要写成“答辩词”,也不必写成“民事上诉(或申诉)答辩状”等。

(2)答辩人的基本情况。应该写明答辩人的姓名、性别、年龄、民族、籍贯、职业、住址。答辩人如属法人或是其他组织,则应当写明单位全称和所在地址,法人代表的姓名、职务。

(3)答辩案由。要写明对何人起诉或上诉的何案进行答辩。具体写法为:“答辩人因××××一案,提出答辩如下:……”

2. 答辩理由和答辩意见。写明答辩理由或意见,应针对起诉状、上诉状、再审申请书或申请状的内容进行回答。态度应当实事求是,确有侵权行为的予以承认,无侵权行为予以辩驳。

(1)针对事实不实进行反驳,提出自己认为符合客观真实的事实。

(2)针对理由和适用法律不当进行反驳,指出无理的诉讼请求在说理过程中存在语言逻辑混乱、观点材料矛盾、违背人情常理等问题。

(3)可以针对原告的错误诉讼请求向人民法院提出请求,要求人民法院驳回起诉、不予受理或者要求人民法院否定原告请求事项的部分或全部。

3. 尾部及附项。内容包括致送法院名称、附该答辩状副本份数(与对方当事人人数相等)、证据、答辩人签署等。

三、经济纠纷答辩状的写作要点

经济纠纷答辩状的撰写要注意以下几个方面:

1. 要尊重客观事实。经济纠纷答辩状撰写时要实事求是,要全面地、客观地看待遇到的问题。

2. 要选择恰当的方法。写作时要围绕答辩理由这一中心选择恰当的方法进行反驳。

3. 要用准确的语言抓住问题的关键。在写作时,要根据案情的需要,有针对性地对起诉状中焦点问题进行辨析,力争从焦点问题中找出破绽。

4. 答辩要及时。一般来说,被告人在接到起诉状 15 日内进行答辩。

第八章 经济仲裁类法律文书写作

第一节　仲裁协议书

参考范文

【范例1】商品代销仲裁协议书

仲裁协议书

×国×××公司(以下简称甲方)委托中国×××公司(以下简称乙方)在中国××地区代销×国×××公司的××商品,甲、乙双方于20××年×月×日签订了正式的经销合同。该合同的第二条款中规定:“经销时间:从20××年×月×日至20××年×月×日,为期×年。”在第三条款中规定:“经销数是:在合同有效期内,乙方为甲方代销×、×、×三种规格的××商品,总金额不少于×××万元(折合人民币)。”乙方接受甲方所提供的××商品,代销×个月后,市场销售实况说明×、×两种规格的××商品不受用户欢迎,因此致电甲方,要求将×、×两种规格的××商品数量改换为×种规格的商品,否则将经销时间推延到20××年×月×日。后经双方协议,甲方表示同意将×、×两种规格的××商品数量改换×种规格的××商品。但是,甲方提出,×、×两种规格的××商品往返运输费用全部由乙方负责补偿,乙方拒绝。双方为此相持不下。因此共同表示将此案件提交中国××贸易仲裁委员会裁决,并商定下列条款,供双方共同遵守。

一、此案按照《中华人民共和国对外贸易法》的有关规定裁决。

二、仲裁庭的一切裁决是终局性的,甲、乙双方应无条件地共同服从。

三、本案仲裁手续费用,由败方承担。

本协议一式×份,甲、乙双方各执×份。

甲方:	乙方:
×国×××公司代表(签字):	中国×××公司代表(签字):
20××年×月×日	20××年×月×日

【范例2】联营业务仲裁协议书

仲裁协议书

甲方：×××有限公司，位于××市××路××号

法定代表人：×××，男，××岁，该公司总经理

乙方：×××有限公司，位于××市××路××号

法定代表人：×××，男，××岁，该公司经理

双方于20××年×月×日签订并经××市公证处公证了××联营汽车运输××业务的《联营协议书》，联营的×年期限已经届满，双方未获得利润；又实际联营半年多，仍未见利润。有鉴于此，双方一致同意选择××仲裁委员会确认联营业务终止，解除联营协议，分割联营投资购置的固定资产，分担债务，分享债权，彻底清算双方的联营业务。双方一致接受××仲裁委员会依据我国《仲裁法》和国家的示范仲裁规则以及该会自己的仲裁规则，对上述纠纷所做的一次性终局裁决结果。

甲方：×××（盖章）

法定代表人（签字）：×××

20××年×月×日

乙方：×××（盖章）

法定代表人（签字）：×××

20××年×月×日

写作要领

一、仲裁协议书概述

仲裁协议书是当事人同意将彼此间已经发生的或可能发生的争议交付仲裁机构解决的一种书面材料。仲裁协议书是仲裁机构受理争议案件的依据。

二、仲裁协议书的写作格式

仲裁协议书主要由以下几部分组成。

1. 标题。标题写为“仲裁协议书”即可。

2. 正文。正文部分要明确以下内容：

(1)需要提交的仲裁机构名称以及按照何种仲裁规则进行。

(2)要明确争议的事项以及争议的金额。

(3)说明仲裁人员的人数和审理地点。

(4)写明当事人同意仲裁裁决是终局的,对双方均有约束力。

3. 尾部。要明确当事人双方的基本情况,如当事人的名称、地址、联系方法等。

第二节　仲裁申请书

参考范文

【范例1】货物买卖纠纷仲裁申请书

仲裁申请书

致中国国际贸易仲裁委员会:

申请人:韩国××物产株式会社大连办事处

地址:中国大连市××区××路××号

负责人:×××

被申请人:中国×××机械进出口公司

地址:中国山东省××市××街××号

法定代表人:×××

申请人韩国××物产株式会社大连办事处,根据其与被申请人中国×××机械进出口公司于20××年×月×日签订的××号合同第16条仲裁条款的规定,就该合同项下关于钢管付款问题向中国国际经济贸易仲裁委员会提起仲裁。现将仲裁要求及所依据的事实和理由陈述如下。

一、仲裁请求

裁决被申请人立即支付下列费用:

1. 偿付钢管贷款,计为××万美元。

2. 偿付逾期付款的利息损失×万美元。

3. 其他损失总计×万美元。

4. 律师费×××美元。

5. 本案仲裁费。

二、本案案情

1. 20××年×月×日,申请人与被申请人签订了编号为×××钢管买卖合同。合同规定由申请人卖给被申请人××型号钢管××吨,单价每吨××美元;合同总价××万美元,装运地韩国××,卸货港中国××,装运期限为20××年×月底和×月底,每月交货数量必须一次交清,不得分批装运;买方应于装运前××天,通过大连××银行开立以卖方为受益人的不可撤销信用证,该信用证即期汇票及其他单据在开证行付款,争议应由双方协商解决,若协商无法解决,当事人向中国国际经济贸易仲裁委员会提请仲裁解决(见附件一)。

2. 合同订立后,申请人积极履行合同。

3. ××及××号提单项下钢管于20××年×月×日运抵中国××(见附件四)。20××年×月×日被申请人以"××未到,我方×××由出具保函(见附件六),并于同日用临时提货单(见附件七)将该提单项下全部货物提走。

4. 被申请人将合同项下全部货物提走后,一面承诺以××方式尽快付款,一面开始卖出货物,至20××年×月×日申请人派人调查,已卖出钢管××多吨,但对付款问题却一拖再拖,经申请人多次催要,被申请人虽几次提出付款计划,但每次均以不能兑现而告终(见附件八)。至20××年×月×日,经申请人多次努力,被申请人才向申请人支付了××美元货款,剩余货款至今未付。

三、争议及索赔理由

1. 为了解决争议,申请人就付款问题多次与被申请人联系,并多次派人到被申请人单位催要货款,但被申请人虽表面同意付款,确认了此项债权债务关系,但却以种种原因,不予兑现,严重违反了双方合同的约定,同时违反了国际贸易活动的基本准则,这种失去信誉、违反商业道德、违犯法律的行为已经给申诉人造成了严重的经济损失。因此申请人不得不根据合同约定提出仲裁请求。

2. 根据《中华人民共和国涉外经济合同法》第19条之规定，并参照《联合国国际货物销售合同法》第25条、第53条、第58条第1款、第62条、第78条，《跟单信用证统一惯例》（国际商会第500号出版物）第13条第×款、第14条第×款、第×款，申请人要求被申请人立即支付全部剩余货款及有关部门费用：（略）。

根据《中国国际经济贸易仲裁委员会仲裁规则》第14条第3款和第24条的规定，申请人指定×××为仲裁员，并委托北京××律师事务所×××律师和×××律师为申请人的仲裁代理人。

仲裁申请人：×××

负责人：×××

20××年×月×日

附件：

授权委托书一份（略）

附件一至附件十（略）

【范例2】购销合同纠纷仲裁申请书

仲裁申请书

申请人：×××有限公司，位于××市××路××号

法定代表人：×××，该公司董事长

委托代理人：×××，××律师事务所律师

被申请人：××家具中国制作销售中心，位于××市××区××路××号

法定代表人：×××，总经理

案由：购销合同纠纷。

仲裁请求：

1. 被申请人返还申请人货款××万美元。

2. 被申请人承担仲裁全部费用。

事实和理由：

20××年×月，申请人与被申请人订立家具生产机械设备购销合同，约

定被申请人于20××年×月×日前供给申请人该国产木制家具生产设备一套，申请人分别于同年××月××日之前和收到设备之日支付被申请人该套设备款的××%和××%，共计××万美元。此后，双方各自分别履行了上述约定。

20××年×月，申请人在对上述设备安装调试时得知，该套生产设备的国际公平市场价格只有××万美元，远远低于被申请人在订立合同时的报价，遂委托××市进出口商品检验局对该套生产设备进行价值鉴定，鉴定结果表明，该套生产设备属于全新状态时的公平市场鉴定总金额为××万美元。被申请人在为申请人购买这套生产设备时索取的货款明显高于其实际价值。

为公平解决这套设备的款额问题，减少申请人经济损失，申请人多次以友好的态度与被申请人协商，希望在确保被申请人合法利润的前提下由被申请人退回多付的部分货款，但被申请人以“合同×××”“设备×××”为由予以拒绝。为使申请人与被申请人之间的争议得到公正的解决，确保申请人的合法利益，特依据申请人与被申请人之间订立的仲裁协议向仲裁机构提出仲裁申请，请依法仲裁。

证据和证据来源：

1. 购销合同书，由争议双方共同订立。
2. 生产设备明细表，被申请人提供，申请人核查签收。
3. 生产设备付款单据，被申请人给付。
4. 鉴定证书，××市进出口商品检验局提供。

此致

中国国际经济贸易仲裁委员会

申请人：×××有限公司（加盖公章）

20××年×月×日

附：

1. 申请书副本×份（略）
2. 仲裁协议书×份（略）
3. 证据材料：合同书×份，鉴定证书×份，其他材料×份（略）

【范例3】损坏赔偿争议仲裁申请书

仲裁申请书

申请人:××公司

地址:××省××市××路××号

电话:××××××××

传真:××××××××

××公司法定代表人:×××

仲裁代理人:××律师事务所

××律师地址:××市××路××号

电话:××××××××

传真:×××××××

被申请人:×××公司

地址:××市××大厦×××号

电话:××××××××

传真:××××××××

法定代表人:×××

案由:冲印机损坏赔偿争议

一、仲裁要求

(一)被申请人收回已损坏的冲印机,退还申请人支付的货款及该款利息共计×万元。

(二)被申请人赔偿申请人的经济损失×××元人民币。

(三)被申请人负担仲裁费和申请人为办理本案支出的律师费。

二、事实经过

申请人(买方)×××公司和被申请人(卖方)×××公司于20××年×月×日在××省××市签订了关于买卖成套×××冲印机的合同。合同价格为×万元。合同包装条款规定:“货物须用××箱包装,并适应长途××和××,由于运输而造成货物的任何损害及费用由卖方负责。”上述条款是在最终用户××工厂的参加下签订的,对于货物的最终安装目的地××,被申请人是清楚的。

货物于20××年×月×日经海路运至××,20××年×月×日陆运至××。20××年×月×日,××省进出口商品检验局、申请人及其用户,和被申请人四方代表在用货地××开箱检验,发现其中标号为××的货箱外观完好无损,无磨损及撞击痕迹,但箱内主机与附件箱零乱破损变形,内部磨损严重,主机外壳变形,无法修复。被申请人代表当场拍摄了照片。同日,被申请人和申请人的用户代表共同签署了开箱验收记录,载明上述情形。同年××月××日,××省进出口商品检验局根据现场检验结果,出具了检验证书。该证书上写明:外包装完好;内包装装载不当,致使传动架致残;冲印机支承板强度不足,致使其断裂;机体无防震措施。结论是:冲印机的残损是装载不当,支承固定不良,无适当防震措施所致。

申请人于20××年×月×日写信给被申请人,要求更换新机。被申请人于20××年×月×日发电报给申请人,表示愿意立即更换一台新的冲印机。同年××月××日,被申请人要求把损坏的冲印机运回××。应被申请人的要求,损坏了的冲印机于×月上旬运交被申请人。但被申请人为了逃避责任,竟出尔反尔,全部推翻在××月××日和××月××日所作出的换货承诺,在被申请人收到申请人退回的冲印机三个月之后,又把损坏的冲印机重新发运给申请人,拒绝更换新机。由于被申请人的违约,给申请人造成了重大经济损失。申请人曾试图通过协商解决此争议,但被申请人不予合作,多次拒绝申请人提出的和解方案。为此,申请人只好提请仲裁。

三、法律依据

(一)造成冲印机损坏的责任在被申请人。

经调查,被申请人所交付的冲印机在运输途中没有遇到意外事故。货到后经××省进出口商品检验局检验证明,冲印机残损系被申请人内包装装载不当、支承固定不良、无适当防震措施所致。根据双方签订的合同的第三条"由于××而造成货物的任何损害及费用由卖方负责"的规定,被申请人应对冲印机的损坏及其产生的后果负全部责任。

(二)被申请人违反自己新的承诺。

在被申请人派代表到××会同申请人及其用户代表和商检局共同开箱检验并签署了开箱验收记录后,申请人及时地向被申请人提出了索赔,要求被申请人更换一台新机。被申请人于20××年×月×日发出"同意×××"

的承诺电报，并于20××年×月×日发电传给申请人，要求申请人将坏机运回被申请人所在地。申请人于20××年×月×日将损坏了的冲印机按原包装发运给被申请人，被申请人于20××年×月确认收到。但事隔三四个月以后，被申请人在未征得申请人同意的情况下擅自将残损冲印机又退回申请人，这是对自己承诺的反悔，是严重违约行为。

（三）由于被申请人一再违约，给申请人造成了严重的经济损失。根据《中华人民共和国涉外经济合同法》第十八条的规定，“当事人一方不履行合同或者履行合同义务不符合约定条件，即违反合同的，另一方有权要求赔偿损失或采取其他合理的补救措施”。申请人要求被申请人赔偿因其违约给申请人造成的损失是合理合法的。

申请人索赔要求的计算依据是：

1. 退回冲印机应返还的价款为××万元，该货款从付款日20××年×月×日至20××年×月×日按年利率××%计算的利息计××元，共计××万元。

2. 被申请人应赔偿申请人的经济损失为：

申请人为冲印机的运输、检验、储存的花费为人民币×万元。

申请人应得的利润损失为人民币××元，两项共计人民币××万元。

四、根据中国国际经济贸易仲裁委员会仲裁规则第6条的规定，申请人指定××为仲裁员

此致

中国国际经济贸易仲裁委员会

申请人：×××公司（加盖公章）

代理人：×××（签名）

20××年××月××日

写作要领

一、经济仲裁申请书概述

经济仲裁申请书，是经济纠纷当事人为维护自己的合法权益，向有管辖权的仲裁机构提交的为解决经济实体权利争议的书面仲裁文书。

二、经济仲裁申请书的写作格式

1. 首部。

(1)标题。在文书上端正中写明“仲裁申请书”字样。

(2)当事人的基本情况。当事人的称谓,写“申请人”“被申请人”,依次写明双方的各项有关情况。如果当事人为法人,则应写明组织的全称、所在地址,法定代表人的姓名、地址、职务、电话。如果当事人是自然人,则应写明其姓名、性别、年龄、民族、籍贯、职业和住址七项。

2. 正文。包括案由、申请要求和理由。

(1)案由。写明纠纷的实质,要提纲挈领地写明申请的事情和理由,包括合同签订的时间、编号、内容以及争议内容等。

(2)申请要求。写明申请人通过仲裁所要求达到的目的,要明确具体地写明要求仲裁解决的具体问题,如要求解除合同、退货还款、赔偿损失、支付违约金等。

(3)申请的理由。这部分一是叙述事实,二是阐述理由。

3. 尾部。写明呈送机关名称,如“此致”“××仲裁委员会”。在正文的右下角署名、签章和写上日期。

4. 附项。在正文的左下角写附项:

(1)本仲裁申请书×份。

(2)书证×份。

(3)物证×份。

(4)证人姓名、住址。

三、经济仲裁申请书的写作要点

1. 必须在仲裁的时效期限内呈交申请书,如逾期仲裁机构不受理。

2. 事实是申请人提出索赔的基础和根据,对争议事实必须客观叙述。查对清楚,证据充分确定。在写作时注意突出主要争议,叙述事实明确清晰,语言力求准确、简洁。

3. 申请理由必须以事实为根据,每一个理由都必须在前面的事实部分找到依据。因此,事实和理由必须前后对照,紧密联系,推论判断,恰如其分。

4. 索赔金额要经过科学推算,合情合理,为对方所能接受。

5. 语言应平缓，措辞讲究分寸。不宜用过激言语，以免破坏良好的贸易伙伴关系。

第三节　仲裁答辩书

参考范文

【范例1】拒付货款仲裁答辩书

仲裁答辩书

答辩人：×××贸易公司，位于××市××路××号

法定代表人：高××，总经理

委托代理人：赵××，本公司××商场经理

委托代理人：李××，××××律师事务所律师

案由：因申诉人××设备厂（以下简称设备厂）诉我公司拒付加油机货款一案，提出答辩如下：

合同未成立，拒付货款有理由；仓储费只能由设备厂承担。申诉方认为该厂向社会发出的加油机广告是一种要约，而我公司的要货电报是一种承诺。至此双方合同即已成立，这种说法不能成立。

1. 看本案的主要事实。20××年××月××日，我公司从××月××日××报广告得知申诉人××县石油设备厂有××型自动控制计量加油机现货供应，并代办运输。我公司于当月××日发电报给该厂，同意报上登载的条件，要求接电后即以快件发运××台加油机到××北站。××月××日，设备厂回电："加油机××，快件××，只能××，请回电。"在我公司未回电情况下，设备厂以慢件向我公司发来加油机××台，随即办理托收。××月××日货才到××北站，我公司拒收货物，也拒付货款。

2. 看合同成立的程序。《经济合同法》第九条规定："当事人双方依法就经济合同的主要条款经过协商一致，经济合同就成立。""协商一致"是指当事人双方意思表示一致。在法律上，就把这种意思表示分解为要约（或订约提议）和承诺（或接受提议）的程序。签订经济合同必须经过要约和承诺两个阶

段。要约是当事人一方以缔结合同为目的而向对方提出的意思表示，提出要约的一方称为要约人。要约必须包括合同成立所具备的主要条款，一般向特定的对方提出。承诺，是指接受要约的一方对要约人提出的签订经济合同的内容表示完全同意的一种表示。接受要约的一方叫作承诺人。所谓完全同意，是指承诺人对要约人提出的各项条款不附带任何条件表示赞同。

3. 从本案的事实和合同成立程序结合看。本案涉及的设备厂向社会发出的有加油机供应的广告没有特定的对象，因此只能视为要约人的一种引诱。其本身不具备要约的条件。我公司见广告后，向设备厂发出要货电报，这是我公司的要约行为。退一步说，假定该厂发出的广告为要约，而我公司复电提出附加“必须×××”，这也只能是新要约。所以说我公司要货的电报属承诺是没有根据的。没有承诺，当然合同也就不成立了。如前所述，我公司向该厂发出要货电报是要约行为，而该厂及时回电，提出“快件××。只能××”，显而易见，这不是表示完全同意的意思，而是设备厂新的要约。我公司对××月××日设备厂回电不做答复，正说明了我公司对其新的要约没有做出承诺，而绝非我公司默认设备厂的要求，因为默认必须符合法律规定的要约。由于这宗买卖合同未能依法成立，当然我公司就没有权利收货，也没有义务付款。另外，由于合同并未成立，申诉人要求我公司承担加油机在车站的仓储费，也理所当然是无理要求。最后，还要说明一点，我公司之所以要求该厂用快件发货，是因为我公司与某单位口头约定供应加油机，时间为××天内交货。设备厂如用慢件发货，势必影响我公司的利益，这就是我公司对设备厂新要约不做承诺的主因。

此致

××市仲裁委员会

答辩人：×××贸易公司（公章）

法定代表人：×××（签字）

20××年××月××日

附件：

1. 本答辩书副本×份（略）

2. 书证×件（略）

【范例2】劳动报酬争议仲裁答辩书

答辩书

答辩人：×××运输有限公司

被答辩人：李××

答辩人因李××与我公司劳动报酬争议一案，提出答辩如下：

李××的母亲林××原为我公司钟点清洁工，20××年××月××日，李××通过其母亲介绍，到我公司实习，实习岗位为汽车押运员。姚××当时为××市××学校在读学生，与我公司不存在劳动关系。

虽然李××是实习生身份，但由于其家庭困难，我公司对他与公司其他员工一视同仁，福利待遇均一致，也与其他押运员一样采取计件工资制度。并且在李××及其母亲的请求下，我公司也代其购买社保。

但李××在实习过程数次违反我公司纪律，以心情不好、路途远等理由缺勤，甚至情绪失控摔烂手机、打砸员工休息室。经过我公司领导及其母亲共同的批评教育后，李××都做出公开检讨，并承诺在今后工作中改进。我公司领导考虑到李××年纪小，自控能力差，希望将其塑造成熟，成为一个人才，因此对其违规皆予以从宽处理，但李××将我公司领导对其的宽容当成资本，屡次再犯。

20××年××月××日，李××押运车辆在××油库装油时，违反油库安全操作规程，没有按章操作，没有关闭阀门，导致油品跑漏××多升，经回收处理后实际损耗××多升，应赔偿油库的直接经济损失为×××元，且造成油库暂停发油×小时，此事件对本地区各油站的油品供应影响极大，并花费了大量的人力、物力进行善后处理工作。油库方面要求李××及当班司机重新学习，经考核合格后方可上岗操作，并要求我公司赔偿损失。

20××年××月××日，我公司安排李××押送一车柴油到××加油站，要求当天××：××时间前务必送到。但李××未经公司同意，私自离岗回家，公司领导及调度员多番催促，李××以心情不好为由，仍然拒绝出车。我公司在不得已的情况下另外抽调人手，将该车柴油于当晚××：××时间送达时，油站已脱销×小时。此事件在社会产生一定的负面影响，因此，我公司受到总公司的经济处罚及扣分。

为了严肃公司纪律，我公司要求李××自20××年××月××日起暂停实习，进行反省，直至向公司上交检讨书并在公司员工会议上做出检讨为止，我公司再视其态度做出处理决定。在此期间，我公司并未对李××提出辞退，也未对其社保进行中止，并且多次敦促其回公司检讨并领取其尚未领取的计件工资。但直至20××年××月中旬，李××都拒不执行，我公司按规定为其社保办理中止投保手续。

我公司向押运员收取风险保证金主要是起到预防偷盗油、预防油品跑漏等岗位操作安全责任事故的作用。由于我公司从事危险品运输行业，要求押运员在作业过程中必须严格按章操作，避免发生安全事故，万一发生事故，将扣罚风险保证金。同时，为了强化押运员的安全责任心，我公司也设立了年终安全奖，对工作满一个年度且全年无发生安全责任事故的押运员进行奖励。

李××在几次安全责任事故中造成各方的经济损失远高于其缴交的风险保证金金额，××元尚不足以支付赔偿款。同时，李××也未达到我公司关于年终安全奖中工作满一个年度且全年无发生安全责任事故的条件，没有资格领取年终安全奖奖金。

20××年××月，李××从学校毕业后，我公司要求与其签订正式劳动合同，但他以自己还要继续修读高级技工学历为由拒绝；同年××月，我公司再次要求与李××签订劳动合同时，他以高级技工未毕业为由拒绝与我公司签订劳动合同。李××在我公司实习期间，经常以回校上课、考试等理由离岗。

我公司对李××在实习期间的表现深感痛心。我公司带着强烈的社会责任感，尽力对李××进行培养，希望帮其正视个性缺陷、完善人格。试问一个对自己的前途如此不负责、任意妄为的人，将来如何服务社会，谋求发展？

综上所述，被答辩人李××与我公司不存在劳动合同关系，其申诉请求是没有任何法律和事实依据的，恳请仲裁委依法驳回李××的相关申诉请求。同时，我公司保留追究李××法律责任的权利。

此致

××劳动争议仲裁委员会

答辩人：×××运输有限公司

20××年××月××日

【范例3】工程合同纠纷仲裁答辩书

仲裁答辩书

答辩人:×××包装工业联营公司,位于××市××区××街××号

法定代表人:马××,该公司经理

被答辩人:××工程设计研究院,位于××市××区××街××号

法定代表人:王××,该院院长

××工程设计研究院申请仲裁设计合同,追索设计费,并赔偿损失纠纷一案,我方现答辩如下。

我公司与申请人于20××年××月××日签订了《××××设计合同》,根据合同条款即付申请人××万元定金(是设计费总额的××%)。后因工程建设投资较大,我公司只能是入股经营,与我公司合资的另一方要求从设计到施工完全由他们负责。因此,我公司于20××年××月××日向申请人说明情况提出终止设计合同。事后双方经过多次磋商,由于申请人索取费用太高,双方未能达成协议,于是申请人向仲裁委员会申请仲裁,现就申请人提出的请求和理由做出如下答辩。

1. 申请人要求我公司支付方案设计费××万元是没有法律根据的。

根据国家计委编印的《工程设计收费标准》总说明中第十七条的规定:“设计费按××分期拨付,设计合同生效后,委托方应向设计单位预付设计费××%作为定金,初步设计完成后付××%,施工图完成后付××%。”申请人向我方提交的《××意见书》,并不是初步设计书,这是我们双方之间的分歧意见之一。根据规定,初步设计书应具有初步设计说明书,初步设计概算书及设备、结构、电器三个专业的图纸。而申请人只交付方案意见书由我公司审批,没有初步设计说明书、概算书及三个专业图纸,我公司认为申请人没有完成初步设计,因此不能按规定支付设计费。

另外,就我公司与申请人签订的设计合同第八条第二款规定:“××设计完成后××天内,甲方即向乙方支付设计费××万元。”此合同之规定也是指初步设计书完成后付设计费××万元,并不是指“××意见书”完成后即付××万元。作为申请人来说,他们完全懂得“××意见书”和“××设计书”的不同概念和内容。而申请人却把两个概念及内容混为一谈,向我公司

追索××万元,既不符合国家的有关规定,也不符合设计合同条款的规定。因此,我公司拒绝申请人的请求是有道理的。据此,申请人请求我公司支付延期款××万元也是没有根据的。

2. 申请人要求我公司赔偿经济损失××万元(施工图设计费××万元;逾期违约金××万元),这个请求是毫无根据的。

根据双方签订的设计合同中规定"××的基础图,是在设计方案认可后×个月及收到勘探资料后×个月后交付施工图",而申请人在我公司对方案意见书尚未认可的情况下,违反双方签订的设计合同条款规定,这种不履行合同的行为属于无效行为,我公司不承担任何经济损失,因此我公司不能承担申请人提出的施工图设计费××万元及其他经济损失。

3.《建设工程勘察设计条例》第七条规定:"按规定收取费用的勘察设计合同生效后,委托方应向承包方付给定金。勘察设计合同履行后,定金抵作勘探、设计费。"又规定:"委托方不履行合同的,无权请求返还定金。"依据以上条款规定,我公司与申请人签订合同后,按规定支付××万元定金,并且申请人也提交"××意见书",双方均在履行合同,所以申请人毫无理由扣我公司的××万元定金,还另收取方案设计费××万元。我公司认为该定金应抵作申请人所提供的"××意见书"的设计费用。

4. 我公司与申请人在友好合作的基础上,接受申请人的要求,以设计赶工费的名义支付现金××元,作为奖金使用,该款项在双方签订的合同中没有明文规定,我公司要求申请人如数返还。

以上意见,请求仲裁委员会公正裁决。

此致

××市仲裁委员会

答辩人:×××包装工业联营公司(加盖公章)

20××年××月××日

写作要领

一、经济仲裁答辩书概述

经济仲裁答辩书是被申请人为维护自己的经济权益,就申请人在仲裁申请书中所提出的问题和要求,据理向仲裁机关做出有针对性的答复和辩解的文书。

经济纠纷双方采取仲裁方式解决争议时，被申请人提交答辩书，是仲裁规则的要求，也是被申请人重要的权利。根据《仲裁法》的规定，被仲裁人收到仲裁申请书后，应当在仲裁规则规定的期限内向仲裁委员会提交答辩书。被申请人在答辩时可以承认或者反驳仲裁请求，如果认为自己才是真正的受害者，或认为自己受损更为严重，有权提出反诉。至于被申请人拒不答辩，不影响案件的仲裁。

二、经济仲裁答辩书的写作格式

1. 首部。

(1)标题。以“仲裁答辩书”作为标题。

(2)答辩人和被答辩人的基本情况。写明答辩人的姓名、性别、年龄、籍贯、职业及住址。答辩人如属法人或其他组织的，则应写明单位的全称、所在地地址、法人代表的姓名、职务和联系电话。

被答辩人基本情况的写法和答辩人相同。

2. 正文。

(1)案由。简要写明答辩人(被申请人)针对申请人(被答辩人)所提出的仲裁案件进行答辩。可以表述为:“我方就被答辩人×××因与我方发生的××争议，向你会提出的仲裁请求，现提出答辩如下:××××××。”

(2)答辩意见。答辩人应当针对申请人的仲裁请求，逐项给予明确答复或辩驳，清楚地表明自己的态度，写明自己对案件的主张和理由，做到有理有据。具体写法要因案而异。认为申请人在仲裁申请书中列举的事实有误的，就应先澄清事实;认为其理由不当的，则辩驳其理由;认为有必要说明情况的，则说明有关情况。但都必须言之有理，持之有据。

3. 尾部。写明受理仲裁申请的仲裁委员会的名称;签署答辩人的姓名，注明年、月、日。

4. 附项。在附件目录中注明答辩书副本的份数以及提交证据的名称、份数。

三、经济仲裁答辩书的写作要点

1. 写作要及时、迅速。根据《中国国际经济贸易仲裁委员会仲裁规则》

的规定:“被诉人应在收到仲裁通知之日起四十五天内向仲裁委员会秘书局提交答辩书及有关证明文件。”

2. 针锋相对,有的放矢。必须针对申诉人提出的问题、所依据的事实证据及理由,逐一表述自己的答辩观点;认同还是反对,是部分认同还是部分反对,都必须旗帜鲜明、明确具体。

3. 以事实说明问题,实事求是,以便仲裁机构做出公正的裁决。

4. 既要使语言具有论辩色彩,又要掌握好措辞分寸,避免言辞过激,以免关系走向恶化。

第四节 仲裁裁决书

参考范文

【范例1】劳动人事争议仲裁裁决书

××新区劳动人事争议仲裁委员会
仲裁裁决书

××劳人仲案字[20××]第××号

申请人:×××,男,19××年××月生,××族,现住××小区××号楼××号

被申请人:××区××机械有限公司,住所地:××区××街

法定代表人:×××,是该单位董事长

委托代理人:×××、×××,均是该单位法律顾问

申请人因工资、加班费、带薪年休假工资、经济补偿金劳动争议一案,于20××年××月××日向本委申请仲裁。

申请人诉称:申请人系被申请人单位的员工,自20××年××月××日起在被申请人处工作,双方分别于20××年××月××日、20××年××月××日、20××年签订了书面劳动合同。工资每月×××元,该工资额不包

括加班费及补贴费等。所实行的工时制度为标准工时制度。

自20××年××月××日申请人在被申请人处开始工作，申请人一直认真履行着自己的工作职责。从20××年××月开始，被申请人开始出现未足额支付申请人劳动报酬的情形，其中包括20××年××月、××月、20××年××月、××月、××月，累计未足额支付劳动报酬共计×千元。申请人从20××年××月××日起至20××年××月××日止未休的年休假工资被申请人至今未予以支付，共计×××元。除此之外，申请人于20××年××月起至20××年××月止的加班差额×××元，申请人于20××年××月××日至20××年××月××日止未支付的加班费×××元，被申请人都没有向申请人支付。无奈之下，申请人于20××年××月××日，依法向被申请人发出了辞职书，因被申请人未及时足额支付劳动报酬，故申请人依法解除双方之间的劳动合同，要求被申请人补发工资及加班工资并支付经济补偿金，被申请人同意与申请人解除劳动合同，但拒绝支付工资、加班费及经济补偿金。申请人无奈，只好依法提起仲裁解决。

请求事项：①裁决被申请人给付申请人20××年××月、××月，20××年××月、××月、××月未足额支付的劳动报酬人民币×千元。②裁决被申请人给付申请人20××年××月××日起至20××年××月××日止未休的年休假工资×××元。③裁决被申请人给付申请人加班费差额×××元。④裁决被申请人给付拖欠的加班费×××元。⑤裁决被申请人给付申请人经济补偿金×××元。⑥裁决被申请人支付申请人与被申请人20××年××月××日起至20××年××月××日止订立的劳动合同部分无效造成申请人损失的应得工资收入××%赔偿费用×××元。共计人民币×××元。

被申请人辩称：①被申请人并没有扣申请人的工资，被申请人是从奖金中扣发的，此种情形并不属于未足额支付劳动报酬。②申请人曾经使用了年休假，因此不同意支付年休假工资。③申请人与被申请人的工资标准不仅是依据合同的约定，双方还额外签订了确认书，其中约定了加班补助的费用，不存在加班费的额外差额及加班费问题。④被申请人没有违约违法的现象，不需要向申请人支付补偿金。⑤双方的合同并不存在无效的情形，不同意支付损失赔偿费用。

本委受理此案后，即依法由仲裁员×××担任独任仲裁员，与书记员××

×组成仲裁庭，于20××年××月××日进行了开庭审理，现已审理终结。

本委查明：申请人自20××年××月××日起进入被申请人单位工作，双方分别于20××年、20××年、20××年签订了书面劳动合同，并分别于20××年××月××日、20××年××月××日、20××年××月××日续签了劳动合同。申请人与被申请人在履行20××年签订的劳动合同过程中发生争议。申请人与被申请人于20××年签订的合同约定申请人在被申请人处从事电工工作，月工资×××元，实行标准工作时间制度：申请人每日工作不超过×小时，平均每周工作不超过××小时，每周休息日为×天。合同期限自20××年××月××日至20××年××月和××月，被申请人向申请人发放的岗位津贴都为××元，每月同比同年其他月份相比少发放××元。20××年××月、××月和××月的岗位津贴均为××元，每月同比同年其他月份相比少发放××元。被申请人提交×张请假单证明申请人已同意用事假抵消年休假，申请人对此予以否认，认为请假单上没有申请人本人签字，自己未休20××年度的年休假。经庭审可以查明，双方对20××年××月以前的工资没有异议。被申请人于20××年××月××日向申请人出具了解除劳动合同证明书，其中解除劳动合同原因为“员工本人提出辞职”。

上述事实有申请人提交的《劳动合同书》、工资条复印件、个人工资明细清单、《解除劳动合同证明书》；被申请人提交的《劳动合同书》、被申请人的《工资明细表》《变电所值班规定》、关于对生产技术部《变电所值班规定》的修改确认书及庭审笔录等证据在案为凭，上述证据已经庭审质证，可以作为本案裁决的证据。

本委认为：劳动合同是劳动者与用人单位确立劳动关系、明确双方权利义务的协议。申请人与被申请人所签订的《劳动合同》系双方当事人的真实意思表示，且不违反法律规定，应为合法有效的合同，双方均应履行各自义务。劳动者提供劳务，用人单位应当依照约定如数、如期发放工资。被申请人20××年××月、××月，20××年××月、××月、××月共计少支付申请人岗位津贴××元，被申请人方在庭后未向本委提交扣除特殊补贴的相关证据，因此根据申请人的申请需支付其未足额支付工资×××元人民币。根据《职工带薪年休假条例》第三条的规定，申请人20××年可享受年休假××天，被申请人提供×张请假单证明申请人已休假×天，但申请人提出×

张请假单上均无本人签字，被申请人方也未提交其他证据证明申请人已休20××年度年休假，因此申请人20××年已休年休假为×天。《企业职工带薪年休假实施办法》第十二条规定："用人单位与职工解除或者终止劳动合同时当年度未安排职工休满应休年休假的，应当按照职工当年已工作时间折算应休未休年休假天数并支付未休年休假工资报酬，但折算后不足一整天的部分不支付未休年休假工资报酬。"《企业职工带薪年休假实施办法》第十一条规定："计算未休年休假工资报酬的日工资收入按照职工本人的月工资除以月计薪天数进行计算。"由此可计算出被申请人还应支付申请人未休年休假工资为×××元。

根据《最高人民法院关于民事诉讼证据的若干规定》第二条的规定：当事人对自己提出的诉讼请求所依据的事实有责任提供证据加以证明，没有证据或者证据不足以证明当事人的事实主张的，由负有举证责任的当事人承担不利后果，被申请人未于庭审之后向本庭提交有关综合或不定时工作制的相关证明，故本委采信申请人的说法。根据《最高人民法院关于审理劳动争议案件适用法律若干问题的解释》的规定，劳动者主张加班费的，应就加班事实的存在举证责任，申请人提供的工资条及工资条专用袋的时间少于其主张加班费的时间，故计算申请人应得加班费的期限以申请人提供的证据为准。《××省工资支付规定》第二十二条规定："计算加班工资的日或者小时工资基数和休假期间的工资，应当按照劳动合同中约定的劳动者本人工资标准确定，劳动合同没有约定的按照集体合同约定的加班工资基数以及休假期间工资标准确定，劳动合同、集体合同均未约定的按照劳动者本人正常工作应得的工资确定。"申请人与被申请人方签订的劳动合同中约定，申请人的工资为每月×××元，其中不包括加班费及其他补贴。则应以双方劳动合同中约定的工资标准×××元为计算依据，根据申请人提供的工资条被申请人应还申请人加班费×××元。

被申请人未及时足额发放申请人的工资，属拖欠工资行为，依据《劳动合同法》第三十八条之规定：劳动者有权提出解除劳动合同并要求支付经济补偿金。申请人依据上述规定于20××年××月××日提出解除劳动合同，被申请人认可了20××年××月××日收到该通知。故申请人要求解除劳动合同的通知合法有效，其要求被申请人支付经济补偿金的请求于法有据，本委予以支持。申请人20××年××月至20××年××月应得的工资总额为×千元，依据《劳动合同法实施条例》第二十条之规定及《劳动合同法》第四十七条之规定，被申请人应当支付申请人经济补偿金为××÷12个月×10个月=×××元。

申请人主张与被申请人所签订的劳动合同部分无效的情形，不符合《劳动合同法》第二十六条、第二十七条规定的劳动合同无效的情形，因此对其提出的赔偿费用申请不予支持。

综上，根据《最高人民法院关于民事诉讼证据的若干规定》第二条、《最高人民法院关于审理劳动争议案件适用法律若干问题的解释（三）》第九条、《××省工资支付规定》第二十二条、《职工带薪年休假条例》第三条、《企业职工带薪年休假实施办法》第十一条、第十二条之规定，裁决如下：

1. 被申请人支付申请人拖欠工资×千元；
2. 被申请人支付申请人加班费×××元；
3. 被申请人支付申请人解除劳动合同经济补偿金×××元；
4. 被申请人支付申请人未休年休假×××元；

上述四项共计人民币×千元。

上述被申请人应当支付的款项于本裁决书生效之日起10日内一次性支付。

如不服本裁决，可自收到本裁决书之日起15日内向有管辖权的人民法院提起诉讼。超过法定期限，一方当事人不起诉又不执行的，另一方当事人可申请人民法院强制执行，申请执行的期限为两年。

仲裁员：×××

××市××新区劳动争议仲裁委员会

20××年××月××日

书记员：×××

【范例2】经济补偿金争议仲裁裁决书

仲裁裁决书

申请人：×××，男，19××年××月××日出生，××族，住××省××市××小区

被申请人：×××有限公司，位于××市××区××号

法定代表人：×××

委托代理人：×××，×××有限公司职员

20××年××月××日本委受理申请人×××与被申请人×××有限公司经济补偿金争议一案，依法组成仲裁庭，于××月××日公开开庭审理。申请人×××、被申请人公司委托代理人×××、×××到庭参加仲裁，本案现已审理终结。

申请人(略称)：申请人于20××年××月到被申请人公司从事××工作，双方于20××年××月××日签订劳动合同，合同期限为20××年××月××日至20××年××月××日，月工资×××元。20××年××月××日，被申请人公司以严重违反公司相关规章制度为由书面通知辞退申请人。申请人不服，于20××年××月××日来我委申请，要求裁决被申请人公司支付经济补偿金×××元及工资×××元。

被申请人辩称：申请人离职前的职务为资产保护部门的组长。20××年××月至××月，申请人在工作时间利用职务巡场便利共××多次盗用公司时间，已经严重违反被申请人的规章制度，同年××月××日被申请人以书面形式通知申请人解除劳动关系，依法无须支付其经济补偿金。双方的劳动合同关系已于20××年××月××日依法解除，后申请人没有付出劳动，被申请人无须向申请人支付20××年××月××～××日所谓的“工资”。

经审理查明：被申请人公司于20××年××月××日成立，申请人自20××年×月×日起与被申请人签订劳动合同，20××年××月××日签订最后一份劳动合同，申请人离职前的职务为资产保护部门的组长。20××年××月至××月，申请人在工作时间利用职务巡场便利多次盗用公司时间，违反了被申请人的《资产保护部员工行为规范》第4条、《员工须知》第6条第2项以及《道德操守规范》等规章制度的相关规定。20××年××月××日，被申请人以人力资源部的名义向申请人发出《解除劳动合同关系》通知，但申请人拒签，之后即离开公司。当月×日，被申请人以公司名义向申请人送达《解除劳动合同关系》通知，鉴于申请人“在×××期间严重×××”，决定解除劳动合同关系。申请人的工资结算至20××年××月××日。

本委认为，申请人与被申请人(公司)依法建立了劳动合同关系，双方当

事人应按《劳动法》和《劳动合同法》的有关规定、被申请人（公司）依法订立的规章制度及劳动合同的约定履行各自义务。被申请人提交的《资产保护部员工行为规范》等规章制度、申请人本人的“陈述书”、证人×××与×××的“陈述书”等，印证申请人存在严重违反本公司规章制度的违纪行为，被申请人（公司）根据规章制度可以解除与劳动者的劳动合同关系，对申请人关于要求支付经济补偿金的请求，本委不予支持。关于申请人要求支付20××年×月×～×日工资的请求，因20××年×月×日双方当事人已事实解除劳动合同关系，×月×～×日申请人没有付出劳动，被申请人无须向其支付工资，对申请人该项请求本委不予支持。

经本庭主持调解，当事人双方未能达成协议。现根据《劳动法》第二条、第十六条、第十七条，《劳动合同法》第二条第一款、第三条、第四条、第三十九条第二款等的规定，裁决如下：

驳回申请人的申请请求。

当事人如不服本裁决，可在收到本仲裁裁决书之日起15日内向人民法院起诉。一方当事人期满不起诉又不执行的，另一方当事人可以向人民法院申请强制执行。

仲裁员：×××

20××年×月×日

书记员：×××

写作要领

一、仲裁裁决书概述

仲裁裁决书是仲裁庭对仲裁纠纷案件做出裁决的法律文书。根据《仲裁法》第54条的规定，仲裁裁决书应当写明仲裁请求、争议事实、裁决理由、裁决结果、仲裁费用的负担和裁决日期。如果当事人协议不愿写明争议事实和裁决理由的，可以不写。

仲裁裁决书由仲裁员签名，加盖仲裁委员会印章。对仲裁裁决持不同意见的仲裁员，可以签名，也可以不签名。劳动争议案件，经过调解达不成协议时，应及时裁决。裁决书是劳动争议仲裁机关根据已查明的事实依法对争议案件做出裁决的书面文书。制作裁决书应做到事实表述要清楚，引用法律、法规和政策准确适当。

二、仲裁裁决书的写作格式

1. 首部。

（1）标题和编号。写明文书制作机关、文书名称和文书编号。文书名称为“××仲裁委员会仲裁裁决书”并在其右下方标明文书的编号（××××）×仲裁字第×号”。

（2）写明申请人和被申请人的基本情况。当事人为法人或其他组织，应写明详细名称和地址、法定代表人或代表人的姓名与职务。当事人为公民，应写明其姓名、性别、年龄（出生年月日）、民族、籍贯、职业与职务以及住址。

（3）引言。主要是说明案件的全部程序性事项。

2. 案情。说明案件的基本事实、争议发生的经过、当事人的主张和观点，申请人仲裁请求和反诉及其依据的主要事实和理由；被申请人的答辩要点及其所依据的主要事实和理由；反请求的主要事项及其所依据的主要事实和理由；申请人对反请求的答辩要点及其所依据的主要事实和理由。

3. 裁决理由。这一部分是仲裁庭依据事实和法律，明确当事人是非责任并做出裁决的依据，是裁决书的核心部分。

4. 裁决。根据仲裁庭的意见，简明扼要地写明仲裁决定，并且注明裁决的终局性。

5. 尾部。

（1）注明“本裁决为终局裁决，自做出之日起生效”。

（2）在裁决书的右下方由仲裁员签名并加盖仲裁委员会印章，注明制作裁决书的年月日。

我国《仲裁法》第56条规定：对裁决书中的文字、计算错误或者仲裁庭已经裁决但在裁决书中遗漏的事项，仲裁庭应当补正；当事人自收到裁决书之日起30日内，可以请求仲裁庭补正。据此，仲裁庭对仲裁裁决书的补正，限于三项：①仲裁裁决书中的文字错误；②仲裁裁决书中的计算错误；③已经裁决但在仲裁裁决书中被遗漏的事项。补正可以由仲裁庭自行补正，当事人自收到裁决书之日起30日内，也可以请求仲裁庭予以补正。

第五节 执行仲裁裁决申请书

参考范文

【范例1】强制执行裁决申请书

执行申请书

申请人:×××发展有限公司

地址:××市××路××号

电话:××××××××

法定代表人:×××,男,××岁,公司经理

委托代理人:×××,男,××岁

被申请人:×××

地址:××市××路××号

电话:××××××××

法定代表人:×××,男,经理

申请要求:判令被申请人于20××年××月××日前一次性付清拖欠申请人货款××万元。

申请理由:××经济合同仲裁委员会于20××年×月×日制作的《(20××)工商裁字第×号裁决书》裁决:"需方按合同规定付给供方货款××万元,于20××年×月×日前一次性付清。"可是,被申请人以资金紧张为由,拖欠货款。被申请人拖欠货款的理由是不成立的,被申请人的流动资金达××万元,说明被申请人具备偿付拖欠货款的经济能力。被申请人的开户行是××市××行沿江大道办事处,账号为×××××。特请求法院采取强制措施责令被申请人于20××年×月×日前一次性付清拖欠申请人的货款××万元。

此致

××人民法院

申请人:×××公司

20××年×月×日

【范例2】先予执行申请书

先予执行申请书

申请人：×××发展有限公司

地址：××市××路××号

电话：××××××××

法定代表人：王××，男，××岁，董事长

委托代理人：张××，女，××岁，经理

被申请人：×××股份有限公司

地址：××市××路××号

电话：××××××××

法定代表人：白××，女，××岁，副经理

申请事项：请求人民法院判令被申请人先予付给申请人债款××万元。

申请理由：申请人诉被申请人拖欠债款××万元一案，目前正在审理中。申请人急需从国外进口一批原材料供市场需要，由于缺乏周转资金，致使该项营销计划陷入困境。为此，特请求人民法院判令被申请人先予付给申请人债款××万元，以缓解经营困难。

此致

××人民法院

申请人：×××发展有限公司

法定代表人：×××

20××年×月×日

写作要领

一、执行申请书概述

执行申请书是当负有义务的当事人不按规定依法履行或拒绝履行已生效的法律文书中所规定的义务时，对方当事人依法向人民法院提出申请，要求法院依法强制执行时所形成的书面材料。

二、执行申请书的写作格式

执行申请书必须具备以下内容：

1. 标题。标题可直接写为“执行申请书”。

2. 当事人基本情况。

3. 正文。正文部分分为申请要求和申请理由。申请要求要明确申请执行的具体事项；申请理由要明确申请执行的理由。

4. 尾部。尾部包括呈送单位、落款。

第六节　撤销仲裁裁决申请书

参考范文

【范例1】撤销不合法仲裁裁决申请书

撤销仲裁裁决申请书

申请人：××服装厂，位于××市××街××号

法定代表人：×××，经理

电话：××××××××

申请撤销事项：

××仲裁委员会(20××)仲字第××号仲裁裁决不符合仲裁法规定，请求人民法院依法撤销该裁决书。

事实和理由：

申请人与某商场于20××年×月×日签订服装买卖合同。后因履行合同发生纠纷而依法向××仲裁委员会申请仲裁。但在裁决过程中，申请人发现仲裁员刘××在仲裁该案时有索贿受贿、徇私舞弊的行为，直至最后在未查明事实真相的情况下做出了枉法裁判。由此做出的裁决严重侵害了申请人的合法权益，特请求贵院依法撤销该裁决书。

证据：

申请人于20××年×月×日×时拍到的仲裁员刘××受贿的照片。

此致

××市中级人民法院

申请人：×××公司

20××年×月×日

附件：

1. 本申请书副本×份(略)

2. ××仲裁委员会(××××)仲字第××号仲裁裁决书(略)

3. 仲裁员刘××受贿的照片×张(略)

【范例2】撤销劳动争议裁决申请书

撤销仲裁裁决申请书

申请人：××市××玻璃股份有限公司，住所地××市××路××号

法定代表人：孙××

被申请人：李××，男，××族，19××年×月×日出生，住××市××区××路××幢××号××户

申请事项：

1. 判决撤销×市××区劳动争议仲裁委员会(20××)××劳仲裁字第××号仲裁裁决书。

2. 判决本案诉讼费用由被申请人承担。

事实与理由：

1. 仲裁所依据的事实不清。

被申请人李××原系申请人单位职工，2009年×月×日，公司领导在检查工作中发现被申请人所负责的煤场管理与要求不符并向其指出，被告不但不接受，反而态度很坏，言语过激并试图动手打人，被在场员工劝阻。随后公司将其调离原岗位，由人力资源部重新安排工作。此后被告多次去公司领导办公室进行纠缠，虽经多次劝说与沟通，被申请人仍不能认清自己的

错误。×月×日上午被申请人再次到公司领导办公室进行纠缠,继而发生了被申请人开口骂人、动手打人的事件,在公司造成极坏影响。事件发生后,被申请人对公司所做的调查工作不配合,对自己的错误言行没有认识。被申请人的行为严重违反公司的规章制度和劳动纪律,根据《劳动法》《劳动合同法》等相关规定,公司经研究决定解除与被申请人的劳动关系并通知了被申请人。××区劳动争议仲裁委员会在没有查清上述事实的情况下,认定被申请人为了维护自身权益与申请人发生争执,申请人依据《劳动合同法》第39条第2项的规定解除被申请人的劳动合同不符合法律规定是错误的。

2. 仲裁裁决的法律适用错误。

××区劳动争议仲裁委员会基于错误的事实认定,根据《劳动合同法》第2条、第35条、第40条第2项的规定,裁决申请人支付经济补偿金,是不符合法律规定的。

3. 仲裁程序违法。

在仲裁开庭前,劳动争议仲裁委员会书面通知被申请人亦即本案申请人仲裁庭由郭××、方××、风××组成,方××任首席仲裁员。但仲裁庭开庭时,仲裁庭变成由郭××、风××、周××组成,郭××任首席仲裁员。劳动争议仲裁委员会没有告知原被申请人亦即本案申请人并说明理由,被申请人直至拿到仲裁裁决书才知道相关情况,仲裁委的这种行为是严重违反法律关于仲裁程序的规定。

综上所述,××区劳动争议仲裁委员会在该案的仲裁过程中认定事实不清、适用法律错误、违反法定程序,所作出的仲裁裁决侵犯了申请人的合法权益。因此根据《劳动争议调解仲裁法》第四十九条的规定,向贵院提起诉讼,请求贵院公正判决。

此致

××市中级人民法院

申请人:××市××玻璃股份有限公司

20××年×月×日

写作要领

一、撤销仲裁裁决书概述

撤销仲裁裁决申请书是指由当事人向人民法院提交的,请求撤销某仲裁裁决的法律文书。

仲裁庭做出的仲裁裁决具有终局性,一经做出即约束双方当事人,不得随意更改。但为了保证仲裁机构裁决的正确性和合法性,保护当事人的合法权益,使得错误的而又具有法律效力的裁决得到纠正,法律赋予了申请撤销做出的不合法仲裁裁决的权利。

二、撤销仲裁裁决书的写作格式

1. 首部。

(1)标题。写“撤销仲裁裁决申请书”。

(2)撤销仲裁裁决申请人的基本情况。申请人是公民的,应当写明姓名、性别、出生年月日、民族、职业、籍贯和住址;申请人是法人、其他组织的,应写明其名称、所在地址、法定代表人的姓名、职务和联系电话。

2. 申请撤销事项。明确提出请求人民法院予以撤销的具体事项,要清晰、简练,有多个请求的需分项列出。

3. 事实和理由。该部分主要是陈述为何要申请撤销仲裁裁决,其中,事实和理由都要写清楚、透彻,并注意申请撤销仲裁裁决应符合法定的理由。

4. 证据和证据来源。写明申请撤销仲裁裁决所依据的证据的名称、来源、证据线索、证人的姓名和地址。

5. 尾部及附项。致送仲裁委员会名称;申请人签名,申请人为法人或其他组织的,应加盖单位公章,并由其法定代表人签名;注明申请日期;附项附上相关证据及材料。

参考文献

[1] 习近平．习近平谈治国理政[M].北京:外文出版社,2017.

[2] 习近平．在中国共产党第十九次全国代表大会上的政治报告[M].北京:人民出版社,2017.

[3] 陈建中．社会主义市场经济理论研究[M].北京:中国经济出版社,2013.

[4] 陈星野,陈建中．商务文书写作指要[M].北京:中国经济出版社,2012.

[5] 陈建中．中国特色社会主义理论研究[M].北京:知识产权出版社,2014.

[6] 陈建中主编．现代物流新论[M].北京:人民出版社,2013.

[7] 陈建中主编．中国流通经济体制改革理论探索[M].北京:人民出版社,2014.

[8] 陈建中,等．社会信用管理体系建设构想[M].北京:中国经济出版社,2009.

[8] 陈建中,等．中国图书流通体制改革研究[M].北京:中国经济出版社,2013.

[10] 陈建中．编辑工作与出版产业发展[M].北京:中国经济出版社,2013.

[11] 陈建中,吕波．营销策划文案写作指要[M].北京:中国经济出版社,2010.

[12] 陈建中,王少波．外来务工人员法律援助读本[M].北京:中国经济出版社,2010.

[13] 陈建中,解进强．外来务工人员社会权益保障读本[M].北京:中国经济出版社,2013.

［14］陈建中，等．降低流通成本提高流通效率［M］．北京：中国经济出版社，2013.

［15］刘利华．公司常用工作文书写作［M］．南宁：广西人民出版社，2009.

［16］平云旺．新编常用法律文书全书［M］．北京：中国法制出版社，2011.

［17］周俊玲主编．商务文书写作实务［M］．北京：机械工业出版社，2012.

［18］杨文丰主编．实用经济文书写作［M］．北京：中国人民大学出版社，2011.

［19］尚国主编．私营公司最新最实用的1000例商务文书范本［M］．北京：中国商业出版社，2010.

［20］付勇编著．常用合同签约技巧与范本大全［M］．北京：中国法制出版社，2010.

［21］潘艳红主编．最新法律文书写作［M］．南宁：广西人民出版社，2010.

［22］陈法平主编．常用法律文学写作实例规范文本［M］．北京：法律出版社，2008.

［23］张小乐主编．实用商务文书写作［M］．北京：首都经济贸易大学出版社，2008.

［24］娄秋琴主编．最新企业合同范本及风险规避大全［M］．北京：法律出版社，2009.

［25］柯琳娟主编．企业财务文书写作技巧与范例［M］．北京：人民邮电出版社，2009.

［26］文宏编．新编办公文书写作要领与范例大全［M］．北京：中国商业出版社，2010.

［27］子志编．办公室公文写作技巧及范例大全［M］．北京：外文出版社，2011.

［28］年素英主编．财务规章制度类写作及范例［M］．北京：中国纺织出版社，2009.

［29］张浩编．财会公文写作必备全书［M］．北京：蓝天出版社，2007.

[30] 房地产从业人员市场预测报告[EB/OL]. http://www.bjybk.com, 2012-02-22.

[31] 钢材消费市场需求预测[EB/OL]. http://news.gtxh.com,2012-03-22.

[32] 汽车信贷消费市场调查报告[EB/OL]. http://www.diyifanwen.com, 2009-04-08.

[33] 生态农业工程项目[EB/OL]. http://cache.baidu.com/shzjst 的博客,2008-04-22.

[34] 企业文规 110[EB/OL]. http://wengui.110.com.

[35] 考试吧[EB/OL]. http://www.exam8.com.

[36] 范文先生网[EB/OL]. http://www.fwsir.com.

[37] 免费文秘网[EB/OL]. http://www.wenmi114.com.